GUCCI
W IMIĘ
MOJEGO
OJCA

GUCCI
W IMIĘ MOJEGO OJCA

WSPOMNIENIA

PATRICIA GUCCI
WSPÓŁPRACA WENDY HOLDEN

Przełożyła MAGDALENA NOWAK

MARGINESY

Mojej matce

Wydarzenia opisane w tej książce oparłam na swoich przeżyciach i doświadczeniach, a także opowieściach moich rodziców oraz innych osób. Starałam się zweryfikować pozyskane informacje. Zdaję sobie jednak sprawę, że przedstawione wydarzenia nie zawsze będą się pokrywać z wersjami zapamiętanymi przez innych. W kilku przypadkach zmieniłam imiona i nazwiska bohaterów, aby chronić ich prywatność i nikogo nie urazić. Wszelkie ewentualne nieścisłości i pomyłki w tekście wynikają wyłącznie z mojej winy.

PROLOG

Wraz ze śmiercią ojca zawalił się cały mój świat. Nie potrafiłam otrząsnąć się z szoku. W dniu jego pogrzebu miałam wrażenie, że ziemia usuwa mi się spod stóp. Ubrana na czarno, w zaawansowanej ciąży – za niespełna miesiąc na świat miało przyjść moje drugie dziecko – stałam w rzymskim kościele i patrzyłam, jak wnoszono trumnę. Do tej pory nie uczestniczyłam w żadnym pogrzebie, więc świadomość, że w tej drewnianej skrzyni spoczywają zwłoki ojca, którego ja, dwudziestoszeciolatka, pamiętałam jako zawsze pełnego energii, ostatecznie wytrąciła mnie z równowagi.

Kurczowo trzymając się kościelnej ławy, spojrzałam na Brunę, moją matkę. Siedziała obok mnie nieruchomo, wielkie brązowe oczy ukryła za ogromnymi okularami przeciwsłonecznymi. Pogrążona w rozpaczy nie potrafiła dodać mi otuchy. Poczułam się sierotą, i to nie pierwszy raz w życiu.

Moja matka i *papà* żyli we własnym świecie na długo, zanim się w nim pojawiłam. Od początku ich potajemnego romansu nawiązanego w drugiej połowie lat pięćdziesiątych XX wieku łączyła ich niewyobrażalnie głęboka więź. Byłam niespodziewanym owocem zakazanej miłości. Ojciec w obawie przed skandalem wysłał matkę za granicę, by tam mnie urodziła.

Aldo Gucci, wizjoner stojący za sukcesem słynnego domu mody, nie należał do osób, którym można się sprzeciwiać. Ten przecierający szlaki, niezwykle dynamiczny przedsiębiorca przekształcił niewielki florencki zakład produkujący walizki w firmę globalną, synonim włoskiego szyku. Później stałam się świadkiem, jak z powodu katastrofalnego zwrotu zdarzeń nastąpił smutny zmierzch i rozpad tego, na co tak ciężko pracował. Ojciec w ostatnich pięciu latach życia doświadczył zdrad porównywalnych z tragedią króla Leara. Zmusiły go one do sprzedania firmy, przyczyniając się po części do jego śmierci.

W moich oczach *papà* nigdy nie podlegał osądowi ani nie wzbudzał litości. Dla mnie wciąż był przystojnym, skorym do śmiechu i roztaczającym wokół specyficzną woń wody kolońskiej tatą, który niczym egzotyczny ptak pojawiał się i znikał. Szczupły, gibki, zawsze w ruchu – przyjeżdżał i natychmiast wypełniał spokojną przestrzeń energią i radością. Przyjazny, a jednocześnie bezbronny i pełen wad. Choć *mamma* i ja nigdy nie widywałyśmy go ani wystarczająco często, ani wystarczająco długo, to stanowił spoiwo naszych relacji.

I nagle go zabrakło, a my musiałyśmy przetrwać ceremonię pogrzebu, na który składała się nie tylko godzinna msza, lecz także uciążliwa trzygodzinna podróż do mauzoleum Guccich znajdującego się niedaleko Florencji. Ten nieskończenie długi dzień kończył kilka ciężkich tygodni. *Mamma* i ja niemal nie odstępowałyśmy ojca w prywatnej klinice katolickiej, czekając na zbliżający się koniec. Z trudem dopuszczałyśmy do siebie myśl, że za chwilę pożegnamy go na zawsze. Zakonnice przemykały wokół bezszelestnie, a my siedziałyśmy po obu stronach łóżka. Dwie kobiety, które znały prawdziwe oblicze Alda Gucciego, kochały go, będąc powiernicami jego tajemnic i strażniczkami jego prawdy.

Gdy Aldo Gucci, mężczyzna żonaty, po raz pierwszy ujrzał *La Bella Bruna*, sprzedawczynię w swoim rzymskim sklepie, stracił dla niej głowę. Nieśmiałej osiemnastolatce podporządkował całe swoje życie. Przez kolejne trzydzieści lat, które *dottore* Gucci – jak często go nazywano – poświęcił na budowanie imperium, przemierzając świat wzdłuż i wszerz, to właśnie Bruna była osobą, do której potajemnie wracał w poszukiwaniu wsparcia lub pociechy. I to ona trzymała jego dłoń, gdy na zawsze żegnał się ze światem.

Młoda piękność, która urodą mogła konkurować z najsłynniejszymi włoskimi aktorkami, zapłaciła wysoką cenę za wieloletnie życie w ukryciu. Siłą rzeczy ja również. Jako zamknięte w sobie dziecko, które musiało szybko dorosnąć, nie rozumiałam, dlaczego matka powoli i ze smutkiem wycofywała się ze świata ani dlaczego nie dopuszczała, aby w moich relacjach z nią i z ojcem pojawiła się bliskość.

Wszystko wskazywało na to, że niezwykła historia moich rodziców odeszła w zapomnienie w dniu pogrzebu ojca w styczniu 1990 roku w kościele Santa Chiara na północno-zachodnich obrzeżach Rzymu. Szofer ojca, Franco, w milczeniu przywiózł nas do współczesnego kościoła w kolorze terakoty. Zdezorientowane przeciskałyśmy się przez tłum żałobników tłoczących się na imponujących kamiennych schodach, aż wreszcie ktoś posadził nas w ławie przeznaczonej dla pracowników i wspólników, którzy przylecieli ze wszystkich zakątków świata, aby oddać hołd głowie rodu Guccich.

Po drugiej stronie nawy siedziała pierwsza żona Alda, Olwen, z trzema moimi przyrodnimi braćmi: Giorgiem, Paolem i Robertem, o których istnieniu dowiedziałam się dopiero jako dziesięciolatka. Teraz widziałam ją po raz pierwszy i dało się odczuć niechęć do nas. Zawsze wyobrażałam ją sobie jako elegancką starszą Angielkę, wyprostowaną jak struna, ubraną w kostium, z perłami na szyi. Tymczasem ujrzałam skurczoną staruszkę na wózku inwalidzkim. To, jak była krucha – fizycznie i psychicznie – w wieku osiemdziesięciu trzech lat, wstrząsnęło mną. Moja pogrążona w rozpaczy matka zdawała się nie dostrzegać tego.

Ani mnie, ani matki nie zdziwiło, że nie przygotowano dla nas miejsca wśród członków rodziny. Byłyśmy na drugim planie.

Tamtego zimnego poranka, siedząc w brzydkim kościele, mogłam jedynie zastanawiać się, jak bez opieki ojca przetrwamy rodzinne burze i zawirowania. Chociaż ojciec zmarł niespełna tydzień wcześniej, a matka widywała go co noc w snach, obie czułyśmy się zagubione.

Papà uporządkował swoje sprawy na długo, zanim zapadł w śpiączkę, z której już się nie obudził. Zaplanował pogrzeb, a pieczę nad nim zlecił najbardziej zaufanym pracownikom. Zgodnie z jego życzeniem ceremonia powinna być skromna, bez kwiatów i z nielicznymi mowami pogrzebowymi. Nie zapomniał o mojej matce i sam napisał nekrologi, które miały zostać opublikowane po jego śmierci. „Aldo Gucci pozostawił żonę Brunę Palombę oraz towarzyszkę życia Olwen Price", napisał. Niektóre z włoskich gazet lojalnie uwzględniły w druku to świadomie uczynione rozróżnienie. „New York Times" jednak postąpił wbrew woli mojego ojca. W opublikowanym artykule zacytowano słowa prezydenta Johna F. Kennedy'ego, który Alda Gucciego nazwał „pierwszym włoskim ambasadorem mody". Na zakończenie podano: „Pan Aldo Gucci pozostawił żonę Olwen, z domu Price, oraz trzech synów, Roberta, Giorgia i Paola". Słowem nie wspomniano o mojej matce i o mnie.

Nic nie mogłam poradzić na to rażące pominięcie, zaaranżowane zapewne przez członka rodziny. Nie mogłyśmy też prostować różnych nieprzyjemnych historii, które napisano o ojcu po jego śmierci. Z prawnego punktu widzenia przez dłuższy czas powinnam pozostać niewidzialna, tak jak życzyło sobie tego wiele osób. Nie miałam prawa niczego ujawniać.

Dwadzieścia trzy lata później przyszedł czas na nieopowiedzianą historię – historię mojego ojca, mojej matki oraz globalnego imperium, które stworzył i które ukształtowało życie każdego z nas.

Oto moja historia.

1

Okres po śmierci ojca nie był łatwy ani dla mnie, ani dla mojej matki. Nasze kontakty się rozluźniły, pochłonęły nas własne problemy. Brak ojca tylko pogarszał sytuację.

Matka pozbawiona mężczyzny, który w jej życiu odgrywał rolę ojca, przyjaciela, męża i syna, pogrążyła się w żalu i lęku przed nieznaną przyszłością. Pozbawiona jego siły czuła się samotna. Kiedy próbowałam ją pocieszać, odpychała mnie. Natłok codziennych obowiązków sprawił, że przestałam pielęgnować nasze relacje. Miałam dwoje dzieci, moje małżeństwo się rozpadało, musiałam negocjować z prawnikami podział majątku po moim ojcu. Nie mogłam myśleć o żałobie. Bezsilnie przyglądałam się, jak matka usiłuje pogodzić się ze stratą, która niemal doprowadzała ją do obłędu. Rozpacz matki skutecznie zablokowała wszelkie drogi porozumienia między nami, kiedy najbardziej tego potrzebowałam. Przez kilka lat prawie się ze sobą nie kontaktowałyśmy. Jako czterdziestokilkulatka miałam już za sobą dwa nieudane małżeństwa, które wycisnęły piętno na życiu moich trzech córek. Z powodów wtedy dla mnie niezrozumiałych pociągali mnie niewłaściwi mężczyźni. Nie przytrafiła mi się prawdziwa miłość, jaka łączyła moich rodziców podczas ich długiego związku.

Na szczęście otaczali mnie wspaniali przyjaciele, choć ich wsparcie również miało swoje granice. Wspomagałam się modlitwą i medytacją. Zorientowałam się jednak, że problem, przynajmniej częściowo, tkwił w tym, że czułam się pozbawiona korzeni. Nigdy nie poznałam dziadków, ledwo znałam przyrodnich braci. Z ojcem tak naprawdę nawiązałam bliższy kontakt w ostatniej fazie jego życia, matka pozostawała dla mnie nieprzeniknioną tajemnicą. Im bardziej zagłębiałam się w swoją psychikę, tym lepiej zaczynałam rozumieć, że moje nietrafne wybory wynikały z dzieciństwa i dysfunkcyjnych związków rodzinnych. Musiałam więc wrócić do korzeni i pojednać się z przeszłością.

W końcu zaświtała mi myśl, że doświadczyłabym katharsis, gdybym napisała książkę o ojcu. Chciałam przedstawić w niej nasze życie z nim w sposób, w jaki go doświadczyłyśmy, tworząc swego rodzaju kronikę rodzinną. Zamierzałam przekazać dzieciom wyjątkową i autentyczną pamiątkę, relację pozbawioną sensacji, których doszukiwali się inni. Ponadto uważałam, że ojciec zasłużył sobie na miejsce w historii nie tylko z powodu roli, jaką odegrał w budowaniu marki Gucci, lecz także jako osoba, która rozpropagowała produkty „Made in Italy" na całym świecie.

Nie spodziewałam się, że moje poszukiwania zaprowadzą mnie do matki. Zaczęłam w końcu rozumieć niepowtarzalną więź łączącą rodziców i okazywać matce uznanie, na jakie zasługuje. Odwiedziłam ją w Rzymie w 2009 roku. Po godnym pożałowania półrocznym okresie, kiedy nasze kontakty ograniczały się do zdawkowych telefonów dwa razy w tygodniu, podjęłyśmy rozmowę. W nadziei, że poznam jej tajemnice, zaczęłam opowiadać o swoich doświadczeniach z ostatnich miesięcy, między innymi o wyjazdach w celu pogłębienia życia duchowego. I wtedy matka pojęła, że nadal szukam odpowiedzi na pytanie, kim jestem.

– Poznałam mnóstwo ciekawych ludzi. Niektórzy zwrócili mi uwagę, że we wspomnieniach z dzieciństwa mam wiele luk, a właściwie jedną wielką czarną dziurę – zaczęłam ostrożnie. – Nigdy cię o to nie pytałam, ale tak niewiele wiem o tacie i o tobie, szczególnie z czasów twojej młodości. A tak bardzo chciałabym czegoś się dowiedzieć.

Sygnały niewerbalne wskazywały, że moja matka nie chce poruszać tych spraw. Kiedy w przeszłości próbowałam zadawać pytania, zbywała mnie, twierdząc, że niczego nie pamięta lub – bardziej dosadnie – że nie chce o tym mówić. Matka przez całe życie pomijała milczeniem tematy dla niej niewygodne, nigdy niczego mi nie wyjaśniała, dlatego obawiałam się, że to się nie zmieni.

Zgodnie z moimi przewidywaniami popatrzyła na mnie krzywo i wzruszyła ramionami.

– Co dobrego z tego przyjdzie po tylu latach? – mruknęła.

– Pomyślałam, że tobie też pomoże, jeśli się otworzysz – odparłam. – Wiem, że zawsze czułaś się nierozumiana.

Przez chwilę patrzyła na mnie w milczeniu, po czym gwałtownie wstała i poszła do sypialni. Pomyślałam, że posunęłam się za daleko i nasza rozmowa definitywnie się skończyła. Ale moje słowa musiały ją poruszyć, ponieważ wróciła ze skórzaną teczką z charakterystycznym emblematem Guccich.

– Twój ojciec napisał do mnie wiele listów, zachowałam wszystkie. Proszę, chcę ci je podarować. – Podała mi ją.

Nie zdawałam sobie sprawy, że ojciec wysłał choćby jeden krótki list do matki. Żył w pędzie, więc nie potrafiłam sobie wyobrazić, że znalazł czas, by napisać aż tyle *lettere d'amore*.

Na szczęście udało mi się utrzymać język za zębami. Otworzyłam teczkę i wyjęłam zawartość. Było w niej sporo listów: niektóre napisane na niebieskim papierze poczty lotniczej, inne na hotelowej papeterii, część na maszynie, pozostałe zaś charakterystycznym pismem ojca – wszystkie po włosku. Cenne listy dokumentujące wczesny okres ich znajomości z lat 1958–1961 były poprzekładane zamorskimi telegramami. Dlaczego matka trzymała je ponad pięćdziesiąt lat?

Wertując je pośpiesznie, natknęłam się na zdanie: „Mój skarbie, moja miłości, nie zostawiaj mnie! Nie niszcz najlepszej części mojego życia... nie odpychaj mnie. To, co czuję, nie jest jedynie przelotnym zauroczeniem, ale głęboką i niezmierzoną miłością".

Nie wierzyłam własnym oczom. Matka przyglądała mi się przez chwilę, po czym wstała, aby zrobić herbatę.

– Są takie piękne – wyszeptała. – Twój ojciec doskonale posługiwał się słowem. – Zatrzymała się w drzwiach. – To właśnie ta umiejętność na początku zapewniła mu moją przychylność.

– Przeczytasz je ze mną? – zapytałam, ale powstrzymała mnie gestem dłoni i pokręciła głową.

– Nie mogę. Pamiętam, jakie wrażenie robiły na mnie lata temu. To wystarczy.

Moje oczy napełniły się łzami, ponieważ zrozumiałam, że matka przekazała mi bezcenne dziedzictwo. Dwadzieścia lat po śmierci ojca uchyliła rąbka ich wspólnego, tajemnego życia, dzięki czemu po raz pierwszy zyskałam wgląd w to, co było mi nieznane.

– Przecież to niesamowite, mamo! – zawołałam.

– Tak – zgodziła się. – To było jak bajka, choć bez szczęśliwego zakończenia.

Zdecydowałam się więc poskładać życie rodziców, a także moje z porozrzucanych puzzli. Słowa ojca wywoływały we mnie miliony pytań, z czasem matka zgodziła się odpowiedzieć na większość z nich. Rozpoczęłam w ten sposób intrygującą podróż do rzymskich i florenckich korzeni rodziny, dzięki której udało mi się lepiej zrozumieć sprawy dotychczas dla mnie niejasne.

O sadze rodu Guccich wiele już napisano, w większości skupiając się na upadku imperium ojca oraz trudnych relacjach rodzinnych, które doprowadziły do skandalu, rozwodu i morderstwa. A tak niewiele mówi się, jakim wspaniałym człowiekiem był Aldo Gucci. I jak bardzo kochała go Bruna Palombo, moja matka. Zapamiętałam go jako osobę czułą i namiętną, co kontrastuje z publicznym wizerunkiem bezwzględnego przedsiębiorcy, zarządzającego firmą żelazną ręką. Zyskałam jednak nowe spojrzenie na historię miłości moich rodziców rozgrywającą się w czasach *la dolce vita*. To doświadczenie otworzyło mi oczy na wiele spraw, zwłaszcza że we wspomnieniach z dzieciństwa panował chaos. Nauczyłam się doceniać nie tylko to, że ojciec musiał pokonać wiele przeszkód na swojej drodze, lecz także to, że matka poświęciła dla niego przyszłość, reputację i dobre imię, stając się kochanką i towarzyszką życia. Moje zaangażowanie spowodowało, że matka zdecydowała się przede mną otworzyć. Pokazała mi nieznane wszystkim oblicze Alda Gucciego, które dane mi było poznać dopiero pod koniec jego życia.

– Był inny, niż się wydawało – upierała się matka. – Tylko ja znałam prawdziwego Alda.

Stopniowo odkrywała przede mną wizerunek ojca, pozwalając po raz pierwszy spojrzeć na niego z jej perspektywy.

Mój dziadek Guccio, założyciel rodzinnej firmy.

2

Jako osobie urodzonej i wychowanej w Anglii oraz – mimo włoskiego pochodzenia – uważającej się za Brytyjkę, zawsze wydawało mi się niezwykłym zrządzeniem losu, że historia firmy Gucci rozpoczęła się ponad sto lat temu właśnie w Londynie.

Dziadek ze strony ojca otrzymał na chrzcie imiona Guccio Giovanbattista Giacinto Dario Maria Gucci, co z pewnością wymagało skrócenia, kiedy w roku 1897 zjawił się przy wejściu dla służby londyńskiego hotelu Savoy, usytuowanego nad Tamizą. Zwinny Toskańczyk wychowany w niewielkim miasteczku czterdzieści kilometrów od Florencji już jako szesnastolatek ruszył w świat szukać szczęścia. Dotarł na wybrzeże i zarabiał na bilet do Anglii, ładując węgiel na parowce. Zakład jego wuja produkujący słomiane kapelusze, w którym pracował również ojciec Guccia, podupadł i wkrótce miał przejść w inne ręce. Rodzina zostałaby wówczas bez środków do życia.

Skory do pomocy Guccio zapewne słyszał opowieści o fortunach zbitych w rządzonej przez królową Wiktorię Wielkiej Brytanii doby *fin de siècle'u*. „Wesołe" lub „niegrzeczne" lata dziewięćdziesiąte to okres beztroski, dostatku i bogactwa, w które opływała elita. Europejskie *grand tours* stały się modne wśród zamożnych Amerykanów i mieszkańców kolonii, gotowych w taki sposób wydawać miliony zarobione na diamentach, złocie, budowie kolei czy w przemyśle. Przybywali do Londynu, zanim ruszyli na wojaże po kontynencie.

Dziadek zmarł dziesięć lat przed moimi narodzinami, los nie dał więc mi sposobności zapytać go, kto poradził mu, aby szukał zatrudnienia w najbardziej luksusowym hotelu stolicy imperium. W archiwum Savoya zapisano, że w tym czasie zatrudniano w nim kilku Włochów. Młodych chłopców o oliwkowej skórze i anielskich twarzach chętnie przyjmowano na boyów. Ubrani w elegancką liberię, wykrochmalone rękawiczki i zawadiackie czapki swoim wyglądem przekonywali majętnych tego świata do pomysłu zatrzymywania się w miejscach oferujących doskonałą obsługę, elektryczność oraz ciepłą i zimną bieżącą wodę w prywatnej łazience. Wynajmowanie luksusowych pokoi było rozwiązaniem korzystniejszym niż utrzymywanie pełnych przeciągów, oświetlanych lampami gazowymi miejskich rezydencji, w których nawet nie marzono o większości nowoczesnych wygód. W Savoyu natomiast zainstalowano windy, zwane „wznoszącymi się pomieszczeniami", w których zamontowano dwa biegi, aby nie doprowadzać dam do omdlenia.

Etykieta podróżowania pod koniec XIX wieku nakazywała, aby gości wysiadających z powozu niezwłocznie prowadzić do recepcji na parterze, skąd często roztaczał się widok na rzekę. Służba na podwórzu pilnowała, aby boye nie pomylili bagaży. Te eleganckie ręcznie szyte torby, w większości opatrzone inicjałami lub herbami, w Europie wykonywała garstka rzemieślników: Luis Vuitton w Paryżu, Henry J. Cave i synowie oraz William Asprey w Londynie. Ta ostatnia firma do dziś jest oficjalnym dostawcą dla królewskiego dworu.

Mimo że młody Guccio przynajmniej na początku nie władał językiem angielskim, przez cztery lata pracy w Savoyu pełnił funkcję boya. Do jego obowiązków należało przenoszenie bagaży piętrzących się na wewnętrznym podwórzu – wtedy wchodziło się na nie przez okazałą bramę z granitowymi filarami na Savoy

Hill – do wykwintnych River Suits, korzystając ze schodów lub windy dla służby. W apartamentach pomagał sortować i układać walizy, zanim przekazał je pokojówkom i lokajom do rozpakowania. To zajęcie wymagało siły fizycznej i grzeczności, wręcz dobrych manier, a porozumiewać mógł się na migi. Boy nie zarabiał dużo: niecałe dwa szylingi i sześć pensów tygodniowo (na szczęście miał zagwarantowany nocleg i wyżywienie), jednak napiwek w wysokości pół suwerena (dziesięć szylingów) mógł odmienić los młodzieńca.

Dziadek, wychowany w skromnych warunkach, musiał być oszołomiony, gdy znalazł się w tak luksusowym miejscu. Savoy, pierwszy tego typu hotel w Londynie, otwarto z wielką pompą w 1889 roku i uczczono morzem szampana. Po dziś dzień pozostaje jednym z najbardziej wytwornych miejsc w brytyjskiej stolicy, a ja czuję do niego szczególny sentyment. Można sobie wyobrazić, jak elegancki i nowoczesny musiał się wydawać w tamtych czasach.

Hotele takie jak Berkeley, Carlton i Ritz wtedy jeszcze nie istniały, a Claridge's – podobnie jak Savoy będący własnością znanego impresaria teatralnego Richarda D'Oyly Carte'a – pełnił raczej funkcję luksusowego klubu dla arystokratów. Savoy zatrudnił Césara Ritza na stanowisko menedżera oraz pierwszego kucharza celebrytę, Auguste'a Escoffiera, jako *maître chef*. To między innymi dzięki takim postaciom nastąpił przełom w postrzeganiu hotelu jako instytucji. Udowodniono, że jest to miejsce odpowiednie nie tylko dla szlachetnie urodzonych, ale nawet dla rodziny królewskiej. Hotel z miejsca postoju awansował na cel podróży. Artyści tacy jak Noël Coward i George Gershwin zapewniali rozrywkę nowej międzynarodowej klienteli, wśród której znajdowały się gwiazdy, na przykład Sarah Bernhardt, Nellie Melba, Lillie Langtry. Na cześć każdej z nich powstało w Savoyu specjalne danie.

Często zastanawiam się, czy dziadek spotkał którąś z tych osobistości. Może Noël Coward rzucił mu monetę? A Lillie Langtry okazała sympatię? Nieważne, czy zetknął się z nimi, czy nie. Jedno jest pewne: wszyscy ci sławni ludzie bez wątpienia zetknęliby się z jego nazwiskiem, gdyby żyli dłużej.

Znana mi dobrze restauracja River Restaurant w Savoyu należała do pierwszych publicznych miejsc, w których damy mogły jadać posiłki bez narażania reputacji. To z kolei przyczyniło się do rosnącego zainteresowania modą i nowymi trendami. W związku z tym rosła liczba pudeł na kapelusze, waliz, walizek i pokrowców na parasole, które nosili boye hotelowi, w tym także mój dziadek.

Niestety nastroje w Wielkiej Brytanii zmieniły się w 1901 roku. Po niemal sześćdziesięcioczteroletnim panowaniu 22 stycznia tego roku zmarła królowa Wiktoria. Społeczeństwo przeżyło szok. Druga wojna burska przyczyniła się do pogłębienia niepokojów i zawirowań na scenie politycznej. Złota epoka dobiegła końca. W tym też roku dwudziestoletni Guccio zdecydował się opuścić miasto, które zdążył pokochać, i wrócić do ojczyzny bogatszy o suwereny zarobione na Wyspach Brytyjskich.

W rodzinnej Florencji, zanim zaczął się rozglądać za nową pracą, znalazł sobie żonę – charyzmatyczną pannę z dzieckiem. Aida Calvelli, córka krawca, pracowała jako szwaczka. Guccio adoptował Uga, nieślubnego syna wybranki, którego ojciec zmarł, nim zdążył poślubić Aidę. W tamtych czasach musiał się z tym wiązać niemały skandal, ale Guccio był zdecydowany działać niekonwencjonalnie. Nigdy jednak w pełni nie zaakceptował Uga, co później doprowadziło do zerwania kontaktów.

W ciągu następnych kilku lat Guccio i Aida doczekali się córki, Grimaldy, i czterech synów, w tym mojego ojca, Alda, który przyszedł na świat 26 maja 1905 roku. Jeden z chłopców zmarł w dzieciństwie, pozostało więc trzech braci, których losy miały nierozerwalnie spleść się z moim życiem.

Dzięki referencjom z Savoya dziadek dostał pracę w belgijskiej Compagnie Internationale des Wagons-Lits, która dysponowała najbardziej luksusowymi pociągami parowymi w Europie. Na-

Moi dziadkowie, Aida i Guccio, we Florencji na początku XX wieku.

leżały do niej sławny Orient Express i Le Train Bleu. Plany zawodowe dziadka zniweczyło powołanie do wojska. W 1915 roku Włochy przystąpiły do pierwszej wojny światowej. Guccio, wówczas trzydziestoczteroletni mężczyzna, otrzymał rozkaz stawienia się w jednostce transportowej, gdzie miał rozpocząć służbę jako kierowca.

Udało mi się ustalić jedynie, że w tej brutalnej wojnie okopowej w górach wyznaczających granicę między Włochami a Austro--Węgrami cudem nie stracił życia, choć poległo ponad siedemset tysięcy żołnierzy. Po wojnie Guccio zatrudnił się w mediolańskiej firmie Franzi produkującej galanterię skórzaną, założonej w 1864 roku przez Rocca Franziego i jego syna Felice. Ich celem było zmonopolizowanie rynku włoskich produktów luksusowych dla wymagających podróżników. Stylowe kufry i walizy wykonane ze „skóry Franzi" – specjalnie nasączonej wyciągami z roślin egzotycznych – wyróżniały się wśród bagaży na niemal każdym transatlantyku, w luksusowych pociągach i na wewnętrznym podwórzu Savoya. Czy był to ze strony dziadka przemyślany wybór nowej ścieżki zawodowej, czy też przypadkowa oferta pracy, historia milczy na ten temat.

W nowej pracy Guccio szybko nabrał przekonania, że jego przyszłość wiąże się z branżą wyrobów skórzanych. Zaczął jako czeladnik, uczył się od podstaw, jak wybierać skórę i obchodzić się z nią, aby uzyskać luksusowy, wytrzymały i jednocześnie sprężysty surowiec do wyrobu bagaży. Awansując, doszedł do stanowiska zarządcy rzymskiej garbarni Franzich. Dzielił czas między Florencję a Rzym, ponieważ babcia zdecydowanie przeciwstawiała się propozycjom przeprowadzki do stolicy. Z czasem energiczna i budząca szacunek Aida przekonała męża do podjęcia ryzykownej decyzji: Guccio złożył wypowiedzenie u Franzich i we florenckiej dzielnicy Oltrarno, położonej na południe od rzeki Arno, założył własne przedsiębiorstwo.

Dziadkowie kupili niewielki sklep zlokalizowany przy brukowanej ulicy niedaleko wytwornej dzielnicy kawiarni i modnych butików, której oś wyznacza Via de' Tornabuoni, niedaleko słynnego Ponte Vecchio – atrakcji stanowiącej obowiązkowy punkt zwiedzania dla każdego turysty. Pierwsze wzmianki dotyczące nowego butiku podają, że od podłogi aż po sufit sklep był wypełniony walizami, torbami, aktówkami i kuframi wszelkiego rodzaju. Towary pochodziły z własnego warsztatu Guccich, do którego dziadek sprowadzał skórę z Niemiec po cenach korzystnych ze względu na powojenny kurs lira.

Dziadek słynął z doskonałego gustu. Zamierzał produkować dobrej jakości galanterię z nieco tańszych skór – ich jakość podwyższały umiejętna obróbka i technika farbowania. Eleganckie projekty, swobodnie nawiązujące do stylu angielskiego, z którym zetknął się podczas pracy w Savoyu, realizowali florenccy rzemieślnicy z typowym dla nich wyczuciem detalu. Każdy przedmiot oznaczano pierwszą wersją logo Gucci: sylwetką boya w liberii i czapce, niosącego w jednej ręce walizkę, w drugiej torbę podręczną. Był to swego rodzaju ukłon w stronę profesji, która go uformowała.

Sklep pod numerem siódmym przy Via della Vigna Nuova został oficjalnie otwarty w 1921 roku. Nazwę ulicy można przetłumaczyć jako „nowa winnica" i dziadek z pewnością liczył na wiele udanych roczników. Posrebrzany napis „G. GUCCI & Co". umieszczono na czarnym marmurze nad drzwiami w stylu art déco. Byłam tam wielokrotnie – obecnie sklep stanowi część kompleksu firmy Gucci, do którego wchodzi się od Via de' Tornabuoni – ale można sobie wyobrazić, jak to miejsce wyglądało przed ponad wiekiem.

Reklama z wczesnego okresu działalności firmy zamieszczona we florenckiej gazecie „Sassaiola Fiorentina" określała jej specjalność jako *valigeria Inglese*, czyli angielskie torby podróżne. W ofercie znajdowały się również *articoli finissimi per regali*, będące idealnymi przedmiotami na prezent. Dziadka tytułowano *direttore comproprietario* (współwłaściciel wraz z innym niewymienionym z nazwiska inwestorem), nadmieniając, że „wcześniej pracował w firmie galanteryjnej Franzi".

Czterdziestoletni ojciec trójki dzieci, przed laty boy hotelowy noszący walizki w Savoyu, musiał być przejęty i jednocześnie dumny z siebie, kiedy za oszkloną ladą czekał na pierwszych klientów. Skupił się na podkreślaniu trwałości swoich produktów i podobno nawet skakał po walizkach, aby udowodnić ich wytrzymałość. Liczyła się przede wszystkim jakość, a dziadek doskonale zdawał sobie sprawę z tego, że nic tak nie pomaga w sprzedaży jak wieści podawane z ust do ust. Interes powoli się rozkręcał, ale reklamy w prasie oraz rekomendacje od zadowolonych nabywców – na które liczył najbardziej – skutecznie przyciągały klientów. Z czasem zaczął również oferować naprawy ekwipunku zniszczonego podczas podróży powozem, statkiem lub pociągiem. Ten temat

Papà (na pierwszym planie) podczas obiadu z rodziną na świeżym powietrzu.

doskonale znał dzięki hotelowemu doświadczeniu. Naprawianie zerwanych pasków oraz polerowanie rys i zadrapań okazało się tak lukratywnym pobocznym zajęciem, że dziadek, który zdążył nabrać apetytu na sukces finansowy, mógł sobie pozwolić na otwarcie kolejnego warsztatu.

Mój ojciec, Aldo, w chwili uruchomienia rodzinnego przedsięwzięcia miał czternaście lat, czyli niewiele mniej niż jego ojciec, kiedy przerzucał hałdy węgla, aby zarobić na przeprawę do Anglii. Chociaż w szkole średniej zgłębiał botanikę i pasji ogrodniczej był wierny przez całe życie, nie rozważał możliwości dalszego kształcenia, ponieważ zarówno on, jak i jego młodszy brat, Vasco, po szkole i w weekendy rowerami rozwozili zamówienia. Ich najmłodszy brat, dziewięcioletni Rodolfo, był za mały, by włączyć się do rodzinnych obowiązków. Poza tym snuł inne plany.

Ich siostra, osiemnastoletnia Grimalda, stała przy kasie pod nadzorem matki, Aidy, mojej babci, która zasłużyła sobie na

miano siły napędowej tego przedsięwzięcia. Aida w białym wy-
krochmalonym fartuchu żelazną ręką zarządzała nieskazitelnie
ubranym personelem, podobnie jak własnym domem. *Papà* ją
uwielbiał, choć przyznawał, że bywała „piekielna", i określał ją
jako pozbawioną strachu. Z całą pewnością Aida nie brała jeńców
i była przekonana, że wszystko jej wolno. Tę cechę odziedziczył
po niej mój ojciec.

Guccio miał wiele zalet, ale często był nieustępliwy, czasami
nawet despotyczny. Wybuchowy i niecierpliwy, do tego perfekcjonista – te cechy przekazał mojemu ojcu, a za pośrednictwem ojca
także mnie. Wymagał doskonałości zarówno podczas wykonywania obowiązków domowych, jak i w przypadku dbania o wygląd.
Dziadka z nieodłącznym toskańskim cygarem w ustach można
określić mianem właściciela w starym tego słowa znaczeniu.
Przed otwarciem sklepu osobiście sprawdzał, czy wszystko jest
jak należy. W ciągu dnia przechadzał się po nim w eleganckim
trzyczęściowym garniturze, gotów w każdej chwili oczarować
klientów.

Zamierzał osiągnąć sukces przynajmniej na miarę Franzich
i w związku z tym oczekiwał, że jego synowie w pełni zaangażują
się w rodzinne przedsięwzięcie. Twierdził, że w życiu najważniejsze są rodzina i oddanie pracy. Często porównywał synów ze
sobą i nastawiał ich przeciwko sobie, uznając, że od najmłodszych
lat powinni konkurować. Nie ominęło to również Grimaldy, choć
z racji płci nie uwzględniał jej w swoich planach zawodowych.

Dziadek wymagał od dzieci nienagannych manier, perfekcyj-
nego wyglądu oraz zachowania charakteryzującego osoby pra-
cujące w luksusowej, prężnie rozwijającej się firmie. Podążał za
włoską tradycją zwaną *bella figura*, która odnosi się do sposobu,
w jaki ludzie prezentują się światu za pomocą eleganckiego ubrania, wdzięku i dystynkcji, tak aby wywrzeć jak najlepsze wrażenie.

Mój ojciec, najstarszy syn o delikatnych rysach, jako jedyny
spośród rodzeństwa obdarzony wyrazistymi niebieskimi oczami

Papà (w środku) z moimi stryjami Vaskiem i Rodolfem w Mediolanie
w latach pięćdziesiątych.

był zdecydowanie *numero uno*. Urodzony kombinator, w genach otrzymał przebiegłość po matce i przedsiębiorczość po ojcu. Chętnie się uczył i podjął wyzwanie budowania rodzinnej firmy. Zwinny, lubiący wcześnie wstawać, zazwyczaj pierwszy wsiadał na rower, aby rozwozić po Florencji elegancko zapakowane skórzane przedmioty, zręcznie omijając zaprzęgi konne na wąskich uliczkach. W wieku dwudziestu lat pracował na pełnym etacie w rodzinnej firmie. Stał się równie skrupulatny jak ojciec, dokładnie kontrolował wystawy okienne i sprawdzał każdy szew w nowej walizce. Obaj nalegali, aby pracownicy spędzali długie godziny w sklepie. Służyło to poznaniu potrzeb klientów. Dzięki temu działalność pod szyldem Guccich stanowiła wzór jakości i doskonałości. Jednak interes nie szedł tak dobrze, jak zakładali. Brakowało płynności zamówień i w pewnym momencie dziadek omal nie zamknął sklepu. Uratowała go pożyczka od narzeczonego Grimaldy. Dzięki niej przetrwał trudne czasy. Wkrótce sytuacja się poprawiła: spłacił dług i otworzył drugi sklep na pobliskiej Via del Parione.

Nie minęło wiele czasu, a *papà* okazał się tak dobry, że wysłano go w szeroki świat jako pierwszego w historii sprzedawcę produktów marki Gucci. Praca ta odpowiadała mu, ponieważ uwielbiał podróże, a jednocześnie mógł nawiązywać flirty i romanse. Pudła pełne wyrobów firmowych w przedziale pociągu zajmowały niemal całe miejsce bagażowe. Obdarzony tupetem (*faccia tosta*) z niejednej opresji wychodził bez szwanku. Przystojny młody kawaler, w dodatku dysponujący pokaźną gotówką, szybko odkrył korzyści płynące z codziennych kontaktów ze sprzedawcami, gośćmi z zagranicy, bogatymi klientami i ich służbą, zwłaszcza rodzaju żeńskiego.

Ojciec podróżował po całym kraju, ale to w rodzinnej Florencji poznał kobietę, która jako pierwsza wywarła ogromny wpływ na jego życie.

3

Kiedy patrzę na zdjęcie ojca i jego żony zrobione w dniu ich ślubu, ze zdziwieniem dostrzegam wystraszonego młodego mężczyznę. Zaciśnięte pięści i niepewny wyraz twarzy zdradzają brzemię odpowiedzialności, które spadło na tego dwudziestodwulatka. Co ciekawe, dostrzegam w nim swoje rysy – kształt nosa, opadające powieki i podłużną twarz.

Panna młoda wygląda na zdecydowanie mniej zdenerwowaną, lekko pochyla ku panu młodemu głowę z otwartymi ustami, jakby chciała coś powiedzieć. Otacza ją aura oczekiwania nie tylko dlatego, że była w ciąży, lecz także dlatego, że otwiera się przed nią świetlana przyszłość.

Olwen Price, ładna jasnowłosa nastolatka, pochodziła z rodziny protestanckiej mieszkającej w Shropshire w środkowej Anglii przy granicy z Walią. Price'owie zajmowali się wyrobem mebli, kół i trumien. Olwen, jako najstarsza z sześciorga rodzeństwa, uczyła się na krawcową. Udało się jej uciec od ciężkiej pracy na prowincji i zatrudnić jako pokojówka. Kiedy Olwen przyjęła służbę u rumuńskiej księżniczki Elżbiety, małżonki greckiego króla

Mój ojciec w wieku dwudziestu dwóch lat i jego
nastoletnia wybranka, Olwen Price,
w dniu ich ślubu w Anglii w 1927 roku.

Jerzego II, do jej obowiązków należało również odbieranie zakupów z luksusowych butików, które pracodawczyni chętnie i często odwiedzała. Takim miejscem był niewielki sklep G. Gucci & Co. przy Via della Vigna Nuova we Florencji. I to właśnie tam mój ojciec zwrócił uwagę na Olwen. Wiosną 1927 roku małżonka króla Jerzego II złożyła niezapowiedzianą wizytę w sklepie bez obecności służby, i nie po to, by zrobić zakupy. Odwiedziny przedstawicielki arystokratycznego rodu stanowiły święto (w Savoyu z tej okazji uderzano w dzwon), ale tym razem zbytnio się nie cieszono – królowa bowiem przyszła złożyć skargę. Panna Price, niezamężna służąca, za którą arystokratka ponosiła swego rodzaju odpowiedzialność, nawiązała romans z moim ojcem. Co gorsza, Olwen zaszła z nim w ciążę.

Guccio był przerażony. Wiedział, że pierworodny syn ma gorący temperament i nie kontroluje swoich zapędów, co sprawiało, że potrafił uwieść prawie każdą kobietę. Coraz bardziej śmiałe wyczyny Alda obrastały legendą wśród pracowników warsztatu. Mówiono na przykład, że jadąc tramwajem, zaczął wymieniać spojrzenia z zakonnicą, która pozwoliła mu się popieścić. Jedno jest pewne, żadna kobieta nie powinna czuć się przy nim bezpieczna, ale wpędzenie dziewczyny w tak poważne kłopoty przepełniło czarę.

Dowiedziawszy się o ciąży Olwen, mój ojciec nadal myślał, że może jeździć, gdzie chce, i robić, co chce, ale przemowa dziadka na temat odpowiedzialności wywarła na nim ogromne wrażenie. Żywił również autentyczne uczucie dla ślicznej młodej pokojówki, które wzmacniała słabość do wszystkiego co brytyjskie – zaszczepiona mu przez jego ojca. Nie rozważywszy należycie konsekwencji czynów, Aldo zaproponował, że ożeni się z dziewiętnastolatką i będzie utrzymywał ją i dziecko. Królowa wyraziła zgodę na to małżeństwo. I tak 22 sierpnia 1927 roku Olwen, będąc w trzecim miesiącu ciąży, poślubiła Alda w kościele katolickim pod wezwaniem Najświętszej Marii Panny i świętego Oswalda w Oswestry w Anglii, niedaleko rodzinnego domu. Olwen, znacznie niższa od pana młodego, była ubrana w białą sukienkę do kolan. Wysadzany perłami stroik w kształcie półksiężyca przytrzymywał krótki welon. Brzuch zasłaniała okazałą wiązanką. Wyraz twarzy panny młodej można określić jako triumfalny.

Dziadkowie nie przeprawili się przez kanał La Manche, aby uczestniczyć w tej uroczystości, ponieważ oznaczałoby to konieczność zamknięcia sklepu i nieprzewidziane wydatki. Mój ojciec w rejestrze kościelnym został zapisany jako producent wyrobów skórzanych. Świadkiem na tym ślubie był właściciel miejscowego sklepu tytoniowego.

Zgodnie z włoską tradycją nowożeńcy zamieszkali w skromnym dwupiętrowym domu rodziców Alda we Florencji. Olwen z trudem przyszło się dostosować do nowych warunków, mimo że często podróżowała. Zamieszkała w kraju, którego językiem właściwie się nie posługiwała, nie potrafiła nawiązać nici porozumienia z teściową i nie przepadała za tutejszą kuchnią. Ponadto urodzony 2 lutego 1928 roku Giorgio okazał się wymagającym niemowlęciem, więc Olwen nie miała czasu na życie towarzyskie. Z kolei ojciec zaczął coraz częściej wychodzić sam – zarówno służbowo, jak i prywatnie. Wkrótce na świat przyszli ich następni synowie: Paolo (urodzony w marcu 1931 roku) i Roberto (urodzony w listopadzie 1932 roku). Olwen całkowicie poświęciła się wychowaniu chłopców. Młoda rodzina potrzebowała miejsca, toteż małżonkowie kupili własny dom za miastem, który jeszcze bardziej odseparował Olwen od jej żywiołowego męża. Jego apetyt na życie – i na kobiety – pozostawał wciąż nienasycony.

Włochy w okresie międzywojennym były rządzone przez premiera i przewodniczącego partii faszystowskiej Benita Mussoliniego. Dzięki sprytnemu zastosowaniu propagandy oraz obietnicom poprawy sytuacji gospodarczej *Il Duce* rozpoczął dyktatorskie rządy przy wsparciu budzących grozę czarnych koszul.

Ojciec natomiast w najmniejszym stopniu nie interesował się polityką i faszyzmem. On i dziadek snuli własne wizje. Mimo kryzysu, który opanował całe Włochy, byli zdeterminowani, żeby rozwijać firmę dzięki użyciu importowanych skór. Stryjowie, Vasco i Rodolfo, zapowiadali się dobrze, ale nie wykazywali się taką gorliwością jak ich najstarszy brat. W 1935 roku, kiedy Aldo skończył trzydzieści lat, polityka niespodziewanie dokonała ingerencji w jego plany. Mussolini zarządził inwazję na Abisynię (obecnie Etiopia) z powodu ciągnących się sporów granicznych z Somalią, która stanowiła wówczas kolonię włoską. Trwający siedem miesięcy konflikt wywołał oburzenie na całym świecie i Liga Narodów, do której należały oba państwa, nałożyła sankcje, czego efektem była blokada handlowa Włoch.

Wobec zagrożenia odcięciem dostaw z Niemiec dziadek i ojciec musieli szybko działać. Nie zdawali sobie sprawy, że te decyzje ukształtują przyszłość firmy. Aldo zdołał znaleźć dostawców skór cielęcych w Santa Croce, historycznej dzielnicy na południowo-wschodnich obrzeżach Florencji. Ponieważ surowiec ten, noszący nazwę *cuoio grasso*, był wysokogatunkowy i znacznie droższy, ojciec zdawał sobie sprawę, że należy używać go oszczędnie. Postanowił znaleźć miejscowych dostawców juty, sznurka, lnu i neapolitańskich konopi. Te materiały zamierzał wykorzystywać oprócz skóry.

Do wykonania walizki, najlepiej sprzedającego się produktu firmy, użyto beżowego płótna z nadrukowanym wyrazistym wzorem geometrycznym w odcieniu brązu – tak powstał słynny wzór *rombi*. Płótno z wykończeniem skórzanym do dzisiaj jest używane w projektach firmy Gucci. Nieco później wzór wzbogacono serią połączonych podwójnych liter G na cześć Guccia Gucciego – kolejny błyskotliwy pomysł Alda.

Wojna włosko-etiopska dobiegła końca w miesiącu trzydziestych pierwszych urodzin mojego ojca, ale wpływ tego konfliktu na wzornictwo i charakter produktów marki Gucci okazał się ponadczasowy. Firma przetrwała okres embarga i rozkwitła. *Papà* czuł się niezwyciężony mimo nadciągającego widma kolejnego zatargu. Stryj Vasco okrzepł w roli zarządcy warsztatu, a stryj Rodolfo realizował marzenia o aktorstwie filmowym, przyjmując pseudonim Maurizio D'Ancora.

Aldo, nadal traktowany jako syn numer jeden, niecierpliwił się, chciał bowiem otworzyć oddziały firmy najpierw w Rzymie, a później w kolejnych miastach. Przekonanie dziadka o finansowej zasadności podejmowania takiego ryzyka zajęło mu dwa lata, podczas których niejednokrotnie dochodziło do ostrych kłótni. Wraz z wiekiem Guccio zrobił się ostrożniejszy, mając w pamięci zażegnane niebezpieczeństwo bankructwa. Interesy we Florencji szły lepiej, niż oczekiwał, i nie pragnął niczego więcej.

– Dlaczego mielibyśmy porywać się na niepewne przedsięwzięcie w mieście, w którym nie mamy żadnych znajomości? A przy tym zanosi się na kolejną wojnę...

Pod szorstką powierzchownością Guccia nadal krył się żądny przygód młody chłopak, który uciekł do Anglii w poszukiwaniu szczęścia. Dziadek skrycie podziwiał najstarszego syna za odwagę i żelazną wolę, co Włosi nazywają *forza*.

Poddawany stałej presji w końcu zgodził się na zakup sklepu w Rzymie pod numerem 21 przy Via Condotti w modnym centrum niedaleko Schodów Hiszpańskich. Urządzono go na wzór florenckiego pierwowzoru, zadbano nawet o klamki z kości słoniowej w kształcie liści oliwnych. Nie szczędzono wydatków na witryny, dywany i oświetlenie. Na piętrze nad sklepem urządzono mieszkanie dla Olwen i ich trzech synów. Rzym stał się nowym domem rodziny Alda.

Już 1 września 1938 roku *papà* dokonał uroczystego otwarcia *bottega*, czyli sklepu. Wyobrażam sobie ekscytację, jaką czuł, kiedy w końcu przeniósł działalność firmy poza Florencję i po części zaspokoił swoje ambicje. Zapewniał swojego ojca, że mogą liczyć na dużą sprzedaż, ponieważ do Wiecznego Miasta ściągają rzesze turystów, zwłaszcza z Ameryki, którzy chętnie wracają do domu z europejską galanterią najwyższej jakości. Nie przewidział jednak, że dokładnie rok po otwarciu rzymskiej filii nastąpi wybuch drugiej wojny światowej. Kiedy Mussolini sprzymierzył się z Niemcami w 1940 roku, przyszłość handlu w całej Europie malowała się w ponurych barwach. Gdyby nie zaprzyjaźniony bank oraz zlecenie na produkcję butów dla włoskich piechurów, firma G. Gucci & Co. z pewnością by zbankrutowała.

Ojcu udało się uniknąć powołania dzięki uporowi *Il Duce*, który, by utrzymać morale narodu, nakazał prowadzenie normalnej działalności w Rzymie. Jego bracia we Florencji nie mieli tyle szczęścia, obaj odbyli służbę na froncie. Stolica Włoch jednak nie uniknęła wojny, doświadczyła bowiem bombardowań alianckich w latach 1943–1944. W nalotach zginęły tysiące cywilów. Watykan zachował neutralność, a papież Pius XII wyszedł na ulice, aby rozdawać jałmużnę najbardziej potrzebującym. Udało mu się wyjednać u prezydenta Stanów Zjednoczonych Franklina Delano Roosevelta status miasta otwartego dla Rzymu, co oznaczało zaprzestanie wszelkich działań wojennych. Dzięki temu uratował ludność miasta i jego największe skarby.

Gdy mój ojciec zmagał się z trudnościami, aby utrzymać firmę, Olwen wychowywała synów. Uczyła chłopców angielskiego, ponieważ po wojnie chciała pojechać z nimi do rodziny w Anglii. Chłopcy chodzili do szkoły Mater Dei prowadzonej przez irlandzkie zakonnice i mimo typowej dla rodzeństwa rywalizacji lubili się. Najstarszy Giorgio jąkał się i był dość nerwowy. Paolo, średni syn, robił wokół siebie zamieszanie i wzbudzał ogólną wesołość, najmłodszego Roberta natomiast rozpieszczano. Olwen trwała biernie w małżeństwie pozbawionym miłości. To ona kształtowała i zaspokajała potrzeby emocjonalne synów, ponieważ mężczyzna, do którego mówili „tato", zwykle przebywał poza domem.

Dzisiaj trudno uwierzyć, że mniej niż sto lat temu o rozwodach we Włoszech nawet nie wspominano, ponieważ stanowiły one bezpośrednie naruszenie prawa kanonicznego Kościoła katolickiego (i ta sytuacja, niestety, długo się nie zmieniała). Włoskie prawo dopuszcza rozwiązanie małżeństwa dopiero od lat siedemdziesiątych XX wieku. W tamtych czasach nawet protestancka Anglia nie pochwalała rozwodów. Jeśli Olwen nie zamierzała wrócić do Shropshire i utrzymywać się z wojennych racji żywnościowych, musiała zostać we Włoszech i wychowywać chłopców najlepiej jak umiała. Pogodziła się z faktem, że mąż będzie nieobecny w jej życiu, ponieważ pochłania go pogoń za zyskiem zawodowym i finansowym oraz zaspokajanie zachcianek.

Wojna się skończyła. Partyzanci zabili Mussoliniego, pokonanych nazistów zastąpili w Rzymie triumfujący żołnierze amerykańscy, palący papierosy i rozdający gumę do żucia. Wcale niemały żołd wyzwolicieli był mile widziany również w sklepie Guccich. Kiedy Aldo podliczał dzienny utarg, czuł wielką ulgę, że to, co niektórzy uważali za nierozsądny rzymski eksperyment, w końcu zaczęło przynosić zyski. Pełen nowych pomysłów i nadziei zbudowania międzynarodowej renomy zwiększył produkcję łatwych do przewożenia akcesoriów: rękawiczek, pasków, przypinek i breloczków do kluczy. Zaczął również przysposabiać synów do zajęcia miejsca w dynastii Guccich, którą – podobnie jak jego ojciec – zamierzał stworzyć.

Pasja zawodowa mojego dziadka była tak silna, że podobno podtykał kawałki skóry pod nosy nowo narodzonych wnuków, mówiąc: „Oto zapach skóry, zapach twojej przyszłości". Nie jestem pewna, jak zareagowałabym jako noworodek, gdyby ojciec zrobił coś takiego, ale jako osoba dorosła doceniam naturalny, niemal pierwotny zapach skóry, który przywołuje najlepsze wspomnienia. *Papà*, podobnie jak niegdyś jego ojciec, wprowadził ostre współzawodnictwo między swoimi nastoletnimi synami, zachęcając ich, aby interesowali się sprawami rodzinnego przedsięwzięcia, które pewnego dnia przejdzie pod ich pieczę. Zatrudniał ich w magazynie i do rozwożenia zamówień, z uśmiechem zlecał te same prace, które wykonywał w ich wieku. Nie przewidział jednak, że pewnego dnia synowie sprzymierzą się, aby doprowadzić go do ruiny.

4

Mit można zdefiniować jako „tradycyjną opowieść najczęściej odwołującą się do wczesnej historii ludzkości", ale także jako „rozpowszechnione, lecz fałszywe przekonanie". Jako osoba, która dorastała w atmosferze sekretów i niedomówień, byłam przyzwyczajona do tego, że prawda bywa ukryta. Nie zdziwiło mnie zatem, kiedy się dowiedziałam, że na długo przed moimi narodzinami nasza historia rodzinna została lekko zmodyfikowana.

Dziadek Guccio od czasów, kiedy pracował w Savoyu, nauczył się cenić znaczenie tradycji w tworzeniu symbolu statusu. Tytuły odziedziczone po przodkach, herby rodzinne, wytłaczane inicjały stanowiły wyznacznik arystokratycznego pochodzenia. I mój ojciec to rozumiał. Wiedział, że jeśli marka Gucci ma się stać synonimem luksusu, przyciągać ludzi bogatych i pnących się po szczeblach drabiny społecznej, musi ukryć skromne pochodzenie familii i wymyślić znakomitszych przodków. W interesie Guccich zdecydowanie nie leżało ujawnianie, że dziadek zaczynał karierę jako boy hotelowy.

Papà powiedział kiedyś: „Nic nie jest symbolem statusu samo w sobie. Staje się nim dopiero wtedy, gdy dany przedmiot zostanie zaakceptowany przez elity i wszyscy zechcą go kupić". Tuż po wojnie ojciec i dziadek zajęli się opracowywaniem planu doskonałego, by wykreować historię w tle nazwiska Guccich. Obaj dorastali w erze przed nastaniem motoryzacji, ich liczną klientelę stanowili jeżdżący konno arystokraci. Sprytni panowie postanowili więc doszukać się w swojej linii rodu florenckich rymarzy, nobilitowanych już w średniowieczu. Zgrabnie połączyli tę historię z niezwykle wytrzymałą linią produktów z motywami jeździeckimi: zielono-czerwonymi pasami inspirowanymi popręgami, materiałami w barwach strojów do wyścigów konnych, elementami metalowymi przypominającymi strzemiona i wędzidła oraz szczególnym rodzajem podwójnych szwów zazwyczaj kojarzonym z siodłami wysokiej klasy.

Trzeba przyznać, że mądrym posunięciem było opracowanie nowej wersji niewielkiego logo Gucci, ręcznie naszywanego na każdą torbę opuszczającą warsztat. W nowym wydaniu składało się ono z nazwiska rodu, pod którym znajdowała się tarcza herbowa z różą i kołem po bokach. W środku zamiast skromnego służącego niosącego bagaże znalazł się rycerz w pełnej zbroi.

I tak narodził się mit.

Sygnet z tym właśnie herbem Guccich otrzymałam od taty, gdy biegałam jeszcze w krótkich sukienkach. Wykonano go z osiemnastokaratowego złota i idealnie pasował na mój palec. Chociaż byłam za młoda, by docenić jego znaczenie, nosiłam go z dumą. Do dziś traktuję go jako najcenniejszy skarb.

Ojciec miał też inne pomysły na zapewnienie ruchu w interesach. W trudnych czasach powojennych, kiedy kryzys gnębił Włochy, a skórę nadal reglamentowano, eksperymentował z różnymi materiałami, aby zaproponować klientom inne produkty. Zgodnie z powiedzeniem, że potrzeba jest matką wynalazku, w 1947 roku na rynek wprowadzono pierwszą torebkę bambusową. Nie wiadomo, kto w warsztacie Guccich wymyślił projekt torebki ze świńskiej skóry w charakterystycznym kształcie nawiązującym do końskiego siodła, z rączką wykonaną z połyskującego bambusa, ale jedno jest pewne – ten ktoś błysnął geniuszem.

Torebka odniosła sukces. Nosiła ją Ingrid Bergman w filmie Roberta Rosselliniego. Po latach zapaści finansowej i faszystowskich rządów mała torebka od Gucciego reprezentowała coś nowego i ekscytującego. Jako symbol narodowego odrodzenia powracała później wielokrotnie w różnych wcieleniach i niezmiennie wciąż pozostaje wyznacznikiem statusu. Co więcej, starsze modele są nadal rozchwytywane. Do mnie również trafił model tej torebki w kolorze czarnym jako prezent od matki. Wiele lat później ukradziono mi ją wraz z innymi torebkami Gucci, niezwykle dla mnie cennymi.

W tym czasie ojciec i obaj moi stryjowie pracowali w rodzinnej firmie na pełny etat. Kariera filmowa Rodolfa legła w gruzach, ponieważ całą wojnę występował jedynie dla żołnierzy. Mimo że bezrobotny, niezbyt chętnie przyjął posadę w rodzinnym butiku i cały wolny czas poświęcał tworzeniu przydługiego filmu autobiograficznego zawierającego kompilację scen, w których wypadł najlepiej. On również tworzył mit.

Spokojny Vasco, który podczas wojny nadzorował produkcję wojskowych butów, stanął na czele warsztatów we Florencji, w tym nowo powstałego dzięki sukcesowi bambusowej torebki. Aby wynagrodzić starania synów, każdego z nich dziadek uczynił dyrektorem. Przekazał im równe udziały w firmie, choć wszyscy wiedzieli, że to Aldo zarządza nią jako całością. Niemniej ten ruch zwiększył zaufanie do firmy i dumę. Wykwalifikowani rzemieślnicy chcieli w niej pracować, zyskiwała reputację pewnego pracodawcy. Zarządzający starali się wspierać innowacyjność i należycie ją wynagradzać.

Sprytnym posunięciem – zapewne dziadek podpatrzył je u Franzich – było przypisanie każdemu pracownikowi numeru identyfikacyjnego. Nim właśnie pracownik pieczętował wnętrze każdego wykonanego przez siebie przedmiotu. Wzmacniało to odpowiedzialność i kreatywność oraz podkreślało wyjątkowość galanterii z logo Gucci. W razie jakiejkolwiek wady natychmiast docierano do jej źródła, a to przekładało się na wysoką jakość.

Aby sprostać rosnącej – dzięki działalności rzymskiego butiku – liczbie zamówień, należało wszystkich włączyć do pracy. Mój ojciec skory do wyciągania korzyści z międzynarodowego prestiżu firmy ukuł nawet motto: „Jakość zapada w pamięć znacznie mocniej niż cena", i kazał wytłoczyć je na skórzanych tabliczkach, które powiesił w strategicznych miejscach we wszystkich sklepach. Faktycznie, przedmioty wyprodukowane w tamtych czasach odznaczają się wyjątkową jakością. Nieraz słyszałam, jak przyjaciółki mamy mówiły, że torebki z dawnych lat są ponadczasowe i nawet po długim okresie użytkowania wyglądają jak nowe. Dziadek, owładnięty obsesją na punkcie jakości i wytrzymałości, prężyłby pierś, gdyby to słyszał.

Ojciec, który nigdy nie potrafił usiedzieć w miejscu, o czym mama i ja wielokrotnie się przekonałyśmy, stale podróżował w poszukiwaniu nowych materiałów. Zwiedzał wystawy handlowe w całej Europie. W Londynie zamówił sporą ilość rudych i pręgowanych świńskich skór ze specjalistycznej garbarni w Walsall w Staffordshire. Materiał ten wkrótce stał się tak niezbędny dla funkcjonowania firmy, że ojciec jeździł, aby wybierać go osobiście. Im więcej podróżował, tym bardziej dostrzegał potrzebę ekspansji firmy, która tylko w ten sposób mogła wykorzystać sprzyjającą światową koniunkturę. Na początku skupił się na Mediolanie podnoszącym się z gruzów, w jakie obróciły go naloty dywanowe.

Dziadek nie dawał się przekonać do planów rozwoju firmy. On i babcia Aida nadal mieszkali w tym samym domu i nie obnosili się z bogactwem. Przyświecała im myśl: „Bądź mały, aby pozostać wielki". Hamował zapędy najstarszego syna. Rozsądny Vasco, który zatrudniał rzemieślników i doglądał produkcji, również niepokoił się nieskrywaną ambicją brata. Stryj Rodolfo, najmłodszy w rodzinie, nazywany pieszczotliwie Foffo, miał nieco inne zdanie. Jako „bożyszcze" szklanego ekranu i światowiec znał wyrafinowane gusty bogaczy i zdawał sobie sprawę z istnienia niezagospodarowanego rynku przedmiotów luksusowych. Mimo że okoliczności zmusiły go do porzucenia marzeń o Hollywood, dostrzegał i szanował pragnienia mojego ojca; wkrótce stał się jego głównym sojusznikiem.

Dzięki poparciu najmłodszego brata *papà* dopiął swego i w 1951 roku kupił nieruchomość pod numerem 7 przy Via Monte Napoleone, bliżej znanej jako Montenapo – najmodniejszej ulicy Mediolanu. Wyczucie ojca zaczęło dawać o sobie znać, gdyż wszyscy szybko się zorientowali, że wybrał właściwy czas i odpowiednie miejsce. Stery nowego butiku powierzył Rodolfowi, licząc na jego obycie w przemyśle filmowym.

Nie minęło wiele czasu, a śmietanka towarzyska włoskich studiów filmowych zaczęła tłumnie przybywać do mediolańskiej *bottega*. Pojawiali się nawet Marcello Mastroianni – gwiazda *La Dolce Vita* Felliniego – i Gina Lollobrigida.

Papà mierzył jeszcze wyżej. Na długo przed tym, jak dziadek Guccio nosił bagaże w Savoyu, ponadtrzymilionowa fala Włochów, tak zwana Nowa Imigracja, ruszyła do Stanów Zjednoczonych, aby stać się siłą napędową gospodarki tego kraju. Kiedy żołnierze amerykańscy zaczęli wracać do ojczyzny, stając się nieoficjalnymi ambasadorami wyrobów skórzanych, narodził się głód wszystkiego co włoskie. Ojciec pragnął zmienić amerykański obraz Włochów jako biednych, żywiących się pizzą imigrantów. Chciał, by przymiotnik „włoski" stał się synonimem jakości i doskonałego wzornictwa. Szósty zmysł podpowiadał mu, że powinien założyć filię firmy Gucci w Nowym Jorku – handlowej stolicy ulubionej klienteli. Były to pionierskie czasy i ojciec, podobnie jak poszukiwacze złota sto lat wcześniej, zdawał sobie sprawę, że śmiałe działanie może przynieść fortunę. Kupując bilet na transatlantyk w 1952 roku, oczami wyobraźni widział siebie jako jednego z pierwszych szczęśliwców.

Nowy Jork – zwany Wielkim Jabłkiem – spełnił wszelkie jego oczekiwania, a nawet dał mu jeszcze więcej. Zakochał się w nim, gdy tylko wysiadł w porcie na przystani dla luksusowych liniowców. Zachwycony podziwiał roztaczający się przed nim widok. Drapacze chmur, szerokie ulice, samochody z charakterystycznymi płetwami pędzące we wszystkich kierunkach – wszystko wokół zarażało entuzjazmem i miłością do handlu. Ojciec dał się zauroczyć. Nawiązał wieloletni romans z... Ameryką.

Kiedy nieco ochłonął, wyjął z kieszeni karteczkę z nazwiskiem prawnika i pojechał do kancelarii. W jego towarzystwie obejrzał wiele potencjalnych lokali na środkowym Manhattanie. Wszystko przebiegało tak jak podczas wybierania lokalu we Włoszech – wielokrotnie obserwowałam ten rytuał. Ojciec stawał po drugiej stronie ulicy na wprost potencjalnej lokalizacji, przymykał oczy i wyobrażał sobie charakterystyczny szyld Guccich nad wejściem. Jeśli kompozycja mu się nie podobała lub fasada budynku nie współgrała harmonijnie z otoczeniem, kręcił głową i oglądał kolejną ofertę. Tym razem jedno miejsce szczególnie wpadło mu w oko. Wypatrzył sklep na parterze hotelu, w którym się zatrzymał, czyli w prestiżowym Savoy-Plaza. (Stąd pisał listy do mojej matki, ale o tym później). Budynek stojący u zbiegu Wschodniej Pięćdziesiątej Ósmej ulicy i Piątej Alei pod szyldem przedsięwzięcia, które stanowiło synonim powodzenia i luksusu, górował nad Central Parkiem. Pomieszczenia sklepowe na parterze nie wychodziły bezpośrednio na Piątą Aleję, jak chciałby ojciec, ale znajdowały się niedaleko ekskluzywnego sklepu Bergdorf Goodman, dziewięciopiętrowego pomnika na cześć zakupów w stylu beaux art, określanego jako „szczyt stylu". W porównaniu z nim miejsce, które przypadło ojcu do gustu, wydawało się skromne, ale w cenie tysiąca pięciuset dolarów rocznie stanowiło wyjątkową okazję. Ojciec zdecydował. Chciał utrzymać dobre relacje z Rodolfem, wezwał go więc do Nowego Jorku, żeby obaj obejrzeli lokal, zanim rozpoczną negocjacje z bankami w celu utworzenia w Ameryce sieci sklepów Gucci. W zuchwałym akcie nieposłuszeństwa bracia wysłali dziadkowi telegram informujący o swoich poczynaniach, kiedy zawarli umowę i podpisali dokumenty.

Bezradny z odległości sześciu i pół tysiąca kilometrów Guccio, przekonany, że synowie pojechali do Ameryki, by zbadać kierunki rozwoju handlu, oskarżył mojego ojca o głupotę, która mogła zrujnować całą rodzinę. Zażądał zerwania umowy i natychmiastowego powrotu obu synów do domu. Bez skutku.

Aldo i Rodolfo w końcu wrócili. Rozpoczęły się firmowo-rodzinne debaty. Niewielu członków rodziny brało w nich udział, ale sądzę, że przebiegały burzliwie. Dziadkowi, który już raz widział swoją firmę na skraju bankructwa i przeżył dwie wojny światowe, tempo, z jakim jego najstarszy syn prowadził interesy, musiało wydawać się przerażające. Nestor rodu 2 stycznia 1953 roku dostał ataku serca i zmarł w obecności żony. Miał siedemdziesiąt jeden lat. Moja babcia, nieustraszona kobieta, która ośmieliła się żyć wbrew regułom, urodziła nieślubne dziecko, przekonała swojego męża do założenia własnej firmy i pomagała mu ją prowadzić, podążyła za nim niecałe dwa lata później. Zasługą babci było również to, że kilka tygodni przed śmiercią dziadek dał swoim synom zielone światło do działania. Wysłuchawszy przekonujących argumentów mojego ojca, pobłogosławił ich odważną amerykańską przygodę. Przekazał pałeczkę następcom.

W listopadzie 1953 roku, dziesięć miesięcy po tym, jak Guccio został złożony na wieczny spoczynek w marmurowym grobowcu rodzinnym na cmentarzu w Soffiano na obrzeżach Florencji, mój ojciec z wielką precyzją zaplanował otwarcie pierwszego butiku na amerykańskiej ziemi. Jak na pioniera włoskiego wzornictwa przystało, jego sklep był pierwszym sprzedającym luksusowe włoskie produkty w Stanach Zjednoczonych. Aby uczcić tę okazję, wprowadzono nową linię produktów, wśród których znalazły się również mokasyny. Jako młoda dziewczyna lubiłam je najbardziej. Eleganckie wsuwane buty z różnych gatunków skóry, na przykład ze skóry krokodyla lub z zamszu, ozdobione metalowym elementem w kształcie wędzidła stały się pierwszym krokiem na drodze transformacji firmy.

Wraz z otwarciem sklepu na Manhattanie ojciec nareszcie poczuł, że nic go nie ogranicza. Rozpierała go duma, że wszyscy jego synowie pracują już w rodzinnej firmie. Giorgio i Roberto, stojący zazwyczaj w cieniu, skrupulatnie wykonywali swoje zadania, natomiast barwny Paolo – nieodrodny syn ojca – zyskiwał uznanie za kreatywność. Powierzono mu tworzenie nowych projektów. Przyglądając się synom wykorzystującym w firmie swoje talenty, ojciec był przekonany, że stworzył nie tylko mit, ale także spuściznę.

W nowojorskim butiku, najelegantszym ze wszystkich z szyldem Gucci, panowała atmosfera wyrafinowania, luksusu, blichtru, o której wkrótce zrobiło się głośno na świecie. Trzaskały spusty migawek aparatów fotograficznych, a ojciec stał ze swoim ulubionym synem Robertem, mając po bokach Rodolfa i Vasca. Manifestował jedność zarówno firmy, jak i rodziny. Wysyłał czytelny sygnał, że firmą będą zarządzać mężczyźni z rodu Guccich.

Grimalda, która miała pecha urodzić się kobietą, całe życie przepracowała we florenckim sklepie. Pożyczka udzielona przez jej narzeczonego pozwoliła firmie uniknąć upadku na początku działalności. Mimo to nie dostała żadnych udziałów w firmie, którą dziadek w testamencie podzielił między dzieci odpowiedniej płci. Przypadła jej w udziale jedynie ziemia i dwanaście milionów lirów (równowartość dwudziestu tysięcy dolarów). Ostatnia wola dziadka przyniosła pierwsze potyczki prawne wewnątrz rodziny, ponieważ Grimalda zaskarżyła niesprawiedliwy podział firmy. Prawnicy zatrudnieni przez braci bezlitośnie rozprawili się w sądzie z jej roszczeniami, co na długie lata zaprawiło goryczą rodzinne relacje.

Ten przełomowy w historii Guccich proces sądowy toczył się dziesięć lat przed moimi narodzinami, ale dał początek wyniszczającym kłótniom.

Życie naszej rodziny nigdy nie było już takie jak przed procesem.

Butik Gucci we Florencji, około 1950 roku.

Mamma jako mała dziewczynka
ze swoją ukochaną matką Delią.

5

Człowiek doświadcza w życiu momentów zwrotnych – wybiera drogę wiodącą do przyszłości, która, gdyby wybrał inaczej, nigdy nie stałaby się jego udziałem. Kilka razy doświadczyłam czegoś takiego i często się zastanawiam, jak potoczyłyby się moje losy, gdybym w jednym z decydujących momentów podjęła inną decyzję.

W historii rodziny Guccich moment przełomowy nastąpił wtedy, gdy dla Londynu Guccio postanowił porzucić rodzinną Florencję. Ojciec podjął równie brzemienną w skutki decyzję, wsiadając na statek do Nowego Jorku. O losie matki natomiast zadecydowało przekroczenie progu butiku Gucciego pod numerem 21 przy Via Condotti w Rzymie pewnego pogodnego piątkowego poranka w kwietniu 1956 roku.

Jak to ujęła, „przekroczyła próg innego świata". Osiemnastoletnia córka owdowiałej szwaczki próbowała ukryć drżenie rąk, więc mocno zaciskała je na torebce, która nagle wydała się jej nie dość ładna. Tamtego ranka wyszła z mieszkania matki ubrana w najlepszą jasnoniebieską sukienkę i czarne pantofelki, pełna nadziei, choć zdenerwowana. Jej chłopak, Pietro, umówił ją na rozmowę w sprawie pracy u swojego szwagra Laurenta, menedżera piętra w rzymskim butiku Gucciego. Od wielu dni Bruna przygotowywała strój i ćwiczyła dialogi.

– Wiedziałam, że dzięki tej pracy zacznę zarabiać i będę sobie kupować wszystko, czego tylko zapragnę – powiedziała mi. – Trafiła mi się znakomita okazja. Gdyby nie to, nie wiem, co by się ze mną stało.

Bruna, najmłodsza z trójki rodzeństwa, została poczęta w trakcie sylwestrowego pokazu sztucznych ogni i przyszła na świat dokładnie dziewięć miesięcy później 1 października 1937 roku, dwa lata przed wybuchem drugiej wojny światowej. Imię zawdzięcza ciemnej barwie włosów. Alfredo Palombo, jej ojciec, a mój dziadek, był urzędnikiem średniej rangi, zagorzałym faszystą. Delia, jego żona, miała bardziej tolerancyjne poglądy. Moja matka uważała ją wręcz za anioła. Bruna, jako najmłodsza w rodzinie, cieszyła się bezwarunkowym uwielbieniem Delii, która karmiła ją piersią przez dwa lata. Była dzieckiem szczęśliwym i rozpieszczanym, co niestety sprawiło, że nigdy nie stała się osobą niezależną. To z kolei odcisnęło piętno na jej relacjach z moim ojcem i ze mną. Ponieważ bała się samotności, spała w pokoju rodziców do szóstego roku życia, a w ciągu dnia nie opuszczała Delii ani na krok.

Nadejście drugiej wojny światowej diametralnie zmieniło życie rodziny. Włochy, początkowo neutralne, włączyły się do działań zbrojnych. Alfredo stracił pracę, którą spodziewał się wykonywać do końca życia. W 1943 roku aresztowano Mussoliniego. Niemcy ustalili jednak miejsce jego pobytu, odbili go w brawurowej akcji i uczynili z niego marionetkę. Mussolini sprawował rządy z Gargnano na brzegu jeziora Garda w Lombardii. Ośmiuset byłych pracowników rządowych, w tym mój dziadek, zostało wezwanych do pracy. Pozbawieni szansy na zatrudnienie w Rzymie musieli skorzystać z tej propozycji. Alfredo cieszył się, że po raz kolejny zrobi coś dla *Il Duce*.

Gdy *mamma* miała pięć lat, jej rodzina, składająca się z rodziców i dwójki starszego rodzeństwa, Franca i Gabrielli, opuściła Rzym i pociągiem pojechała do miejscowości wypoczynkowej Maderno, gdzie przydzielono im niewielki domek. Tam Bruna po raz pierwszy zobaczyła śnieg. Życie po przeprowadzce okazało się jednak dla niej trudne. Miejscowi niechętnie patrzyli na przybyszów z Południa – wyśmiewano ją w szkole z powodu rzymskiego akcentu. Stała się niepewna siebie i niedowartościowana.

W całym regionie, do tej pory cieszącym się względnym spokojem, pojawili się żołnierze. Kopano schrony przeciwlotnicze, by zabezpieczyć mieszkańców podczas nalotów alianckich. Kiedy kilku żołnierzy Mussoliniego zostało zabitych, wszystkim mieszkańcom, także dzieciom, nakazano wyjść na ulice. Stali więc i patrzyli na ciała niesione w otwartych trumnach. Rodzina Palombo, która nigdy nie odnalazła się w nowych warunkach i tęskniła za domem, pozostała w Maderno do końca wojny i wejścia do miasta oddziałów amerykańskich. Po straceniu Mussoliniego wróciła do Rzymu, ale całkiem odmieniona.

Po wojnie Alfredo mógł znaleźć zatrudnienie jedynie na podrzędnym i nisko płatnym stanowisku. Wywołana tym frustracja przyczyniła się do nasilenia dolegliwości związanych z wrzodami żołądka i chorobą nerek, a to z kolei pogorszyło i tak jego kiepski nastrój. Często wyładowywał frustrację na Brunie, bił ją za najmniejsze przewinienia. Syn Franco starał się schodzić mu z drogi. Z kolei ładnej i mądrej córce Gabrielli, swojej ulubienicy, ojciec od czasu do czasu rzucał dobre słowo i oszczędzał gderania. Często porównywał obie córki. Bruna zwykle wypadała gorzej od siostry, co sprawiło, że nie czuła się zbytnio związana z siostrą. Osamotniona nauczyła się żyć we własnym świecie. Wiem, jak się czuła.

Zdawało się jej, że matka otacza ją bezwarunkową miłością. Jako ośmiolatka jednak przypadkowo usłyszała słowa matki skierowane do przyjaciółki: „Nie chciałam, żeby Bruna się urodziła. Nie stać nas było na kolejne dziecko i próbowałam się jej pozbyć". Bruna poczuła się zdruzgotana. Te słowa naznaczyły ją na całe życie. Później nabrała dziwnego zwyczaju – zawsze nosiła ze sobą torebkę, czuła się z nią pewniej. Robi tak zresztą do dzisiaj. W torebce trzymała małe skarby. Potrzebowała ich, ponieważ miała silną potrzebę rewanżowania się za każdy otrzymany drobiazg. Kiedyś poczęstowana cukierkiem z braku innych przedmiotów w prezencie wręczyła guzik oderwany od bluzki. Delii takie zachowanie wydawało się zabawne, bo nie dostrzegała powodującego go konfliktu emocjonalnego córki związanego z niskim poczuciem własnej wartości.

Choć Bruna dowiedziała się, że była niechcianym dzieckiem, jej jedyne dobre wspomnienia z dzieciństwa skoncentrowały się wokół matki, której pogodna natura czyniła ich życie bardziej znośnym. Delia zarabiała szyciem ubrań dla bogatych klientek. Nuciła, siedząc przy maszynie. Bruna przyglądała się, jak w zaledwie kilka godzin powstawała zapierająca dech w piersiach kreacja, i wyobrażała sobie życie kobiet noszących takie stroje.

– Uwielbiałam się przebierać i malować. Brałam mamy kredkę do oczu i ostrożnie rysowałam nią kreski, żeby wyglądać jak Kleopatra. W wyobraźni stawałam się mieszkanką egzotycznych krajów, pięknie ubraną i wiodącą życie zupełnie odmienne od mojego – wspominała czasem.

Delia Palombo zapewne posiadała zdolności parapsychiczne. Twierdziła, że często nachodzą ją przeczucia. Pewnego dnia podniosła wzrok znad maszyny do szycia.

– Bruno, twoja siostra Gabriella będzie musiała ciężko pracować, żeby zdobyć to, czego pragnie, ale tobie wszystko zostanie podane jak na srebrnej tacy – obwieściła.

Nikt w to nie uwierzył.

Będąc nastolatką, zaprzyjaźniła się z dziewczyną o imieniu Maria-Grazia, która podburzała ją, aby przeciwstawiła się surowym nakazom ojca. Zaczęła od wypróbowywania zabronionych przez niego produktów, takich jak guma do żucia i papierosy, następnie późno wracała do domu. Jeśli ojciec ją przyłapał, dostawała lanie. Jako czternastolatka interesowała się przede wszystkim chłopcami, ściśle mówiąc – konkretnym chłopcem. Nazywał się

Pietro, był od niej trzy lata starszy, miał gęste ciemne włosy, wyjątkowo długie rzęsy i „pięknie wykrojone usta".

Zakochani spędzali czas jak wszystkie inne młode pary: chodząc na wieczorną *passeggiata* na placu, spotykając się z przyjaciółmi lub oglądając dubbingowane filmy hollywoodzkie, takie jak *Deszczowa piosenka* czy *W samo południe*. Pietro, jedynak, pracował w dobrze prosperującej rodzinnej firmie spożywczej. Praca ta wymagała od niego częstych wyjazdów za miasto. Powodziło mu się lepiej niż większości młodych ludzi, a kiedy na osiemnaste urodziny dostał fiata 1100, zwanego magic millecento, stał się pierwszą osobą w gronie znajomych mającą samochód. Pietro zabierał ukochaną na romantyczne przejażdżki. Starał się zaparkować w ustronnym miejscu, nastawić nastrojową muzykę w radiu i przejść do odważnych pieszczot. Bruna wzbraniała się przed czymkolwiek więcej niż pocałunki.

W tym związku była szczęśliwa, czego nie można powiedzieć o sytuacji rodzinnej. Chociaż Alfredo Palombo został podniesiony na duchu przez nieoczekiwaną wygraną na loterii (równowartość około pięciu tysięcy dolarów), surowo wymagał, aby Gabriella i Bruna ubierały się skromnie i przestrzegały ustalonej pory powrotu do domu, co żadnej z nich się nie podobało. Brunie wydawało się, że celem ojca jest niezmiennie unieszczęśliwianie wszystkich wokół.

Pewnego gorącego czerwcowego dnia w 1953 roku nadeszła zmiana. Gdy Bruna wróciła ze szkoły, dowiedziała się od sąsiadki, że ojciec stracił przytomność i przewieziono go do szpitala. Ponieważ od lat zmagał się z problemami zdrowotnymi, a niedawno przeszedł operację usunięcia kamieni nerkowych, nie przejęła się zbytnio. Usiadła przy stole kuchennym i zaczęła przeglądać gazetę, w której zamieszczono mnóstwo zdjęć z koronacji królowej Elżbiety w Londynie. Jadła przy tym czereśnie z miseczki. Pochłaniała owoce, wsłuchując się w tykanie zegara i czekając na powrót matki. Nie minęła godzina, gdy do mieszkania wpadła ta sama sąsiadka z krzykiem: „Twój *papà* nie żyje!". *Ictus cerebrale*, czyli udar. Bruna w milczeniu skończyła jeść czereśnie, wpatrując się w zegar. Ich smak do dziś przypomina jej o tamtej chwili.

Nie poznałam żadnego z moich dziadków, ale wiem, że moja mama nie miała wielu miłych wspomnień związanych z ojcem i nieszczególnie rozpaczała po jego śmierci. Szczęśliwym zrządzeniem losu odejście Alfreda poprawiło warunki finansowe rodziny dzięki pieniądzom z loterii i temu, że teraz jego pensję wypłacano wdowie. Niedługo później Gabriella, poślubiwszy dentystę, wyprowadziła się z domu, a Franco znalazł pracę w BP. Bruna również chciała nabyć umiejętności, zapisała się więc na kurs stenografii. Poznała tam młodych ludzi, z którymi zaczęła wychodzić z domu. Wszystko nabrało jaśniejszych barw. Nieoczekiwanie Franco przejął obowiązki pana domu i wrócił do zasad stosowanych przez ojca, zwłaszcza jeśli chodziło o strój i zachowanie Bruny.

– Robiłam, co mogłam, aby unikać Franca i nie przebywać w domu – zwierzyła mi się matka. – Ale on śledził każdy mój krok i rzucał się na mnie, gdy przyszłam później, niż sobie tego życzył. Wyjątkowy tyran.

Niestety, również Pietro zaczął się zachowywać podobnie. Powiedział Brunie, że nie życzy sobie, by miała makijaż, co wówczas robiła każda młoda *signorina*, zwłaszcza taka, dla której wygląd był powodem do dumy.

– I nie chcę, żebyś nosiła buty na obcasach, chyba że wychodzisz ze mną – nakazywał.

Chciał ja kontrolować na każdym kroku. Ich telefoniczne sprzeczki przeradzały się w kłótnie, które nieodmiennie kończyły się tym, że Bruna z trzaskiem rzucała słuchawkę.

Pewnej nocy, kiedy siedzieli przytuleni w samochodzie, Pietro niespodziewanie się jej oświadczył. Zanim zdążyła się nad tym zastanowić, usłyszała, jak mówi: *Sí*, Pietro był tak pewny jej zgody, że natychmiast wyjął z kieszeni aksamitne pudełeczko z pierścionkiem zaręczynowym z perłą. Założyła go na palec, mimo że nie lubiła pereł. Co więcej, docierała do niej myśl, że zamiana jednego tyrana na drugiego nie jest szczytem marzeń.

Zaręczyny Bruny przygnębiły matkę. Miała wątpliwości co do Pietra i postanowiła od razu podzielić się nimi z córką. Powiedziała, że sama popełniła błąd, bo wyszła za nieodpowiedniego mężczyznę.

– Zastanów się dobrze, co zamierzasz zrobić, Bruno – ostrzegała. – Nie sądzę, żeby Pietro był dla ciebie dobrym mężem. Jeśli za niego wyjdziesz, jestem pewna, że w ciągu trzech dni wrócisz do domu.

Mamma nie wiedziała, co zrobić. Obiecywała sobie, że nigdy nie zwiąże się z despotą podobnym do ojca, ale wydawało się jej, że wszyscy Włosi są tacy sami. Czy miała wybór? Pietro był porządny, pracowity i z całą pewnością szalał za nią. Przyjaciółki stale powtarzały, że trafiła się jej znakomita partia. Pietro zaś nic nie wiedział o rozterkach narzeczonej. Zaczął jej dawać połowę cotygodniowej wypłaty, a ona chowała ją do pudełka po butach, którą ukrywała pod komodą w sypialni. Wszystko wydawało się przesądzone. Jako mała dziewczynka oderwała guzik od bluzki, żeby podziękować za cukierek, teraz miała się oddać Pietrowi w zamian za jego ochronę. Sądziła, że inne wyjście nie istnieje.

Kiedy Bruna skończyła kurs stenografii, matka w dobitnych słowach wyjaśniła, że jeśli chce mieć swoje pieniądze, to musi na nie zapracować. Pietro niechętnie na to przystał, ale to on wybrał jej zawód i miejsce pracy. Dowiedział się od szwagra, Laurenta, że w wewnętrznej strukturze butiku Gucciego jest odpowiednie stanowisko.

Życie mojej matki znalazło się w punkcie zwrotnym tego właśnie pogodnego wiosennego ranka w 1956 roku, kiedy weszła do butiku, o którym nigdy nie słyszała. Natychmiast zapomniała o powadze dnia i z zachwytem w oczach zaczęła się rozglądać po luksusowym, choć stonowanym wystroju sklepu. Najważniejsze miejsce zajmowały tu drewniane gabloty pełne pachnących nowością wyrobów skórzanych. Laurent skinął na nią, więc poszła za nim do biura na pierwszym piętrze. Zauważyła, jak głęboko obcasy jej butów zapadają się w zielony dywan. Laurent był wysoki, szczupły i umiał zachować się w każdej sytuacji. Sprawiał wrażenie spokojnego. Uważał, że Bruna może podjąć pracę w magazynie, z pensją w wysokości dwudziestu pięciu tysięcy lirów tygodniowo. Na Brunie kwota ta zrobiła ogromne wrażenie.

– Jeśli dobrze się spiszesz, możesz piąć się w górę i nawet zostać sprzedawczynią.

Wyszli na korytarz. Oszołomiona pomysłem, że mogłaby zostać jedną z tych eleganckich dziewczyn stanowiących wizytówkę sklepu, które przed chwilą widziała na parterze, dziewczyna niemal się potknęła. Po minucie stanęli przed przeszklonymi drzwiami innego pokoju biurowego. Naciskając klamkę, Laurent powiedział z uśmiechem:

– Najpierw muszę przedstawić cię szefowi.

Zanim otworzył drzwi, szepnął:

– Nie odzywaj się, dopóki cię nie zapyta, a nawet wtedy nie mów za dużo.

Bruna zdenerwowała się tak, że aż zakręciło się jej w głowie.

Weszli do skromnego gabinetu urządzonego z zamierzoną swobodą. Z przodu przy wąskim biurku siedziała sekretarka i pisała na maszynie. W głębi za dużym drewnianym biurkiem stał szczupły, elegancko ubrany biznesmen ze starannie zaczesanymi do tyłu, przerzedzonymi włosami.

– *Dottore* Gucci, to dziewczyna, o której panu mówiłem – powiedział Laurent pogodnie. Zwracając się do szefa, posłużył się tytułem używanym zwyczajowo jako wyraz szacunku bez względu na zawód danej osoby.

– Nazywa się Bruna Palombo. Ukończyła kurs stenografii, ale za pańskim pozwoleniem na początek chciałbym zatrudnić ją na dole.

Biznesmen wyszedł zza biurka i uścisnął dłoń dziewczyny, która miała stać się kiedyś moją matką. Posłał jej rozbrajający uśmiech. Zapytał o wiek. Podniosła wzrok, spojrzała mu w oczy i odpowiedziała, że w październiku skończy dziewiętnaście lat. Zmierzył ją od stóp do głów.

– Bardzo dobrze. Możesz zacząć od przyszłego tygodnia – zdecydował.

Bruna spuściła wzrok, nie dowierzając własnym uszom.

Po powrocie do domu mogła mówić tylko o tych kilku chwilach spędzonych w butiku. Zdając relację matce i Marii-Grazii, co chwila wykrzykiwała: „Nawet sobie nie wyobrażacie!".

– A jaki jest twój szef? – zapytała matka.

– Uprzejmy – odpowiedziała Bruna w zamyśleniu. – I ma bardzo niebieskie oczy... takie oczy!

Mamma wytłumaczyła mi, że nigdy nie przeżyła niczego równie ekscytującego.

– Nie mogłam się doczekać, żeby zacząć pracować!

W poniedziałek wsiadła do pomarańczowego autobusu linii M. Uważała, że to najszczęśliwszy dzień jej życia. Mijając Koloseum i jadąc w kierunku Piazza di Spagna, odnosiła wrażenie, że występuje w filmie, którego bohaterką jest młoda dziewczyna wyruszająca do miasta. Jakimś cudownym zrządzeniem losu udało się jej przejść przez bramę do innego świata, o którym marzyła jako mała dziewczynka – do świata, w którym kobiety mogły robić, co chciały, nosiły suknie takie jak te, które szyła jej matka.

Przez kilka tygodni pracowała w magazynie, inwentaryzując towar i nabijając ceny, zachwycona tym miejscem. Kiedy tylko mogła, zaglądała do sali sklepowej i z zachwytem przypatrywała się śmietance towarzyskiej dokonującej zakupów w blasku kryształowych żyrandoli.

– Sklep przyciągał interesujących i eleganckich ludzi, bez wątpienia zamożnych. Wielu z nich pracowało w pobliskich ambasadach lub miało związek z przemysłem filmowym. Fascynowały mnie ich piękne stroje i bogata biżuteria.

Z ukrycia podglądała ich gesty, potajemnie uczyła się opanowania i wdzięku, z jakim personel dyskretnie krążył wokół klientów, gotów w każdej chwili zachwalać produkty i służyć radą. *Buongiorno, posso esserle d'aiuto?* (Dzień dobry, w czym mogę pomóc?), pytały sprzedawczynie zgodnie z wymogami etykiety obowiązującej od czasów Guccia Gucciego.

Chociaż moja matka nie słyszała o firmie Gucci, zanim zaczęła w niej pracować, szybko zrozumiała, że to jedna z najbardziej poważanych i ekskluzywnych marek w całych Włoszech, której sklepy często odwiedzały takie gwiazdy jak Ava Gardner, Joan Crawford, Kirk Douglas i Clark Gable. Wśród klientów była królowa brytyjska, która jeszcze jako młodziutka księżniczka odwiedziła florencki butik. Wraz z towarzyszącą jej damą dworu została obsłużona osobiście przez ojca *dottore* Gucciego, któremu powiedziała: „Czegoś takiego nie ma w całym Londynie!".

Nie minęło wiele czasu i Bruna została sprzedawczynią – to wydarzenie mogła porównywać z pierwszym występem modelki na wybiegu. Mimo że na początku gubiła się, szybko zjednała sobie personel i klientów dzięki wrodzonej skromności i słodkiemu uśmiechowi. Kiedy oglądam zdjęcia z tamtego okresu, w ogóle mnie to nie dziwi – była zachwycająca, a jej obecność musiała wywoływać poruszenie. Pewnemu irańskiemu dyplomacie spodobała się tak bardzo, że stał się jednym ze stałych klientów. Powiedział jej, że z ciemnymi włosami i porcelanową cerą wygląda jak perska piękność.

W domu Bruna powiedziała matce, że praca w butiku Gucci jest spełnieniem marzeń.

– Każdy spędzony tam dzień jest niczym wyjęty z jakiegoś filmu! – cieszyła się.

Bruna nabierała pewności siebie i naśladując bardziej doświadczone koleżanki, zaczęła nawiązywać rozmowę z klientami.

Aldo Gucci, dla niej *dottore* Gucci, pojawiał się i znikał – zawsze w zawrotnym tempie. Pracował sześć dni w tygodniu i krążył po całym świecie. Grafik miał zapełniony do ostatniego miejsca. Nie rezygnował z pracy nawet w sierpniu, co kłóciło się z włoskimi zwyczajami. Kiedy większość mieszkańców Rzymu opuszczała miasto, aby wypocząć nad morzem lub skorzystać z dobrodziejstw chłodniejszego górskiego klimatu, on pracował bez wytchnienia, narzekając, że jego rodacy to *fannulloni*, czyli obiboki.

Z nieodłączną fedorą na głowie i skórzaną aktówką pod pachą biegał z miejsca na miejsce, ale jego uwagi nie uszedł najmniejszy nawet szczegół. Po latach wielokrotnie widziałam, jak ojciec wywoływał drżenie wśród personelu, kiedy przystawał, aby poprawić minimalne niedopatrzenie lub sprawdzić, czy szklane powierzchnie lśnią jak należy. Od czasu do czasu tracił cierpliwość i wybuchał. Wrzeszczał wtedy na jakiegoś nieszczęśnika, który nie dość staranie zaaranżował wystawę lub ośmielił się zostawić odcisk palca na szybie.

– Ślepy jesteś? – krzyczał. – Niczego się tu nie nauczyłeś?

Matka powiedziała mi, że zanim ojciec z wiekiem złagodniał, budził lęk.

– Był niczym trzęsienie ziemi. Słyszano go w całym sklepie. Ludziom buty spadały ze strachu!

Dziwiła się jego wybuchom, ale ponieważ ojciec zachowywał się podobnie, zdążyła się uodpornić. Trzymała język za zębami i modliła się, żeby nigdy mu nie podpaść.

Gdy do sklepu wchodził klient, Aldo Gucci zmieniał się nie do poznania, ponownie stawał się uosobieniem uroku osobistego. Zawsze chętny do kontaktu z ludźmi ceniącymi wartości jego firmy, prezentował najnowsze produkty. Oczarowani klienci nie mieli wątpliwości, że przynajmniej przez krótką chwilę znajdowali się w centrum zainteresowania.

– Ten człowiek potrafiłby sprzedać własną matkę Beduinom – wyznała pewnego razu Bruna Delia. – Niesamowite widzieć go w akcji.

Nie zdawała sobie sprawy z tego, że i on się jej przyglądał. Chociaż był surowy wobec wszystkich, z nią obchodził się nadzwyczaj łagodnie. Kiedy ją widział, wołał do niej z wyraźnym toskańskim akcentem *„Ciao, Nina!"*, używając końcówki zdrobnienia – Brunina. Czasem zatrzymywał się, żeby zobaczyć, co robi, lub uchylał kapelusza w geście pozdrowienia i pytał o jej wrażenia z pracy.

Szczęśliwa Bruna rozkwitała jako kobieta i doskonaliła się jako sprzedawczyni. Dysponowała teraz własnymi pieniędzmi i nabierała poczucia własnej wartości, toteż zapędy Pietra, chcącego ją kontrolować, coraz bardziej ją irytowały, szczególnie gdy przestrzegał ją, żeby nie zachowywała się „zbyt przyjaźnie" wobec klientów. Denerwowały ją takie wypowiedzi. Zachowywała się należycie zarówno w butiku, jak i poza nim, nie robiła niczego niestosownego. Po czterech latach związku (i to w celibacie) powinien mieć do niej zaufanie! Ich coraz ostrzejsze kłótnie często kończyły się tym, że Bruna w dramatycznym geście zrywała zaręczyny. Czasem, płacząc, zdejmowała pierścionek zaręczynowy z palca i wkładała go do pudełka po butach z pieniędzmi odłożonymi na ich wspólną przyszłość, której już nie pragnęła.

Nie miała nikogo, z kim mogłaby porozmawiać o swoich rozterkach. Jej najlepsza przyjaciółka, Maria-Grazia, wyjechała za ukochanym do Ameryki. Brunie brakowało jej towarzystwa. Zaczęła przyjaźnić się z Lucią, z którą pracowała, ale nie były sobie tak bliskie, żeby zwierzać się ze spraw sercowych. Aż pewnego dnia w życiu dziewczyny pojawił się ktoś, kto stał się jej pokrewną duszą.

Stała za ladą butiku, kiedy spostrzegła przystojnego młodego bruneta w kraciastej budrysówce w angielskim stylu kręcącego się przed sklepem. Wyszła na zewnątrz i spytała, czy może mu pomóc. Nazywał się Nicola Minelli, miał doświadczenie w handlu w Londynie i niedawno wrócił do Rzymu.

– Tak bardzo pragnąłbym tutaj pracować – rzekł z szelmowskim uśmiechem. – Do kogo powinienem zwrócić się w tej sprawie?

Nicola mówił płynnie po angielsku i roztaczał wokół szczególną atmosferę. Bruna była pod wrażeniem. Wyczuła, że Nicola
nie będzie się interesował ani nią, ani żadną kobietą. Później się
okazało, że miała rację. Wprowadziła go do sklepu i poszła powia-
domić szefa, że na dole czeka dobrze się prezentujący młody człowiek szukający pracy. Powiedziano jej, żeby przysłała go na górę.
Niedługo później Nicola stanął przed nią ponownie, rozpływając
się z wdzięczności. Zaczynał w następnym tygodniu.

Dla mojej mamy – a później i dla mnie – Nicola był darem
niebios. Złośliwym poczuciem humoru i opowiadaniem sklepo-
wych plotek doprowadzał moją matkę do niepohamowanych ata-
ków śmiechu.

– Widzisz tego gościa? Myśli, że jak kupi kobiecie drogą torebkę, zostanie jej kochankiem. A ona zmyje się, jak tylko dostanie
prezent!

Dobrze było znów się śmiać. Ostatnio w kontaktach z Pietrem
tego jej brakowało.

Zainteresowanie *dottore* Gucciego najmłodszą sprzedawczynią
nie słabło. Pewnego dnia, przystanąwszy, żeby zobaczyć, jak sobie
radzi, pogładził jej policzek wierzchem dłoni. Ten spontaniczny,
pełen czułości gest wywołał rumieniec, ale nie speszył Bruny. Co
więcej, kiedy następnym razem Aldo pojawił się w sklepie, Bruna
wodziła za nim wzrokiem, przez chwilę patrzyli sobie w oczy jak
nigdy wcześniej.

W grudniu 1957 roku Laurent poinformował personel o pla-
nowanej wizycie szczególnego gościa. *Dottore* Gucci przebywał
za granicą, ale jego żona, Olwen, zamierzała przyjechać do sklepu z Villi Camilluccia na Monte Mario, najwyższym z siedmiu
wzgórz Rzymu, aby wybrać prezenty gwiazdkowe dla rodziny
i przyjaciół w Anglii. Bruna, tak jak wszyscy pracownicy sklepu,
była ciekawa, jak wyglądała żona szefa. Pozytywnie zaskoczył ją

widok bezpretensjonalnej Angielki, która wydawała się niemal onieśmielona poświęcaną jej uwagą. Bruna nie obsługiwała osobiście signory Gucci, ale powiedziała później, że wyglądała na „wspaniałą damę" i do tego „niezwykle miłą".

Pewnego dnia na początku 1958 roku Bruna została wezwana do gabinetu szefa i od razu wpadła w popłoch. „Bałam się, że zrobiłam coś nie tak", zwierzyła się mi. Z drżeniem zapukała do drzwi i weszła. Stanęła oko w oko z *dottore*. Nieobecność sekretarki zdenerwowała ją jeszcze bardziej – wyglądało na to, że szef ma coś poufnego do powiedzenia.

Szybko jednak uspokoiły ją jego słowa:

– Ach, Bruno, moja sekretarka Maria wychodzi za mąż i wkrótce nas opuści. Muszę znaleźć kogoś na jej miejsce, a Laurent wspominał, że uczyłaś się stenografii. Czy tak?

Skinęła głową. Uśmiechając się do niej zniewalająco, mężczyzna, który miał zostać moim ojcem, zapewnił ją, że będzie doskonałą sekretarką. Nie dał jej wyboru, musiała się zgodzić.

Bruna, która miała wówczas dwadzieścia lat i pracowała w sklepie od nieco ponad roku, wróciła tamtego dnia pospiesznie do domu, aby przekazać matce dobre wieści.

– To większa odpowiedzialność i większe pieniądze. Mam odpowiednie umiejętności i na pewno sobie poradzę. Wiele mogę się przy tym nauczyć od *dottore* Gucciego.

Nie wątpiła, że sobie poradzi. Następnego ranka zajęła nowe miejsce przy wąskim biurku pod ścianą, na którym stały telefon i maszyna do pisania Olivetti, a obok leżały wąskie rolki papieru. Zaczęła sobie przypominać wszystko, czego nauczyła się na kursie. Siedząc obok biurka szefa, pisała na maszynie to, co jej dyktował. W większości napomnienia do warsztatów lub menedżerów sklepów, którzy w opinii szefa niezbyt się spisywali. Wyważone wiadomości do prawników i banków, częste oschłe notki do braci lub synów – zazwyczaj w celu skarcenia ich za niedotrzymywanie terminów lub nadmierne gromadzenie surowych materiałów. Nie uszło uwagi Bruny, że korespondencja z członkami rodziny była lakoniczna i biznesowa – ani jednego osobistego lub ciepłego słowa.

Szybko zrozumiała, że szef jest pracowity i robi tylko krótką przerwę na *un caffè* czy lunch. Pracował od świtu do zmierzchu, jednak za każdym razem, kiedy podnosiła wzrok, patrzył na nią „łagodnie, ale w szczególny sposób".

– Byłam wtedy bardzo nieśmiała i nie wiedziałam, co zrobić – dodała moja matka.

Te spojrzenia, jej zdaniem, nie sprawiały wrażenia nieprzyzwoitych. Była przekonana, że w jakiś sposób go urzekła. Jeśli jego uwaga zaczynała jej ciążyć, znajdowała wymówkę, aby wyjść na chwilę i odetchnąć.

– Nikt wcześniej nie okazywał mi takiego zainteresowania. Na niczym nie mogłam się skupić.

Wkrótce stało się dla niej jasne, że na nową posadę została wybrana nie tylko dlatego, że potrafi pisać na maszynie. Zaczęła się czuć niezręcznie na myśl o tym, dokąd ta sytuacja może prowadzić. Ponieważ szczyciła się sprawnością, denerwowała się, kiedy coś jej nie wychodziło i musiała nanosić poprawki. Szefowi najwyraźniej to nie przeszkadzało.

Niczego nie pragnęła bardziej, niż utrzymać się w pracy, ale spojrzenia szefa ją martwiły. Niemniej jednak zwróciła uwagę na to, że zaczęła przyjeżdżać do pracy coraz wcześniej i bardziej dbać o wygląd. Pietro z tego powodu stał się bardziej zaborczy i wszczynał kłótnie. Aldo Gucci szybko zauważył, że jego sekretarka często przychodzi do pracy bez pierścionka zaręczynowego. Cieszyło go to ogromnie jako dowód, że jego mała, nieśmiała Nina ma niepokorną duszę. Dzięki pierścionkowi potrafił ocenić temperaturę w jej związku.

Pierwszym prezentem, jaki ojciec zostawił na biurku matki, był flakon perfum przywieziony z Florencji. Wkrótce pojawiły się kolejne: jedwabne apaszki, kaszmirowe sweterki, luksusowe przedmioty, których pragnęła, ale nie mogła sobie na nie pozwolić.

– Nie mogę tego przyjąć, *dottore* – mówiła uprzejmie. – To nie byłoby właściwe.

Wiedziała też, że gdyby cokolwiek zabrała do domu, pojawiłoby się zbyt wiele pytań.

Flirtując już bezwstydnie, Aldo droczył się z nią i odmawiał przyjęcia prezentów z powrotem. Chowała je zatem w szafce w jego gabinecie z nadzieją, że nikt ich tam nie znajdzie. W krótkim czasie szafka zapełniła się paczuszkami – prawdziwy skarbiec rosnącego uczucia. Ojciec prowadził miłosną grę. Przywoził coś z każdej podróży i czekał, żeby Bruna nie chciała tego przyjąć.

Napięcie seksualne rosło. Pewnego dnia wpadli na siebie, gdy Bruna otwierała pocztę przy biurku Alda. Chwycił ją za ręce, żeby nie upadła. Nagle gwałtownie przyciągnął ją do siebie i namiętnie pocałował w usta.

– Było to dziwne, lecz nie nieprzyjemne uczucie, którego dotychczas nie doświadczyłam, a już na pewno nie z Pietrem – powiedziała mi mama.

Zaskoczona upuściła listy, cofnęła się i krzyknęła:

– Nie, *dottore*! Co pan robi?

– *Mi fai soffrire! Mi fai sudare!* (Przecz ciebie cierpię! Przez ciebie zalewam się potem!) – śmiało odparł *papà*.

Przerażona uciekła do damskiej toalety. Przemyła twarz wodą i spojrzała na swoje odbicie w lustrze. Dotknęła ust opuszkami palców. Nie rozumiała, co ten pocałunek oznacza. A gdyby ktoś ich zobaczył? Czy *dottore* Gucci zamierza ją zwolnić, ponieważ nie odwzajemniła pocałunku?

Czuła się przestraszona i szczęśliwa – niepożądana mieszanka uczuć zwłaszcza dla tak młodej osoby. Wygładziła sukienkę, poprawiła fryzurę, wzięła głęboki oddech, otworzyła drzwi toalety i wróciła do gabinetu.

Usiadła za biurkiem i stwierdziła, że nie ma powrotu do przeszłości.

6

Chociaż wychowałam się w rodzinie katolickiej, nie przestaje zadziwiać mnie fakt, że w roku, kiedy mój ojciec po raz pierwszy pocałował moją matkę, włoskie prawo za cudzołóstwo przewidywało karę więzienia.

Niewierność spotykała się z cichym przyzwoleniem jako integralna część męskiej psychiki (zwłaszcza w kraju, który nie dopuszczał rozwodów), ale trzeba było ją ukrywać. Jeśli o czymkolwiek dowiadywała się opinia publiczna, często rozpoczynał się dramat, zwłaszcza że już wtedy brukowce goniły za sensacją.

Kilka lat wcześniej Włochy zelektryzowała wiadomość, że zamężna szwedzka aktorka Ingrid Bergman ma romans z żonatym włoskim reżyserem Robertem Rossellinim i urodziła mu syna. Wybuchł skandal. Bergman została potępiona przez amerykański Senat jako „narzędzie zła" i zakazano jej jakichkolwiek występów publicznych. Rossellini również wypadł z łask, i kiedy Bergman uciekła do Włoch, aby z nim być – później urodziły się bliźniaczki – szczegóły postępowań rozwodowych ich obojga obrosły w brukową legendę, która prześladowała ich przez wiele lat.

Podobnie przedstawiała się sytuacja Fausta Coppiego, jednego z uwielbianych włoskich sportowców, który spotkał się z publicznym potępieniem z powodu romansu z zamężną matką dwójki dzieci. Coppi, znany jako Il Campionissimo (bohater), w tym samym roku wygrał wyścigi Giro d'Italia i Tour de France. Nie uchroniło go to przed skandalem: został wraz z kochanką wywleczony z łóżka, choć tylko ona trafiła do więzienia.

W sprawę zaangażował się nawet Watykan – publicznie potępił Coppiego i podjął próby ratowania małżeństwa sportowca, choćby ze względu na dobro dziecka. Kiedy w 1955 roku sądzono go za cudzołóstwo i do sądu zostały wezwane dzieci obojga kochanków, Coppi nie był już Il Campionissimo. Występną parę skazano: jedno z nich na dwa, drugie na trzy miesiące pozbawienia wolności. Wyrok później zawieszono.

Bruna miała własne wysokie standardy moralne. Niezależnie od tego doskonale zdawała sobie sprawę, że Aldo Gucci jest osobą publiczną. Gdy jego uczucia do najmłodszej pracownicy firmy wyjdą na jaw, zostaną nie tylko potępione, lecz także szeroko nagłośnione. Nieustępliwe zaloty stanowiły zagrożenie dla nich obojga i nie dawały jej spokoju dniem i nocą.

Pocałunek wystraszył ją nie na żarty i Aldo musiał to wyczuć. Stała się spięta, niemal sztywna, nie wymieniała z nim porozumiewawczych uśmiechów, zaczęła unikać kontaktu wzrokowego i fizycznej bliskości. Ale on nie potrafił przestać o niej myśleć. Miał pięćdziesiąt trzy lata i czuł, że znalazł się w potrzasku. Nie stronił od zdrad, tym razem jednak zakochał się bez pamięci w kobiecie o tyle od niego młodszej, że mogłaby być jego córką. Uczucie płynęło wprost z serca, nie potrafił go zwalczyć, chociaż wiedział, jakie niosło ryzyko – dla niego i dla niej.

Rozczarowany reakcją Bruny wyjechał z Rzymu w podróż służbową i starał się zapomnieć o tęsknocie. Na szczęście w 1958 roku mógł przemieszczać się między kontynentami na pokładach samolotów odrzutowych, które łączyły Włochy z niemal każdym zakątkiem świata. Niestrudzony *papà* należał do niezbyt licznych wówczas pasażerów latających regularnie do Nowego Jorku pierwszymi komercyjnymi samolotami odrzutowymi, takimi jak de havilland comet (w barwach BOAC) czy boeingiem 707 linii Pan Am. Lot nad oceanem trwał zaledwie dziewięć godzin. Podróże odrzutowcami przebiegały w atmosferze luksusu, podawano wykwintne jedzenie i wina. Ojciec mógł nawet palić fajkę lub ulubione papierosy Toscanello.

Przy Wschodniej Pięćdziesiątej Ósmej ulicy sprzedaż przynosiła zyski, ale utrzymywanie kontaktu między kontynentami było uciążliwe. Ojciec doskonale zdawał sobie sprawę, że musi trzymać rękę na pulsie. Perfekcjonista taki jak on nie mógł polegać na telegramach ani połączeniach telefonicznych kiepskiej jakości. Musiał doglądać sklepu na Manhattanie, nawet jeśli oznaczało to rozstania z obiektem jego westchnień.

Miesiąc po pamiętnym pocałunku wrócił do Rzymu, pośpiesznie wszedł do gabinetu i ściszonym głosem zwrócił się do Bruny:

– Muszę z tobą porozmawiać.

Kiedy go zignorowała, zostawił na biurku odręcznie skreślony liścik, w którym domagał się, aby spotkała się z nim o szóstej po południu w dzielnicy Parioli. Była to elegancka okolica w północno-zachodniej części miasta, w której – o czym doskonale wiedziała jako sekretarka zajmująca się wszystkimi dokumentami – znajdowało się jego kawalerskie mieszkanie, *garçonnière*. Aż do tej chwili Bruna starała się nie myśleć, do czego Aldo potrzebuje tego mieszkania.

Mimo obaw Bruna poinformowała matkę i Pietra, że musi pracować do późna. W napięciu czekała na sekretne spotkanie. Zastanawiała się, do czego ono doprowadzi. Taksówką pojechała na Piazzale delle Belle Arti. Wysiadła i od razu zauważyła zielonego jaguara Mark 1 swojego szefa. Poczuła się fizycznie chora.

– Kiedy wsiadałam do jego samochodu, bałam się, że ktoś nas zobaczy, i cała się trzęsłam. Twój ojciec dostrzegł to i powiedział mi, żebym się uspokoiła.

Ujawszy jej dłoń, po raz kolejny powiedział, jaką sympatię do niej czuje, i pogłaskał ją po policzku. Wciąż się trzęsąc, Bruna przypomniała mu, że nie odwzajemnia uczuć. Aldo przysunął się do niej, a ona zaczęła desperacko rozglądać się na boki i oblała się potem.

– Nie bój się, Bruno. Nie ugryzę cię! – rzucił ze śmiechem, zanim pochylił się nad nią i pocałował ją w usta.

Z początku Bruna odwzajemniła pocałunek, co utwierdziło Alda w przekonaniu, że i ona coś do niego czuje. Później niespodziewanie wyrwała się z jego objęć i niemal płacząc, zażądała, aby odwiózł ją do domu. Wysiadła bez słowa w bocznej uliczce niedaleko mieszkania, oddaliła się szybkim krokiem, a jej serce „biło jak szalone". Powiedziała mi, że „miała mętlik w głowie, była zdenerwowana i nadal bardzo wystraszona".

Również serce mojego ojca biło mocno, ale triumfalnie. Ta mała, nieśmiała Nina odwzajemniła pocałunek!

Mamma tamtej nocy niemal nie zmrużyła oka i obawiała się pójścia do pracy. Nie mogła nikomu zwierzyć się ze swoich problemów, nawet matce, musiała zatem stawić się w biurze. W ciągu kolejnych dni wykorzystywała każdą okazję, żeby wyjść z biura i osobiście zanieść coś do magazynu lub sklepu. Chociaż nie zrobiła niczego złego, ukrywanie tego, o czym myślała jako o swoim „brudnym sekrecie", męczyło ją. Z tego powodu prawie się rozchorowała. Straciła na wadze i nie mogła spać. Dość szybko jej najbliżsi, zwłaszcza matka i Pietro, dostrzegli zmianę.

Aldo Gucci nigdy nie przyjmował odpowiedzi odmownych. Nie lubił też czekać. Szybko zaplanował kolejne spotkanie z Bruną, tym razem w towarzystwie Vilmy, najbardziej oddanej pracownicy o najdłuższym stażu. Zapewniał ukochaną, że towarzystwo przyzwoitki doda jej otuchy i wszyscy potraktują to jako zwyczajne spotkanie w sprawach służbowych.

Bruna czuła, że nie może się nie zgodzić, ale poprosiła, aby kolacja odbyła się wtedy, kiedy Pietra nie będzie w mieście. Restauracja Antica Pesa znajdowała się w starej izbie celnej w ulubionej dzielnicy rzymskiej bohemy – Trastevere. Odwiedziłam to miejsce kilkakrotnie, choćby po to, aby móc wyobrazić sobie spotkania moich rodziców w tej niepewnej fazie ich znajomości. Moja matka odmalowała raczej smutny obraz tego spotkania. Kelner prowadził ich do stolika na końcu tarasu, a ona ociągała się i zostawała z tyłu. Zajęli miejsca, lecz jej zdenerwowanie nie osłabło. Martwiła się, że ktoś może ją zobaczyć. Z tego powodu niemal nic nie jadła.

Papà był doskonałym gospodarzem wieczoru. Śmiał się i opowiadał historyjki, jego oczy błyszczały w świetle świec, kiedy relacjonował lot nad oceanem w odrzutowcu: do pokonania ponad sześć i pół tysiąca kilometrów.

– Nie uwierzyłabyś w ten luksus, Bruno! Fotele są wyjątkowo wygodne. Stewardesy w eleganckich kostiumach podają martini i wykwintne potrawy. Spodobałoby ci się.

Dawał tym samym do zrozumienia, że pewnego dnia zabierze ją ze sobą za Atlantyk. W superlatywach przedstawiał Nowy Jork. Mówił o wysokich budynkach, zdumiewająco szczerych mieszkańcach, których życie ani przedsięwzięcia nie były ograniczane przez rząd w takim stopniu jak we Włoszech. Wychwalał zgiełk i ruch wielkiego miasta. Zapewniał, że pokochałaby amerykańską wolność.

Pod wpływem alkoholu i serdecznego nastroju Bruna zaczęła się rozluźniać i powoli opuszczała tarczę, za którą się schowała. Sącząc *prosecco*, pokazała inną, beztroską siebie, której istnienie Aldo zawsze podejrzewał.

– Dziś do sklepu przyszła kobieta w płaszczu, którego kolor pasował do koloru jej pudla – powiedziała. – Ledwo powstrzymywaliśmy się od śmiechu!

Te krótkie chwile, kiedy była figlarna i roześmiana, jak na jej wiek przystało, sprawiły, że Aldo pokochał ją jeszcze mocniej.

Zaloty trwały, choć wbrew woli Bruny. Wytchnienia zaznawała tylko wtedy, kiedy Aldo wyjeżdżał służbowo na kilka tygodni. Tak się jej przynajmniej wydawało. Przeglądając pewnego ranka pocztę, natknęła się na zaadresowany do siebie list z Nowego Jorku. Rozpoznała pismo szefa i natychmiast nabrała podejrzeń dotyczących treści. Nie chciała czytać go w pracy, żeby nikt jej na tym nie przyłapał. Wetknęła więc list za pasek spódnicy. Sięgnęła po niego później, gdy wracała autobusem do domu. I tak poznała treść pierwszego z sekretnych listów miłosnych.

Zdumiały ją słowa Alda i siła uczuć, jakie wyrażały.

Ukochana Bruno,
już po raz trzeci przykładam pióro do papieru, zniszczywszy dwa poprzednie listy. Obiecałem sobie, że napiszę Ci tylko, jak wielką czuję potrzebę, żeby się z Tobą porozumieć, żeby powiedzieć Ci, co czuję przez cały czas — te drobne przyjemności i ogromny ból!!! Wszystko przez nienasycone pragnienie, aby Cię kochać, oraz bezdenne cierpienie z powodu konieczności ukrywania tego. Proszę Cię o wybaczenie i pozwolenie, abym mógł Cię kochać na zawsze, zanim pochłoną mnie smutek i żal.
Moja słodka Brunicchi, nie myśl, że przesadzam. Po prostu szalenie się w Tobie zakochałem. Dopóki będę pewien Twoich uczuć i będę wiedział, że nigdy Cię nie stracę, dopóty będę Cię uważał za swoją jedyną wielką miłość i zrobię dla Ciebie wszystko, czego zażądasz! Nie musimy nigdzie wychodzić. Nie będę Cię prześladował ani nie uczynię nic, co by Ci przysporzyło smutku lub Cię zawstydziło. Jedyne, o co proszę, to to, byś mnie pokochała, jakby nasze serca były sobie przeznaczone, a nasze dusze złączone w jedną w wiekuistym uścisku. Kocham Cię, Bruno. Naprawdę, naprawdę Cię kocham i nie przestanę Ci tego mówić, bo to prawda, ponad wszystko i wszystkich.
Xxx A.

W dzisiejszych czasach pośpiesznie pisanych e-maili i ciągle wysyłanych SMS-ów żaden mężczyzna, niestety, nigdy nie napisał do mnie takiego listu. Co czuła moja matka, kiedy trzymała tę kartkę i powoli uświadamiała sobie wagę zapisanych na niej słów? Jakiś czas temu powiedziała mi: „To było niesamowite. Poczułam się, jakbym była kimś ważnym".

Nikt nigdy się przed nią tak nie odsłonił. Sposób, w jaki Aldo posługiwał się słowami, i oszałamiające deklaracje miłości, jakie jej składał, poruszyły w niej głęboko ukrytą strunę. Musiała się uszczypnąć, żeby uwierzyć, że dostała ten list od *dottore* Gucciego, człowieka o wysokiej pozycji społecznej, będącego uosobieniem szyku i stylu. Jako odnoszący sukcesy przedsiębiorca potrafił z równą swobodą odnaleźć się w towarzystwie koronowanych głów i zwykłych ludzi. Teraz otworzył serce i duszę przed „niewinną istotą", niemal nastolatką o skromnym pochodzeniu. Jak to możliwe?

Przez kilka chwil siedziała nieruchomo, przyglądając się ulicom za oknami autobusu. W oszołomieniu patrzyła na tłum przechodniów: matki z dziećmi, starszych ludzi. Widziała pary trzymające się za ręce, otwarcie okazujące sobie uczucia. „Pomyślałam, że w przeciwieństwie do mnie nie muszą się obawiać konsekwencji swojego zachowania" – powiedziała mi z westchnieniem.

W *Rzymskich wakacjach* – jednym z najpopularniejszych filmów owych czasów, który *mamma* oglądała z Pietrem, a wiele lat później ze mną, i to niejednokrotnie – Audrey Hepburn gra nieszczęśliwą księżniczkę, która zakochuje się w zwykłym mężczyźnie, reporterze granym przez Gregory'ego Pecka. Nawet w tej hollywoodzkiej fantazji zakochani nie mogli być razem. Spędzili cudowny czas i muszą się rozstać. Matka nie mogła się powstrzymać, żeby nie myśleć o zakończeniu filmu, które zawsze doprowadzało ją do łez. Zastanawiała się, czy w związku z Aldem Guccim miała szansę na szczęście.

– Myślałam, że z nami będzie podobnie jak w tym filmie – wspominała. – Wydawało mi się, że cała ta sytuacja jest nieprawdopodobna.

Wsunęła list do koperty i ponownie ukryła go za paskiem spódnicy. Starała się nie myśleć o czułości i ledwie skrywanym pożądaniu, jakie emanowały z Alda. Jego słowa trafiły do jej serca, ale teraz musiała zdecydować, czy zachować list na pamiątkę, czy go spalić – co ją kusiło. Ostatecznie włożyła go na dno pudełka po butach trzymanego pod komodą. Nie zamierzała nigdy więcej go oglądać z powodu emocji, jakie w niej wzbudzał. Nie chciała nawet wspominać szefowi, że otrzymała ten list.

Jeśli sądziła, że był to pierwszy i ostatni list od Alda, zdecydowanie nie doceniła siły jego obsesji. Znalazłszy bezpieczny sposób dawania upustu swoim uczuciom, mój ojciec pisał jeden list po drugim. Miał nadzieję, że lawina wyznań, którymi zasypie swoją młodą sekretarkę, w końcu spełni swoje zadanie. I ta nadzieja się spełniła.

Brunie schlebiała nie tylko uwaga, jaką poświęcał jej szef, lecz także nieskrywana zazdrość o czas, który spędzała z Pietrem – nie pisał o nim inaczej jak tylko „on". Ta intensywna rywalizacja sprawiła, że w umyśle Bruny zaświtała szaleńcza myśl: może ma inne wyjście niż poślubienie człowieka, z którym czuje się nieuchronnie związana. Co więcej, Aldo utrzymywał, że jeśli Bruna wyjdzie za Pietra, odrzuci szansę na szczęście i zrezygnuje z wielu możliwości, jakie się przed nią rysują. „Chciałbym pokazać Ci, jakie wszystko jest tutaj piękne", pisał do niej z apartamentu w hotelu Savoy--Plaza na Manhattanie. „Ten hotel [i] ten pokój ze snów. Nowy Jork to dopiero życie – tak często Ci o tym mówię. Jakże wspaniale jest żyć w ten sposób!". „Im piękniejsza rama, tym boleśniej odczuwam brak obrazu, który powinien ją wypełniać" – dodawał znacząco.

Jego słowa zasiały ziarno w umyśle młodej kobiety, która w dzieciństwie doznała niedostatku, także niedostatku miłości, którego uczucie matki nie mogło wynagrodzić. Nie wyobrażała sobie, że mogłaby polecieć do Nowego Jorku czy zakosztować życia, o którym teraz czytała. Pojawia się być może jedyna szansa, aby zwiedzić świat.

W innym liście Aldo straszył Brunę, że jeśli ciągle będzie go odpychać, on w końcu porzuci pogoń za nią. „Na próżno starałem się, żebyś przejrzała na oczy, ale moje zabiegi spełzną na niczym, jeśli zamierzasz przypieczętować swój związek z nim i odrzucić tym samym swoją przyszłość [...]. Każdy inny nieszczęśnik na moim miejscu już dawno dałby za wygraną".

Często pisał o „palącym i spontanicznym wołaniu" swojego „zbolałego serca" i o tym, że nic nie wynika z ich „pięknej i wzniosłej miłości". W kolejnym liściku, napisanym o trzeciej nad ranem, kiedy nie mógł spać, bo myślał o niej, dodawał: „[To jest] jakby powietrze, którym oddycham, traciło swoje właściwości, kiedy Ciebie nie ma". Wspominał często o wewnętrznej „męce" i „torturze" nieoglądania jej przez cały czas. „Kochaj mnie, Bruno. Modlę się, żebyś kochała mnie bardziej i bardziej, i żebyś uznała mnie godnym swojego uczucia [...] pragnienia naszych dusz, aby być razem i rozwinąć się w coś niezaprzeczalnie wspaniałego [...] trwającego aż po kres naszego życia [...]. Pozwól mi kochać cię na zawsze. Przysięgam, że nie pożałujesz tego – będę Ci to udowadniał każdego dnia".

Czas bez Bruny zaczął mu bardzo ciążyć. Za najgorsze uważał niedziele. Jeśli akurat znalazł się za granicą, biura były pozamykane, nie miał kogo strofować, a jego pracownicy, zamiast się zastanawiać, jak poprawić wyniki sprzedaży, cieszyli się szczęściem rodzinnym. Tego szczęścia on nie zaznawał od lat. Zakładał fedorę i spacerował bez celu po ulicach, wyobrażając sobie Brunę z Pietrem. Czy trzymała go za rękę, kiedy szli razem? Czy trzymał ją w ramionach, a ona go całowała? „Jakże mu zazdroszczę!", napisał i dodał, że na samą myśl o tym, jego serce krwawi. Natomiast niedziele spędzane w Rzymie uważał za nudne i zmarnowane. Zazwyczaj jadł obiad z Olwen, swoimi synami oraz ich rodzinami w Villi Camilluccia.

To w niedzielę pisał do ukochanej z zagranicy: „Chcę wiedzieć o wszystkim: co robiłaś i gdzie byłaś [...]. Zastanawiam się, jak minął Twój dzień [...]. Pragnę, żebyś wiedziała, jak bardzo Cię kocham i jakie sprawia mi to cierpienie".

Z różnych miejsc w Europie wysyłał jej telegramy lub – jeszcze śmielej – dzwonił do niej do domu. Udawał, że musi koniecznie porozmawiać ze swoją sekretarką w niecierpiących zwłoki sprawach służbowych, przepraszał uprzejmie matkę Bruny lub brata, Franca, aby nie wzbudzać podejrzeń. A ona stała zażenowana przy telefonie i zdawała sobie sprawę, że domownicy nasłuchują. Odpowiadała tylko: *Sí, dottore* albo *Non*, kiedy on bombardował ją pytaniami o to, kiedy znów się zobaczą. Te rozmowy nie przynosiły Aldowi pociechy, u matki zaś potęgowały panikę.

W pociągu powrotnym z Florencji *papà* napisał: „Jutro rano popędzę do biura [...]. Żadna praca nie wzbudza takiej pasji, wzbudza ją palące pragnienie, żeby zobaczyć [...] klejnot – uosobienie cnoty, wdzięku i urody o pięknych oczach i przeszywającym spojrzeniu – który zaledwie na mnie zerka, po czym odwraca się, bo twierdzi, że to wszystko na marne".

Wyszukiwał preteksty, aby znaleźć się z nią sam na sam, prosił o „pięć minut łaski". Jeśli się zgadzała, zabierał ją do Ristorante Alfredo na Via della Scrofa, słynącej z przyrządzania *fettuccine*. Przy stoliku szeptał Brunie, jak bardzo ją kocha i pragnie być z nią sam na sam. Nazywał ją Niną lub Nicchi (zdrobnienie od Brunicchi).

Stopniowo *mamma* ulegała jego urokowi, treści jego listów i splendorowi miejsc, do których ją zabierał. Zgodziła się na spotkania bez Vilmy. Z daleka od nasłuchujących uszu jej opór słabł.

– Kocham cię, Bruno – wyznał pewnego razu. Położył dłonie na stole niepokojąco blisko jej dłoni, niemal czuła płynący od nich prąd. – Czy nie widzisz, że jesteśmy sobie przeznaczeni?

Podnosząc wzrok, wyszeptała:

– I ja cię kocham, Aldo.

Jego twarz rozbłysła radością.

W następnym liście pisał już o „niewiarygodnym ciężarze na jego sercu", który zniknął. Dzięki temu postanowił nie zwracać uwagi na otaczającą ich „trudną rzeczywistość", nagle dał się porwać „uczuciom miłości i wdzięczności". Pisał: „Jak cudownie jest Cię kochać, moja uwielbiana Bruno [...]. Kocham Cię do szaleństwa". Zapewniał ją, że kiedy wyjawiła mu swoje uczucia, „są sobie winni", aby nie śpieszyć się z niczym. „Jesteś młoda i piękna, Twoje poświęcenie jest z pewnością większe od mojego [...]. Wiem, że naszym przeznaczeniem jest wspólne życie [...]. Podbiłaś moje serce i jestem Twój".

Jego słowa zdecydowały o ich losie, który do pewnego stopnia stał się też moim.

7

Jestem pewna, że każdy z nas jest w stanie przywołać upojne momenty w początkowej fazie zakochania, kiedy przez cały czas myślał o ukochanej osobie. Mnie przydarzyło się to więcej razy, niż chciałabym pamiętać.

Z moimi rodzicami nie działo się inaczej. Aldo od pewnego czasu był zauroczony, teraz Bruna zaczęła czekać na spotkania z taką samą niecierpliwością. Szeptał do niej czule przy jedzeniu i winie, a ona, śmiejąc się z jego żartów, na wpół wsparta na jego ramieniu czerpała radość z bycia adorowaną w zupełnie inny sposób, niż robił to Pietro.

– Byłam jak Alicja w Krainie Czarów – wspominała. Tłumaczyła, że chociaż ich miłość musiała pozostać tajemnicą, dawała jej szansę na inne życie.

Niestety, jej szczęście tłumił narastający lęk, że ich związek nie ma przyszłości. Łączyło się to ze stałą obawą, że ktoś ich zobaczy, zwłaszcza Pietro. Pewnego wieczoru Pietra nie było w mieście, ale zadzwonił do Palombów po dziewiątej wieczorem, czyli po wyznaczonej przez Franca godzinie powrotu do domu. Zdziwiony usłyszał, że Bruny jeszcze nie ma. Następnego ranka przyjechał po nią zmartwiony. W pewnej chwili powiedział, że muszą wrócić po coś do niego do domu. Tam zamknął ją w garażu i zaczął się domagać, by mu powiedziała, gdzie była poprzedniego wieczoru.

Trzęsąc się ze strachu, z trudem wyjąkała, że była z przyjaciółką w pizzerii. Popełniła błąd – Pietro przypomniał, że lokal zamknięto. Nigdy nie widziała Pietra w takim stanie. Złapał ją za rękę i zażądał, aby mu powiedziała, kim jest jej „przyjaciółka". Groził, że jeśli nie powie mu prawdy, nigdy nie wyjdzie z garażu żywa.

– Byłam z Vilmą, pracuję z nią! – krzyknęła. – Zobaczyłyśmy, że pizzeria jest zamknięta, poszłyśmy mierzyć sukienki. Przysięgam! Przysięgam na grób ojca!

Nalegał, żeby zaprowadziła go do Vilmy, więc błagała go, żeby nie robił jej wstydu. Wreszcie pozwolił jej wsiąść do samochodu. Kiedy jechali, próbowała otworzyć drzwi i uciec, ale wciągnął ją do środka. „Byłam przerażona". – *Mamma* zadrżała na to wspomnienie.

Uspokajanie Pietra trwało kilka minut. W końcu postawił jej ultimatum.

– Pobieramy się! – obwieścił. – Wybierz datę w październiku w okolicach swoich dwudziestych pierwszych urodzin. Dosyć zwlekaliśmy.

Październik miał nadejść za niecałe trzy miesiące, co oznaczało, że pod koniec 1958 roku – najbardziej burzliwego w jej życiu – zostanie żoną Pietra.

Obawiając się jego reakcji na odmowę, niechętnie się zgodziła. „Co mogłam zrobić?", zapytała mnie. W poprzednim roku przyjęła jego oświadczyny i zrealizowanie obietnicy wydawało się jej jedynym honorowym wyjściem z sytuacji. Nadszedł czas, by położyć kres szaleństwu spotkań z Aldem. Na szczęście nie posunęła się za daleko.

Trudno sobie wyobrazić, jak bała się powiedzieć Aldowi o podjętej decyzji. Rozterki niemal doprowadziły ją do załamania nerwowego. W myślach rozważała powody, dla których powinna zakończyć romans, i odgrywała rolę adwokata diabła – jakże dobrze poznałam to jej zachowanie – w nieskończoność wymyślając argumenty za i przeciw. Jeśli *dottore* Gucci był skłonny zdradzać żonę, to przecież jej także nie będzie wierny. A jeśli zdecydują się na wspólne życie i zostaną przyłapani, trafią do więzienia i okryją się hańbą.

Gonitwa myśli skazywała Brunę w większości na bezsenne noce. Nawet sny były wówczas torturą, więc budziła się roztrzęsiona i wystraszona. Później obserwowałam ten powtarzający się schemat przez całe lata. Nigdy Bruna nie potrafiła zawierzyć komuś do tego stopnia, aby wyjawić przyczynę dręczących ją koszmarów.

Aldo czuł, że coś ją gnębi, i po raz kolejny usiłował wyciągnąć do niej pomocną dłoń. Napisał nad ranem po nieudanym wieczorze, podczas którego wydusiła z siebie zaledwie kilka słów. List czekał na nią następnego ranka na biurku, ponieważ Aldo ponownie ruszył za Atlantyk.

> Minęło zaledwie kilka godzin, odkąd życzyłem Ci dobrej nocy [...]. Odwróciłaś się i odeszłaś w noc niczym nieznajoma, jakby nasze serca nigdy się nie spotkały. Mój najdroższy skarbie, jakże to smutne, jaka to tortura! Wiem, że mnie kochasz. Wiem, bo sama mi to powiedziałaś, uszczęśliwiając mnie niezmiernie, napełniając moją duszę radością, dlatego rozumiem Twój lęk i czuję Twój niepokój w niemym języku kochającego serca [...].

Pełna udręki czekała miesiąc na powrót Alda. Zebrała się na odwagę i powiedziała mu, że jego uczucia do niej są „niedorzeczne" i muszą przestać się spotykać. Zdruzgotany zapytał, co spowodowało tę zmianę. Opowiedziała mu o ataku szału Pietra. Wykrzyczawszy, że ich związek jest niemoralny, nielegalny i niemożliwy, dodała: „Wychodzę za Pietra w październiku", po czym wypadła z gabinetu.

Ponieważ Aldo nie mógł dotrzeć do Bruny w inny sposób, ponownie zasypał ją listami, aby mieć ją blisko, choćby w wymiarze duchowym. Zaklinał, żeby „nie dawała tak szybko za wygraną". Ostrzegał, że zmierza ku przyszłości, która pozbawi ją „podstawnego składnika, jakim jest szczęście", i powinna się nad tym poważnie zastanowić. O sobie pisał, że jest „nieszczęśliwy" i „samotny podczas burzy", ale zdeterminowany, aby „walczyć o życie warte przeżycia". Zapewniał ją, że ich związek ma szansę, zwłaszcza dzięki „środkom, którymi on dysponuje". Pozbawiony jej towarzystwa wracał do Villi Camilluccia, „zimnego, pustego zamku, w którym brakuje tlenu i nie da się oddychać".

Na zakończenie uderzył w dramatyczny ton: „Uroczyście przysięgam przed Bogiem, że jeśli mojej duszy zostanie odmówiona możliwość rozwoju, stanę się cyniczny, zły i bezwzględny [...]. Nigdy nie uda mi się przepędzić Ciebie z mojego serca".

Bruna w głębi duszy uwielbiała te romantyczne wyznania i rozkoszowała się każdym listem miłosnym, który czytała w autobusie w drodze powrotnej do domu. Potem składała kartki i chowała je za bluzkę, tuż obok serca. Cokolwiek miała postanowić, wiedziała, że zachowa na zawsze te piękne, choć pozostające bez odpowiedzi listy.

Za każdym razem, kiedy odrzucała zaloty Alda i przypominała mu o swoim zbliżającym się ślubie, Aldo pisał do niej kolejny list w coraz bardziej rozpaczliwym tonie. Raz próbował milczeniem zmusić ją do zmiany zdania. Całkowicie zerwał kontakty z nią, ale wytrwał zaledwie dziesięć dni. Bruna obawiała się nawet, że Aldo zjawi się na jej ślubie i zrobi scenę. Zanim nadszedł wyznaczony dzień, Aldo podjął ostateczną próbę przekonania do siebie ukochanej.

Wybacz, że mimo zapewnień znów biorę pióro do ręki [...]. Kocham Cię, Bruno – kocham się w taki sposób, którego być może jeszcze nie pojęłaś [...]. To, co jest między nami, jest darem od Boga [...]. Musisz poważnie się zastanowić [...], to niezwykle

istotna decyzja, nie deklaruj się, odłóż wszystko inne na bok,
to zaważy na wszystkim, Bruno, na wszystkim.

Tym razem coś, co napisał, trafiło w czuły punkt. Październik zbliżał się nieuchronnie, a ona mimo wątpliwości wiedziała, że jeśli wyjdzie za Pietra, będzie tego żałować. Czyż matka nie przestrzegała jej, że wróci do domu po trzech dniach małżeństwa? Czy życie bez ślubu z mężczyzną, którego kochała, było gorsze niż ślub bez miłości? Aldo powoływał się na własne doświadczenie, ponieważ najlepsze lata upłynęły mu u boku kobiety, którą poślubił jedynie ze względu na młodzieńczy „błąd w rozumowaniu", jak to ujął.

Pisał w gorzkich słowach:

Szczęście to duchowe błogosławieństwo, które nie każdemu dane jest znaleźć w małżeństwie. Sami musimy rozpoznać i zinterpretować ten boski dar. Wszystko inne jest niczym więcej niż opartą na kompromisie, gorzką współegzystencją – tak przygnębiającą, że miłość nie jest w stanie tam się uchować. Wiem to z własnego doświadczenia [...]. Uległem presji społecznej, nie zajrzawszy wcześniej do swojego serca. Źródło energii życiowej, które karmi nasze serca, zupełnie we mnie wyschło. Jakże ciężko jest tak żyć, jak smutno! Czasem bogactwo materialne może być rekompensatą [...], ale nie zawsze, a właściwie rzadko.

Tamtego lata, kiedy Olwen Gucci przebywała za granicą u rodziny, Aldo wydał w Villi Camilluccia przyjęcie dla pracowników.

– Musisz przyjść – zaklinał Brunę. – Obiecuję znakomitą zabawę. Wszyscy tam będę. Będzie dziwnie wyglądało, jeśli nie przyjdziesz.

Bruna nigdy wcześniej nie widziała takiej rezydencji jak Villa Camilluccia. W towarzystwie Nicoli, Lucii i innych elegancko ubranych współpracowników z otwartymi ustami podziwiała ogród wokół domu. Widoczny splendor zapierał dech w piersiach.

– To była jedna z najlepszych nocy w moim życiu – wspominała *mamma*. – Grał zespół, ubrani na biało kelnerzy roznosili przy basenie szampana, kanapeczki i koktajle.

Goście tańczyli omiatani kolorowymi światłami w takt takich przebojów jak *Nel blu dipinto di blu* czy *A tazza 'e cafè*. Stoły nakryte białymi lnianymi obrusami i przystrojone kwiatami uginały się pod ciężarem półmisków.

Pod koniec przyjęcia Aldo wszedł na parkiet, przerwał występ zespołu i przejął mikrofon, aby wygłosić wspaniałe przemówienie o tym, jak daleko zaszła jego firma. „Z waszą pomocą możemy zajść jeszcze dalej, aby zapewnić nam świetlaną przyszłość". Te pełne entuzjazmu słowa zostały nagrodzone gromkimi brawami. Stojąca w tłumie Bruna z dumą patrzyła na mężczyznę, z którego nie potrafiła do końca zrezygnować.

Następnego dnia na biurku czekała niewielka paczuszka. Wewnątrz znajdowała się kaseta z dołączonym liścikiem informującym, że to nagranie muzyki z przyjęcia oraz przemowy Alda. Nie mogła się doczekać, kiedy wróci do domu i odsłucha wszystko ponownie na magnetofonie brata. Ustaliwszy, że w nagraniu nie znajdowały się żadne kompromitujące wiadomości, podekscytowana odtworzyła je matce i bratu.

Kilka dni później Aldo zadzwonił do Bruny do domu z hotelu w Nowym Jorku. Bardzo chciał jej powiedzieć, jak się za nią stęsknił. Bruna wysłuchała go w milczeniu, po czym powiedziała:

– Muszę iść, *dottore*, robi się późno.

– Ach, idziesz do łóżka – westchnął. – Jestem zazdrosny. Wkrótce znajdziesz się w objęciach Morfeusza.

Nie wiedzieli, że na linii wystąpiły przebicia i Franco, który akurat dzwonił do domu, przez przypadek trafił na ich rozmowę i przysłuchiwał się uważnie. Natychmiast rozpoznał głos z toskańskim akcentem znany mu z nagrania i zrozumiał, że coś łączy siostrę z jej szefem.

Udało mi się ustalić, że gdyby nie obecność ich matki, Franco pobiłby Brunę do nieprzytomności, kiedy wrócił. Widziałam go raz (pamiętam tylko to, że był gruby), ale na podstawie tego, co o nim słyszałam, sądzę, że odziedziczył geny ojca, Alfreda – humorzastego i nieprzewidywalnego. Honor rodziny był niezwykle ważny dla Włochów na długo przed narodzinami miłości Romea i Julii, mimo to trudno sobie wyobrazić, że z jego powodu dochodziło do rękoczynów.

Wróciwszy do domu z nocnej zmiany, Franco, który uważał się za głowę rodziny i obrońcę cnoty siostry, zaryglował drzwi i popędził do jej pokoju. *Puttana!* (dziwka) wrzeszczał, bijąc ją raz po raz. Nie przestał nawet wtedy, kiedy upadła na podłogę pod gradem ciosów. Ich matka musiała stanąć między nimi. Krzykiem starała się zmusić syna, by przestał.

– Franco! Zabijesz ją!

Franco, czując, że posunął się za daleko, pohamował się. Delia uklękła przy Brunie, która leżała zwinięta w kłębek. Jej brat, stojąc nad nimi i trzęsąc się z wściekłości, oskarżył siostrę, że okryła rodzinę hańbą

– Jest zaręczona! – krzyczał. – A mimo to zabawia się za plecami Pietra!

Ponieważ Delia go nie słuchała, zwrócił się do Bruny:

– Teraz dam twojemu szefowi nauczkę, którą popamięta. Zabiję go! – wrzasnął i wybiegł.

Bruna miała posiniaczoną twarz i rozciętą wargę. Lewe oko zaczynało znikać pod opuchlizną. Szlochając, próbowała się tłumaczyć, ale Delia ją uciszyła. Pomogła jej wstać i zaprowadziła do kuchni. Tam zajęła się opatrywaniem ran.

Mimo bólu Bruna martwiła się jedynie o Alda. Wyobraźnia podsuwała jej obrazy brata wdzierającego się do butiku lub atakującego *dottore* Gucciego na ulicy. Dlatego nie położyła się, dopóki nie zadzwoniła do biura, aby ostrzec szefa. Dopiero wtedy się uspokoiła i pozwoliła zaprowadzić się do łóżka, w którym spędziła tydzień.

Kilka godzin później Franco wrócił. Nie powiedział, gdzie był, więc Delia nabrała przekonania, że nie skonfrontował się z szefem siostry. Kiedy wieczorem odebrała telefon i usłyszała w słuchawce spokojny głos *dottore*, nie posiadała się ze zdumienia.

– Mówi Aldo Gucci. Chciałbym rozmawiać z Frankiem Palombem.

Mimo że Bruna leżała obolała w łóżku, nie miała wątpliwości, kto dzwonił, i wstrzymując oddech, podsłuchała, że jej brat podszedł do telefonu i zgodził się na spotkanie przed hotelem Mediterraneo na Via Cavour. Kilka minut później trzasnęły drzwi – Franco wyszedł. Aldo jakiś czas potem powiedział Brunie, że kiedy Franco zobaczył eleganckiego dżentelmena w fedorze siedzącego za kierownicą jaguara, odwaga go opuściła. Zamiast „dać mu nauczkę", pokornie przyjął zaproszenie i zajął miejsce pasażera.

Aldo wykorzystał legendarny urok osobisty i zapewnił Franca, że źle wszystko zrozumiał. „Bardzo lubię twoją siostrę i jestem pełen podziwu dla jej umiejętności zawodowych. Mam też dla niej największy szacunek i nigdy bym jej nie wykorzystał". Zbity z tropu Franco musiał uwierzyć w te słowa. Nawet przeprosił siostrę po powrocie do domu.

Bruna powiedziała, że mu wybacza, ale na zawsze zachowała do niego urazę. Nie zamierzała również ryzykować i umawiać się na kolejne sekretne spotkanie z szefem. Po scenie, którą urządził Pietro, i po ataku agresji Franca stało się dla niej jasne, że gdyby została przyłapana z Guccim, naraziłaby jego i swoje życie. Konsekwencje prawne i moralne w tym momencie straciłyby znaczenie.

Gdy Aldo postanowił „po raz ostatni" poruszyć temat ich miłości, nie wytrzymała.

– Przysporzyłeś mi w życiu samych kłopotów! – krzyknęła. – Przez ciebie jestem nieszczęśliwa. *Basta!* [Wystarczy!]

Nie, romans z Aldem Guccim musiał się skończyć – im szybciej, tym lepiej dla wszystkich.

8

Moja matka twierdzi, że jestem w stanie mówić bez końca.
Powtarza, że odziedziczyłam po ojcu dar porozumiewania się
i sprytnego posługiwania się słowami, którego sama nigdy w takim stopniu nie opanowała.

– Jesteś taka wygadana, zupełnie jak Aldo – przypomina mi. –
Wyrażasz się tak biegle, używasz imponującego słownictwa. Gdybyś była prawniczką, potrafiłabyś przekonać ławę przysięgłych
o niewinności każdego podsądnego!

Uwielbiam, pewnie jak każda córka, kiedy matce jakaś moja
cecha przypomina ojca. Uwielbiam, kiedy matka mówi, że chodzę
i mówię jak on, a nawet że trochę go przypominam. Stanowi to
dla mnie pociechę, zwłaszcza kiedy już go nie ma. Ponad wszelką
wątpliwość jego zdolności językowe były godne podziwu. Ze mną
rozmawiał tylko po angielsku, z matką tylko po włosku. W każdym języku był elokwentny, precyzyjny i bystry. Podobnie jak ja,
potrafił znaleźć właściwe słowa, aby trafić w czyjś słaby punkt lub
poruszyć czyjeś serce.

To właśnie słowa z jego listów były tym, co na początku wywarło największe wrażenie na Brunie. I w tych decydujących dniach,
kiedy Pietro nalegał, żeby wyznaczyli datę ślubu, to właśnie słowa
mojego ojca miały moc, aby wszystko zmienić.

Z londyńskiego hotelu Savoy, gdzie dla Guccich wszystko się zaczęło, przygnębiony ich ostatnią kłótnią, ojciec napisał do matki chyba najpoważniejszy w wydźwięku list.

Droga Bruno,
ze smutkiem skonstatowałem, że wczoraj był chyba ostatni
raz, kiedy mogliśmy omówić Twoją sytuację. I chociaż nie chcę
pogarszać wszystkiego jeszcze bardziej, muszę napisać o po-
ważnych skazach na Twoim charakterze, które będą utrudniać
Twój rozwój jako człowieka. Nie ulega wątpliwości, że w ciągu
ostatnich dwudziestu lat nie udało Ci się zrozumieć, jak waż-
ny jest szacunek, który sami do siebie żywimy, ani [...] wolność
myśli, ani swoboda podejmowania wyborów [...]. Najwyraźniej
brakowało tych zasad w Twoim życiu, w którym pozwalałaś
innym zastraszać Cię i naginać do ich woli.

W dalszej części listu przypominał, że zbliżające się dwudzieste pierwsze urodziny powinny oznaczać „radosny nowy etap" jej kobiecości, jednak przeznaczenie rysowało się w „szarych barwach" jako służącej egoisty, który potrzebował „posiąść kobietę w sposób wykluczający równość, która nadaje związkowi i życiu smak". Przewidywał, że będzie to „upokarzające doświadczenie" i „równoznaczne z samobójstwem".

Zapewne to dramatyczne wyrażenie ostatecznie przekonało Brunę – „równoznaczne z samobójstwem". Śmierć za życia u boku mężczyzny, którego nie kochała, a który na domiar złego przejawiał wiele cech wspólnych z jej despotycznym ojcem. A może to ostatni wybuch Pietra uświadomił, że Aldo miał rację. W przeciwieństwie do narzeczonego Bruny, mój przyszły ojciec był „kotwicą", mężczyzną, który ją uwielbiał i który mógł zaoferować jej życie, o jakim nawet nie śniła. Bez wątpienia te listy poruszyły ją do głębi. Sprawiły, że po raz pierwszy w życiu poczuła się wartościowa.

Te przemyślenia doprowadziły Brunę do zrozumienia, że Aldo Gucci miał rację. Musiała podjąć odważną decyzję.

– Od tego momentu wiedziałam, co mam robić – powiedziała mi. – Choć nadal byłam tym przerażona.

Postanowiła, że zadzwoni do Pietra, by uniknąć spotkania twarzą w twarz, i oświadczy mu, że zrywa zaręczyny.

– Nie nadaję się na żonę dla ciebie. Mamy zupełnie różne charaktery. Zbyt często się kłócimy i jestem tym zmęczona – wyznała.

Pietro słyszał to wiele razy i nie wierzył dopóty, dopóki nie oddała mu odłożonych pieniędzy oraz pierścionka zaręczynowego z perłą, którego nigdy nie lubiła. Ku zaskoczeniu człowiek, z którym była związana od czternastego roku życia, pokornie przyjął jej decyzję, oszczędności wydał na sportowy samochód i przeprowadził się do Holandii, żeby zacząć wszystko od nowa.

Bruna była wolna.

Nadeszły czasy niespokojne nie tylko w życiu osobistym Bruny. Kilka dni po urodzinach w wieku osiemdziesięciu dwóch lat zmarł Pius XII – jedyny papież, którego pamiętała, i pierwszy od ponad dwustu lat rzymianin z urodzenia. Śmierć ukochanego duszpasterza, który zasiadał na Stolicy Piotrowej od niemal dwudziestu lat, wstrząsnęła Włochami. Po ogłoszeniu tej smutnej wiadomości z letniej rezydencji papieskiej w Castel Gandolfo życie w stolicy praktycznie zatrzymało się na tydzień. Ogłoszono dziewięć dni żałoby państwowej, ołtarze i budynki przesłonięto purpurą. Setki tysięcy osób stały wzdłuż trasy konduktu pogrzebowego – największej procesji w historii Wiecznego Miasta.

Włosi w całym kraju gromadzili się przy radioodbiornikach i telewizorach, wsłuchując się w najnowsze doniesienia z Watykanu, gdzie zaplanowano konklawe w celu wyboru nowego papieża. Ponieważ sklepy i biura zamknięto na znak żałoby po papieżu, który ujął się za miastem podczas wojny, mojej matce nie pozostawało nic innego, jak pozostać w domu i rozmyślać. W normalnych okolicznościach Aldo z pewnością poleciałby do Ameryki, ale dowiedziawszy się o przełomowej decyzji Bruny dotyczącej rozstania z Pietrem, postanowił nie wyjeżdżać z miasta.

To właśnie w okresie żałoby narodowej przypadającej na wyjątkowo ciepły październik 1958 roku Aldo zaprosił Brunę po raz pierwszy na spotkanie w swoim mieszkaniu. Kłamstwa, które opowiedziała matce, aby móc wyjść, jedynie pogłębiły poczucie winy, kiedy wsiadała do taksówki, aby dojechać do dzielnicy Parioli. Widziała dokładnie, co się stanie, kiedy tam dotrze. Mimo zdenerwowania nie zmieniła decyzji.

Aldo był serdeczny, otworzył butelkę białego wina i nie spuszczał oczu z Bruny. Iskrzyło między nimi, ręce Bruny trzęsły się, kiedy podnosiła kieliszek do ust. Aby przełamać lody, Aldo oprowadził ją po mieszkaniu.

– Zostało pozbawione wyrazu, jakby służyło jednemu celowi – powiedziała mi.

Na końcu zaprowadził ją do sypialni. Tamtego podniosłego dnia Aldo skradł cnotę Bruny albo – jak eufemistycznie to ujął – „zerwał różę bez kolców". Przez cztery lata spędzone z Pietrem skutecznie opierała się śmielszym naleganiom narzeczonego, chciała bowiem zachować cnotę do ślubu. Po tak burzliwych zalotach, zdecydowawszy, że chce spędzić życie z Aldem, cieszyła się i była podekscytowana.

– Był dla mnie pierwszy – wyznała nieśmiało.

W jej głowie i w sercu od tamtego dnia ona i Aldo zostali złączeni nierozerwalną więzią – stali się mężem i żoną w swoich sercach, jeśli nie w świetle prawa.

Dla mojej matki doświadczenie to było bolesne i przysporzyło zmartwień. Czuła się brudna i grzeszna, zwłaszcza że ten akt dokonał się w dniu tak szczególnym dla Kościoła. Ojciec uważał te chwile za święte – powiedział to jej, trzymając ją w ramionach. Podziwiał jej skromność, ale zdumiał się, gdy się okazało, że była dziewicą, i zrozumiał swoją odpowiedzialność. Właśnie otrzy-

mał od niej coś cennego, co sprawiło, że stała się „jego na wieki".
Uczucia dla Bruny przeszły na wyższy poziom.

Jego Brunicchi należała tylko do niego. Nigdy nie pozwolił,
żeby ktoś inny ją tknął.

Ku ogromnej uldze namiętność Alda się nie rozwiała. Wręcz
przeciwnie, zasypywał ją płomiennymi listami miłosnymi i prezentami, mającymi świadczyć o jego uczuciu. W następnych
dniach często spotykali się, najczęściej w jego mieszkaniu. Ani
razu nie dał jej powodów do zwątpienia.

Z podróży słał jeden telegram za drugim, stale zapewniając ją o miłości. Nie mogła kwestionować jego zaangażowania,
a nieustający potok listów pomagał uśmierzyć jej obawy co do
poczynań kochanka za granicą. Bruna wprawdzie starała się nie
zastanawiać, dokąd prowadzi ich znajomość, ale jej życie ułożyło
się nie tak, jak tego oczekiwała.

Pewnego listopadowego dnia w 1958 roku dwudziestojedno-
letnia Bruna zorientowała się, że jest w ciąży. Papież umarł zaledwie miesiąc wcześniej. Kiedy konsekwencje jej czynów zaczęły
do niej docierać, załamała się. Hańba urodzenia dziecka Alda,
duszna atmosfera Rzymu, nieodwracalna utrata reputacji przez
nich oboje...

W naszych oświeconych czasach, gdy prawo kobiet do wyboru
jest powszechnie respektowane, a aborcja przestała być tematem
tabu, sytuacja niezamężnej ciężarnej kobiety w połowie XX wieku
rysuje się w czarnych barwach. Chociaż aborcja została zalegali-
zowana w Wielkiej Brytanii w 1967 roku, a w Stanach Zjednoczonych w 1973, we Włoszech stało się to dopiero w 1978 roku.
Nawet wówczas kobiety, które zdecydowały się na zabieg, Kościół
katolicki karał ekskomuniką. W wielu krajach gazety opisywały
historie kobiet, które straciły życie w wyniku przeprowadzenia
nielegalnego przerwania ciąży. Nawet dziś we Włoszech wielu
lekarzy odmawia wykonywania zabiegu aborcji, zasłaniając się
klauzulą sumienia.

W 1958 roku w Rzymie, gdyby Bruna zdecydowała się na nie-legalną aborcję, o której dowiedziałaby się policja, groziło jej do pięciu lat więzienia. Również Aldo mógłby zostać pozbawiony wolności jako ojciec nieślubnego dziecka. Bruna już zapłaciła wysoką cenę za podjęcie decyzji związania się z *dottore* Guccim, ale teraz cena wzrosła dziesięciokrotnie.

Kiedy straciła dziecko, niemal poczuła ulgę. Leżała skurczona w łóżku dręczona skurczami i rosnącą gorączką wywołaną infek-cją. Delia winą za ten stan obarczyła zatrucie pokarmowe. Dopie-ro kiedy wyszła z domu, Bruna zdołała zadzwonić do koleżanki po pomoc.

Z moim ojcem spotkała się kilka dni później, aby opisać mu, co zaszło. Była blada i wyczerpana. „To straszne, Aldo" – łkała. – „Nigdy nie doświadczyłam takiego bólu". Rozkleiła się i dodała: „Dlaczego to się stało? Co z nami będzie? Czy kiedykolwiek bę-dziemy szczęśliwi?".

Przerażony całował ją i zapewniał, że wszystko się ułoży. „Bru-no, nie pozwolę, żebyś tak cierpiała" – obiecywał. Mimo jego za-pewnień coś w mojej matce zmieniło się na zawsze. Aldo okradł ją z niewinności na tak wiele sposobów, że przestała poznawać samą siebie. Gdzie się podziała słodka uśmiechnięta „Nina", mło-da kobieta, która kiedyś miała wielkie marzenia, a teraz utknęła w związku bez przyszłości?

Poczucie bezradności pogłębiło się, kiedy z Holandii niespo-dziewanie z krótką wizytą przyjechał Pietro. Wyglądał przystojniej niż zwykle. Kiedy zgodziła się na przejażdżkę ulicami Rzymu ma-łym czerwonym kabrioletem MG, dotarło do niej, ile poświęciła dla niepewnego losu.

Rozedrgana emocjonalnie poszła do mieszkania Alda, by po-wiedzieć mu: „Żyję w kłamstwie, Aldo. Dłużej tak nie mogę. Ja taka nie jestem. Powinnam zostać z Pietrem i prowadzić uczciwe życie". Jego odpowiedź popłynęła prosto z serca i całkowicie ją zaskoczyła. Padł na kolana, zalał się łzami i wyznał, że nie jest w stanie nawet wyobrazić sobie życia bez niej. „Obiecuję, Bruno, *farò di te una regina*” (Zrobię z ciebie królową), zapewnił żarliwie. „Z tobą u mojego boku mogę podbić cały świat. Bez ciebie jestem nikim”.

Po raz kolejny jego elokwencja zmiękczyła jej serce. Nikt nie kochał jej tak jak on. Nikt nie wyrażał się tak pięknie. Wiedziała, że bez względu na to, co się wydarzy, on ją obroni. Choć myśl o beztroskim życiu z Pietrem na chwilę zdominowała jej pragnienia, tak naprawdę dla Bruny Palomby istniał tylko jeden mężczyzna: Aldo Gucci.

9

Romans z żonatym mężczyzną z pewnością należy do najbardziej skomplikowanych i bolesnych sytuacji, w jakich może się znaleźć kobieta. Uzależniona od kochanka, czeka, aż on uwolni się na chwilę od zobowiązań rodzinnych, aby spędzić z nią kilka upojnych godzin, a potem ponownie wróci do oficjalnego życia.

We Włoszech kochankę określa się mianem *l'amante* i ta rola przypadła mojej matce, choć ona nieustannie powtarza, że Aldo Gucci został poślubiony pracy niż żonie. To interesy pochłaniały jego czas i uwagę. „Firma Gucci była jego kochanką – powiedziała mi. – Zawsze tylko Gucci, Gucci i Gucci".

Bruna nadal pracowała w biurze Alda, skąd zarządzał swoim rosnącym imperium. Wkrótce siedziba zostanie przeniesiona do większego budynku kilka numerów dalej przy Via Condotti 8. Również w Nowym Jorku kupił nieruchomość, którą od dawna miał na oku – przy Piątej Alei pod numerem 694 u zbiegu Wschodniej Pięćdziesiątej Piątej ulicy. Nowy sklep znajdował się w prestiżowym budynku w stylu beaux arts, w którym mieścił się również hotel St. Regis.

Od czasu do czasu Aldo zabierał Brunę w podróż. Zawsze rezerwował dwa oddzielne pokoje, aby uniknąć plotek. Częściej zabierał ją na lunch lub kolację w ich ulubionych miejscach, a później kontynuowali wieczór w jego mieszkaniu. Młoda i zakochana Bruna cieszyła się każdą podarowaną chwilą, chociaż większość jej koleżanek wychodziła za mężczyzn w swoim wieku i zakładała rodziny. Życie Bruny trwało w zawieszeniu.

Ironia losu w jej przypadku polegała na tym, że choć nienawidziła sekretnej natury ich związku, to szczęśliwa mogła być tylko w towarzystwie Alda. Różnica wieku także nie wydawała się problemem. Był tak charyzmatyczny, młody duchem i dysponował niespożytą energią, że jego wiek, a miał wtedy ponad pięćdziesiąt lat, nie przeszkadzał. Nigdy nie oczekiwała od niego więcej, niż mógł jej dać. Wiedziała, że się nie rozwiedzie. Było to niemożliwe nie tylko z prawnego punktu widzenia (Włochy dopuściły tę możliwość w pełni w 1974 roku), ale także dlatego, że Aldo i Olwen mieli dzieci i wnuki, stali na czele rodziny, na której szlachetny i nieskazitelny wizerunek on ciężko pracował przez wiele lat. Nie mógł dopuścić do skandalu.

Jeśli matka kiedykolwiek miała wyrzuty sumienia z powodu Olwen, ojciec zapewniał ją, że jego żona ma wszystko, czego pragnie. „Mieszka w wygodnym domu, ma letnią rezydencję w Anglii i trzech synów, którzy ją uwielbiają. Czego więcej potrzebuje?" – pytał.

Zadbał również, aby żadnemu z trzech synów, Giorgiowi, Paolowi i Robertowi, również niczego nie brakowało, choć nie ma wątpliwości, że rzadko okazywał im uczucia. Ci młodzi mężczyźni pracujący w rodzinnej firmie, która miała przypaść im po śmierci ojca, byli mniej więcej w wieku Bruny – od pięciu do jedenastu lat starsi od niej, mieli własne dzieci, razem siedmioro. Giorgio mieszkał i pracował w Rzymie, dwaj pozostali we Florencji. Moja matka widywała ich od czasu do czasu, kiedy składali wizytę w sklepie przy Via Condotti. Wtedy kiwała im głową, mówiąc *Buongiorno*, podobnie jak pozostali pracownicy.

– Nie myślałam o nich za dużo – przyznała. – Stanowili część życia twojego ojca, a ja nie miałam z nimi nic wspólnego. On traktował nas jak dwie zupełnie oddzielne sprawy. Nigdy ze mną o nich nie rozmawiał, chyba że chodziło o jakąś kwestię związaną z interesami lub o list, który zlecił mi do napisania.

I tak po niemal roku ich romansu moja matka powoli przyzwyczajała się do dziwnej codzienności skomplikowanego życia uczuciowego. Każdego ranka budziła się w łóżku, w którym spała od dzieciństwa, jechała autobusem do biura, tam spędzała dzień, widując Alda, kiedy tylko mogła. Po gorączkowym okresie zalotów Aldo starał się, żeby w ich romansie nie pojawiały się problemy, więc jeśli tylko Bruna nie zaczynała się obawiać o wspólną przyszłość lub tego, że ich potajemny związek ujrzy światło dzienne, sytuacja była znośna. Udało się jej odnaleźć w tym nowym dla niej świecie. Tak się jej przynajmniej wydawało.

Aby podkreślić oddanie i spełnić obietnicę, jaką złożył jej, kiedy powiedziała mu, że powinna związać się z Pietrem, mój ojciec kupił jej nowe mieszkanie w dzielnicy Balduina niedaleko Villi Camilluccia. Było tam kilka pokojów i łazienek, niewielka służbówka oraz duży taras. Całość ponad dwa razy większa od rodzinnego mieszkania Bruny. Jej i tylko jej!

– Kupił mi to mieszkanie bez zastanowienia! – wspominała matka. – Byłam zachwycona i czułam się jak ktoś wyjątkowy, ale prawdę powiedziawszy, to uważałam, że to przesada.

Wiedziała, że musi wyznać prawdę matce, choć cieszyła się swoim nowym domem. Ponieważ Gabriellę pochłaniały obowiązki żony i matki, a Franco został służbowo przeniesiony na Sardynię, Bruna okłamywała tylko Delię. Nie powinna była jednak się martwić, ponieważ jej matka od dłuższego czasu coś podejrzewała.

– Wiedziałam od początku – westchnęła. – Tak jak wiedziałam, że nigdy nie będziesz szczęśliwa z Pietrem. Mam do ciebie tylko jedno pytanie, Bruno, czy jesteś szczęśliwa?

Delia ujrzała radość w oczach córki, kiedy ta wreszcie mogła otwarcie mówić o mężczyźnie, którego kocha. Ta wspaniała kobieta, której nie dane było mi poznać, okazała Brunie zrozumienie i współczucie. Obiecała, że dochowa tajemnicy.

Podczas pierwszej wizyty w mieszkaniu córki w Balduinie stała oszołomiona widokiem mieszkania w tak pięknym, przestronnym i słonecznym miejscu.

– Matce zupełnie nie mieściło się to w głowie. Chodziła po mieszkaniu jak we mgle. Porównała pobyt w tym mieszkaniu z uczuciem, jakie towarzyszyłoby jej po wylądowaniu na księżycu. Teraz wiedziała, że dobrze trafiłam. Cieszyła się z mojego wyboru i życia, jakie wtedy prowadziłam.

Posępne mieszkanie przy Via Manzoni nie umywało się do nowego lokum Bruny. Aby zachować pozory przyzwoitości, powiedziały sąsiadom i znajomym, że jako ceniony pracownik firmy Bruna otrzymała propozycję użytkowania mieszkania menedżera po korzystnej cenie. W tym właśnie mieszkaniu Delia poznała mojego ojca i – ku ogromnej uldze Bruny – od razu przypadli sobie do gustu. Oboje urodzili się w tym samym roku, mógłby więc być raczej mężem Delii niż kochankiem Bruny. Kiedy Delia zobaczyła, jak Aldo zachowuje się wobec jej córki, zrozumiała, że jest jej całkowicie oddany.

– Ten człowiek zostawi cię tylko wtedy, kiedy będzie musiał umrzeć – prorokowała w przebłysku jasnowidzenia.

Gdy po raz pierwszy usłyszałam to od swojej matki, pomyślałam, że babcia miała nadzwyczajny dar. Właśnie ją chciałabym poznać najbardziej.

Kiedy moi rodzice szczęśliwie zadomowili się w nowym mieszkaniu, rozpoczął się dla nich nowy etap wspólnego życia. Dzięki ojcu nie mieli zmartwień i czuli się ze sobą znacznie swobodniej, odkąd matka nie musiała szukać wymówek, aby się z nim spotykać. Kiedy delikatnie zasugerował, żeby odeszła z pracy, przypomniała sobie zapędy Pietra, aby ją kontrolować. Ojciec postawił raczej na perswazję. Twierdził, że będzie im lepiej z dala od ciekawskich spojrzeń w biurze i zatroszczy się o nią również finansowo.

– Dzięki temu będziesz mogła ze mną podróżować – kusił. – I w końcu będziesz mogła włożyć ubrania, które gdzieś schowałaś!

W świetle takich zapewnień, choć początkowo nie była skłonna poświęcić niezależności, w końcu uległa. Ojciec nadal hojnie ją obdarowywał prezentami. Były to torebki, buty, ubrania, kupił też sprzęt grający, aby mogła słuchać ulubionych piosenek w wykonaniu Domenica Modugno, Claudia Villi i innych włoskich piosenkarzy z tamtych czasów. Obdarowywał ją biżuterią, zwłaszcza pierścionkami.

– Tyle pierścionków! Uwielbiam je. Nie podobał mi się tylko ten, który dostałam od Pietra.

W niezwykle romantycznym z mojego punktu widzenia geście ojciec zabrał ją na weekend do Paryża, gdzie zatrzymali się w apartamencie w Hôtel de Crillon tuż przy Polach Elizejskich. Zawiózł ją do Neapolu jaguarem, skąd promem popłynęli na Capri przeżywającej wówczas „złote lata". Odpoczywali nad basenem hotelu Quisisana, spacerowali ulicami albo zatrzymywali się na słynnej Piazzetta na *aperitivo*. Dając początek tradycji, którą ojciec kultywował przez lata, w każdym mieście, które wspólnie odwiedzili, kupował matce złotą zawieszkę na bransoletkę, którą dostałam od niej na czterdzieste piąte urodziny. To dla mnie największy skarb oprócz sygnetu, który odziedziczyłam po ojcu.

Był dla niej mentorem i sprawiał, że czuła się jego żoną, mimo że nie nosiła nazwiska Gucci. Ale chociaż pokazywał jej najpiękniejsze miejsca na świecie, ona nadal miała wrażenie, że patrzy na to wszystko z zewnątrz.

– Spędziłam najlepsze lata życia z głową w piasku, jak struś – wzdychała. – Byłam tam, ale jakby mnie nie było. Patrzyłam, ale nie widziałam. Tak naprawdę nie potrafiłam docenić wagi tych doświadczeń, dopóki się nie zestarzałam.

Ojciec nie przestawał wyznawać jej miłości, którą określał jako „czystą i niezmierzoną". Kupował prezenty, między innymi futra i biżuterię, jakie wcześniej widywała jedynie wśród bogatych klientek w butiku Gucciego. Większość jednak pozostawała w pudłach czy na wieszakach w szafie.

– Gdzie jest ten złoty naszyjnik z diamentami, który ci podarowałem, Bruno?

Podobne pytania ojca brzmiały jak często powtarzany refren. Denerwowało go to, że nosiła prezenty od niego tylko wtedy, kiedy ją o to prosił.

– Dlaczego go nie włożysz?

W takich chwilach przypominał sobie, że Bruna nie lubiła się obnosić z tym, co miała. Wybierała prostotę, nie znosiła krzykliwego stylu. Nawet jej nowe mieszkanie stanowiło dla niej zbytek, więc korzystała tylko z połowy. Przystosowała je do potrzeb i nadała mu przytulny charakter. Kiedy ojciec zaproponował, że kupi jej samochód, nie chciała nowego coupé ani luksusowego sedana, poprosiła o używanego forda.

Skromność Bruny stanowiła świeży powiew dla mężczyzny, którego tak często otaczały kobiety gustujące w przepychu i zbytku. Gdy wracał z przyjęć czy eleganckich kolacji, rzadko o nich opowiadał, skupiał się na Brunie. Mimo pozycji dyrektora firmy wschodzącej na rynku produktów luksusowych, nie wynosił się na piedestał. Prowadził niezbyt wystawne życie. Zapewne jako potomek ludzi, którzy doświadczyli ciężkich czasów, odziedziczył po nich zdrowy rozsądek.

W prawdziwym wizerunku ojca było niewiele cech, które ludziom kojarzą się z marką Gucci. Udało mu się stworzyć coś niezwykłego, ale nie dlatego, że miał podejście do życia w stylu „Spójrzcie na mnie, czyż nie jestem cudowny?". Osiągnął to dzięki wizji i wysokim standardom narzuconym przez swojego ojca. Intuicja, połączenie kreatywności i przedsiębiorczości przyniosły efekty w odpowiednim czasie. Tworząc produkty z wyjątkowym wyczuciem stylu, Aldo Gucci zasłuży na miano artysty w świecie mody.

Ludzie często mają problem, by odróżnić to, co widzą w sklepach, od codziennego życia. Chociaż mieszkał w Villa Camilluccia, gdzie zatrudniał służbę i organizował wystawne przyjęcia, to zaspokajała ona przede wszystkim potrzeby rodziny oraz zobowiązania towarzyskie. Nie obnosił się z bogactwem i nie cechował go snobizm. Prywatne życie Alda miało niewiele wspólnego z przepychem charakterystycznymi dla jego marki. Kiedy wracał do domu, zdejmował marynarkę i zasiadał, aby zjeść talerz makaronu. Kieliszek chianti i proste, smaczne jedzenie przedkładał nad kawior i szampana.

Na wczesnym etapie znajomości z moją matką, jeśli podróżował bez niej, tęsknił za nią tak bardzo, że chwytał za pióro. Wysyłał ukochanej krótkie liściki, które otrzymywała wraz z wielkim bukietem kwiatów, lub długie listy, w których przelewał swoje uczucia na papier za pomocą niebieskiego atramentu. „Czuję Twoją obecność we wszystkim, co robię, i w każdej decyzji, którą podejmuję", pisał z Manhattanu. „Kiedyś powiedziałaś mi, żebym przestał wypisywać bzdury i raczej napisał Ci, co porabiam. Cóż, zajmuję się głównie intensywnym myśleniem o Tobie, pragnę Cię i marzę o tym, co chciałbym z Tobą robić".

Podczas wyjątkowo ciepłego lata w 1960 roku Aldo przebywał w Rzymie u boku Bruny, gdy większość mieszkańców wyjechała z miasta, chroniąc się przed upałem. W najcieplejszy dzień, 28 sierpnia, słupki rtęci przekroczyły 37 stopni Celsjusza. W Wiecznym Mieście był to również tydzień otwarcia XVII Igrzysk Olimpijskich. Najważniejsze momenty zmagań sportowych transmitowano w telewizji od czasu Igrzysk w Berlinie w 1936 roku, ale wtedy po raz pierwszy pokazywały je stacje telewizyjne w Stanach Zjednoczonych i innych krajach globu. Specjalnie na tę okazję zbudowano nowy stadion, a w kilku historycznych budowlach i miejscach, takich jak Bazylika Maksencjusza czy Via Appia, odbywały się różne konkurencje, aby przedstawić najcenniejsze skarby miasta.

Codzienne życie w Rzymie zamarło na czas wakacji – butik Gucciego również został zamknięty – natomiast moja matka od-

dała się luksusowi oglądania największego światowego sporto-
wego widowiska na ekranie nowiutkiego czarno-białego odbior-
nika. *Papà* kupił go, by Bruna i jej matka mogły oglądać swoje
ulubione *sceneggiati*, popularne włoskie seriale oparte na klasyce
literatury.

Delia, która już nie musiała pracować, leżała na kanapie, osła-
biona infekcją wirusową, która nękała ją kilka tygodni. Blada, cierpiąca z powodu upału i wysokiego ciśnienia twierdziła uparcie,
że czuje się coraz lepiej. Kiedy 1 września, podczas jednego z naj-
cieplejszych dni jej stan zdecydowanie się pogorszył, do Bruny
dotarło, jak poważna jest sytuacja.

– Bruno, nie czuję się dobrze – powiedziała Delia, z trudem
łapiąc oddech, więc moja matka natychmiast zadzwoniła do Alda.
Ten jednak wyszedł na spotkanie i nikt nie miał z nim kontaktu.
Kiedy w końcu przekazano mu wiadomość, natychmiast posłał
osobistego doktora, który znalazł Brunę nieprzytomną u boku
matki.

Delia nie żyła. Serce, nadwerężone latami ciężkiej pracy i trud-
nego małżeństwa, nie wytrzymało. Zmarła w wieku pięćdziesięciu
pięciu lat. Przeżyła męża, widziała, jak jej dzieci dorastają i rusza-
ją w świat. Przeprowadzka do Bruny miała się stać dla Delii początkiem nowej drogi, więc jej nagła śmierć wstrząsnęła bliskimi.

Odejście matki sprawiło, że Bruna, która nie utrzymywała
kontaktów z rodzeństwem, poczuła się osamotniona. Wszelkie
próby pocieszenia jej nie przynosiły efektu. Odurzona środkami
uspokajającymi leżała w łóżku i nie była w stanie uczestniczyć
w pogrzebie, który odbył się na tym samym cmentarzu, na którym
pochowano Alfreda, jej męża.

Ojciec zatroszczył się o wszystko. Ponieważ Bruna nie mogła się tym zająć, upewnił się, że ostatnie pożegnanie przebiegło
bez problemów. Franco przyleciał z Sardynii, Gabriella zjawiła się
z rodziną. Wystarczyło im jedno spojrzenie na elegancko ubranego dżentelmena, aby pojąć, dlaczego tak bardzo się starał oraz

dlaczego ich siostra i matka przeniosły się do Balduiny. Podczas krótkiej ceremonii rzucili mu kilka zaciekawionych spojrzeń, ale po pogrzebie wszyscy się rozeszli.

Nagła świadomość, że została zupełnie sama na świecie, wytrąciła Brunę z równowagi. W ciągu względnie krótkiego czasu straciła rodziców, poróżniła się z rodzeństwem, rozstała z narzeczonym, zaszła w ciążę, odeszła z pracy, którą tak lubiła, i żyła w ciągłym strachu, że jej romans z żonatym mężczyzną wyjdzie na jaw. Dwanaście miesięcy spędzone z Delią należało do najszczęśliwszego okresu w jej życiu, a teraz kobieta, do której była tak bardzo przywiązana, umarła. Bruna nie potrafiła sobie wyobrazić życia bez niej.

Został jej tylko Aldo, ale teraz była już pewna, że i on umrze przed nią.

– Od dnia śmierci matki żyłam w ciągłym strachu, że on również może niespodziewanie umrzeć, zostawiając mnie pogrążoną w rozpaczy i bezdomną. Ciągle zapewniał mnie o swoim dobrym zdrowiu, ale zdawałam sobie sprawę, że nie był i nigdy nie miał być tak uzależniony ode mnie jak ja od niego. Ta myśl mnie przerażała.

Żałoba doprowadziła ją niemal do utraty zmysłów, dlatego pozostawała pod stałą opieką lekarzy i dyskretnej *governante* (osoby do towarzystwa i jednocześnie gosposi), młodej Hiszpanki o imieniu Maria, którą ojciec zatrudniał wcześniej w Villa Camilluccia. Jednak żadne jego starania nie mogły wydobyć Bruny z depresji.

Pod koniec roku był tak bardzo zaniepokojony – zwłaszcza że zbliżały się dla Bruny pierwsze święta bez Delii – że kupił jej rejs do Nowego Jorku na statku SS „Leonardo da Vinci". Bruna popłynęła w towarzystwie Marii, Aldo zamierzał dołączyć do nich tuż po świętach.

Jak za dotknięciem czarodziejskiej różdżki matka zmieniła się nie do poznania już po kilku dniach pobytu na pokładzie luksusowego liniowca. Zmiana środowiska diametralnie odmieniła jej

Mamma na pokładzie statku do Nowego Jorku otrzymuje nagrodę
dla najładniejszej pasażerki.

nastrój. Wypoczywając w swojej luksusowej kabinie, najmłodsza
pasażerka pierwszej klasy uciekała w świat fantazji, w którym tworzyła siebie na nowo. Będąc dzieckiem, przyglądała się, jak matka
szyła piękne suknie, i wyobrażała sobie inne, bardziej szykowne
życie. Pośrodku oceanu, uwolniona od ciężaru oczekiwań, wkładała wspaniałe stroje i realizowała swoje sny na jawie.

Trudno mi w to uwierzyć, kiedy myślę o tym, jak opowiedziała
współpasażerom, że była narzeczoną odnoszącego sukcesy adwokata, z którym weźmie ślub po dotarciu do brzegu Manhattanu. Udawanie innej osoby okazało się wyzwalające i uwolniło jej
skrępowaną wyobraźnię. Przez całe życie była po prostu Bruną

Palombą – posłuszną córką wymagającego ojca, osobą, której życie toczyło się wokół tradycji i obowiązków. Teraz uwolniła się od tego, a także od ryzyka skandalu. Nie tylko zawarła nowe przyjaźnie, ale także otrzymała nagrodę dla najpiękniejszej młodej kobiety na pokładzie.

Ojciec dzwonił przez centralę na statku, aby porozmawiać z Bruną. Początkowo dziwił się, że nie udaje mu się zastać jej w kabinie. Gdzie się podziewała? Zastanawiał się i próbował nie poddawać się zazdrości. Kiedy kolejny raz nie mógł porozmawiać z Bruną, zirytowany zapytał operatora: „To chyba nie jest trudne znaleźć jedną z pasażerek? Czy sugeruje pan, że poszła popływać za burtę?". Podczas gdy Aldo tracił pieniądze na połączenia telefoniczne, młoda kobieta, którą w listach opisywał jako „siłę natury, która poruszyła całe [jego] istnienie", pozbawiona jego towarzystwa podbijała serca pasażerów i załogi, spędzając czas przy stole kapitańskim.

Zimnego ranka w połowie listopada wykreowana przez nią iluzja definitywnie się skończyła wraz z dźwiękiem rogów mgłowych, sygnalizujących, że statek wpływał na wody rzeki Hudson i zbliżał się do Manhattanu. Jak polecił jej Aldo, Bruna włożyła ciepły wełniany płaszcz i wyszła na pokład, by podziwiać Statuę Wolności osnutą mgłami. Podobnie jak wielu jej rodaków Bruna marzyła o tym, żeby pewnego dnia pojechać do Ameryki. Wielokrotnie słyszała, jak Aldo z entuzjazmem opowiadał o Nowym Jorku, podkreślając jednocześnie, że i ona pokocha to miasto. Przypłynęła tu, by zrealizować swoje marzenie.

Widok Statui Wolności sprawił, że humor się jej pogorszył. Żaden młody i przystojny prawnik nie czekał na nią na nabrzeżu, nie wspominając o ślubie. Powoli traciła nadzieję, że kiedykolwiek zostanie panną młodą. Aldo też nie pojawił się w Nowym Jorku. Co więcej, zaplanował przyjazd miesiąc później. Nie licząc jej małomównej towarzyszki, czekała ją samotność w obcym kraju.

– Nigdy nie pokochałam Ameryki, tak jak twój ojciec – przyznała. – To było jego marzenie, nie moje.

Krótkotrwałe wytchnienie od zmartwień, jakie umożliwiła podróż transoceaniczna, odeszło w zapomnienie, ponieważ pierwsze spojrzenie na „kraj ludzi wolnych i dom odważnych" nie natchnęło ją odwagą. Nie uwolniło też od widm przeszłości ani mroków przyszłości, której tak bardzo się obawiała.

Nowy tymczasowy dom, który Aldo wynajął od znajomego, okazał się staromodny i urządzony kiczowato – z freskami na suficie i muszlą klozetową w kształcie tronu. Groteskowe bibeloty przyklejono do powierzchni, na których stały, by nie przesuwać ich, meble pokryto folią. Chociaż mieszkanie znajdowało się niedaleko centrum, Bruna nikogo w Nowym Jorku nie znała, więc nie wiedziała, dokąd mogłaby pójść. Pogoda się pogorszyła, zapanowała typowa dla Wschodniego Wybrzeża zimowa aura. Dwie kobiety uwięzione w tym dziwnym domu i pozbawione towarzystwa spędziły święta razem, jedząc zamawiane śmieciowe jedzenie: pizze, hamburgery, frytki i coca-colę.

Aldo dołączył do nich pod koniec grudnia. Zastał Brunę w kiepskiej kondycji fizycznej i psychicznej. Jego plan się nie powiódł. Przed sylwestrem zabrał ją do jedynego miejsca, które mogło ukoić jej nerwy – do Las Vegas na środku pustyni Mojave. Bruna nie widziała niczego podobnego do Miasta Grzechu: palm, eleganckich amerykańskich samochodów, wielkich neonów umieszczonych na każdym kroku. Luksusowe hotele i kasyna, takie jak Sands and Desert Inn, tętniły życiem. To były czasy Rat Pack i „Ocean's Eleven". Frank Sinatra, Sammy Davis Jr. i Dean Martin grali tu co wieczór. Właśnie ukazała się płyta Elvisa Presleya *Viva Las Vegas*, a niebawem Beatlesi zapowiedzieli występ na Las Vegas Strip. Żałuję, że urodziłam się za późno, żeby zobaczyć to miasto w pełnej krasie.

Kiedy moja matka patrzyła na gwarne stoliki w kasynach, przy których wysoko obstawiający gracze w ruletkę, blackjacka czy kości sączyli martini, w jej oczach pojawiał się blask. Ojciec szybko się przekonał, że tym razem się nie pomylił, mimo to starał się nie spuszczać z niej oka w kasynach. Bruna była tak podekscytowana wszystkim dokoła, że nawet droczyła się, by zagrał z nią w ruletkę przed obiadem. Ojciec, który jako biznesmen kilkakrotnie podjął dobrze przemyślane ryzyko, nie miał skłonności do hazardu, kupił więc jej żetony za kilkaset dolarów i poszedł do baru. Jeśli spodziewał się, że ukochana szybko do niego dołączy, był w błędzie. Kiedy się nie pojawiała, dopił drinka i poszedł jej poszukać. Zdziwił się, widząc ją u szczytu stołu do gry w ruletkę, otoczoną przez adoratorów, z sześciokrotnie większą liczbą żetonów.

– Bruna! *Come hai fatto?* (Jak to zrobiłaś?) – zapytał, odciągając ją od gry, nim straciła szczęście.

Chichocząc beztrosko, mama zgodziła się nie grać więcej pod jednym warunkiem.

– Dziś ja zapraszam cię na kolację! – zawołała.

Zaliczyła małe, ale istotne zwycięstwo. Odkąd przestała pracować, uzależniła się od Alda. Chciała dla odmiany zrobić coś dla niego i bardzo go tym poruszyła.

Powiedziała mi, że wyraz jego twarzy, kiedy po skończonym posiłku wzięła od kelnera rachunek, był „wart każdego rzutu kośćmi!". Ojciec z zachwytem obserwował nieznane mu dotychczas oblicze Bruny, która pełna energii, rozbawiona przejmowała inicjatywę. Nigdy nie kochał jej mocniej.

10

Mój ojciec uwielbiał się targować. Handlarz z urodzenia najbardziej cieszył się wtedy, kiedy udało się mu zbić cenę i kupić coś z korzyścią. Pamiętam to doskonale z dzieciństwa.

Zwłaszcza jeden taki przypadek z brytyjskiego sklepu monopolowego, gdzie zachowanie ojca zupełnie skołowało nieszczęsnego sprzedawcę.

– Gdyby zaproponował mi pan dziesięcioprocentowy rabat na zakup dziesięciu butelek wina, z chęcią kupiłbym dziesięć, nie pięć, a pan miałby większy utarg – powiedział.

Do tej logicznej propozycji sprzedawcę trzeba było przekonywać. Kiedy w końcu się zgodził, ojciec postawił na ladę jeszcze dwie butelki.

– Czyli przy zakupie dwunastu butelek dostaję dwanaście procent rabatu, zgadza się?

I na to sprzedawca w końcu przystał, choć wytrzeszczył oczy na widok grubego od banknotów portfelu ojca. *Papà* śmiał się przez całą drogę do domu.

Nie chodziło mu jedynie o oszczędność, traktował to jak grę – pojedynek na spryt z kolegami po fachu – co doprowadzało moją matkę na skraj wytrzymałości. Wolała wyjść ze sklepu, niż wstydzić się za jego zachowanie rodem z arabskiego targu – jak to nazywała. Niemniej jednak nie mogła powstrzymać się od uśmiechu za każdym razem, kiedy wychodził ze sklepu z tryumfalną miną.

W późniejszych latach odbierałam jej zażenowanie jako swego rodzaju hipokryzję, bo widziałam twarde negocjacje prowadzone z ojcem, dotyczące wszystkiego, poczynając od czasu, który z nią spędzał, aż po najistotniejsze wybory życiowe. Tę jej cechę ojciec zawsze poważał i twierdził, że nauczyła się tego podczas ich podróży powrotnej ze Stanów Zjednoczonych. Matka również przyznała, że jej pierwsze amerykańskie doświadczenie ją zmieniło. Stała się światową, mądrą kobietą, zdecydowaną wprowadzić w swoim życiu poważne zmiany i lepiej dbać o własne interesy.

Pierwszym jej posunięciem była decyzja o wyprowadzce z mieszkania w Balduinie, które uznała za duże. Myśl o przebywaniu w tych pustych pokojach bez Delii wydawała się wręcz nieznośna. Mieszkanie zostało więc wynajęte, a *papà* znalazł inne, niedaleko jego kawalerskiego mieszkania w dzielnicy Parioli, w okolicy parku przy Villa Borghese. Ponadto postanowiła częściej wychodzić. Tak bardzo podobało się jej na statku i w Las Vegas, że kiedy wróciła do Rzymu, poczyniła plany, by spotykać się z Nicolą i Lucią oraz innymi znajomymi, których w ostatnim czasie zaniedbała.

Przez kolejne pół roku moja matka wiodła beztroskie życie, podczas gdy ojciec podróżował dookoła świata, wizytując swoje sklepy i planując dalszą ekspansję. Nadal postępował według starego grafiku, który zakładał, że w każdym z miast Aldo spędzał tydzień. Oznaczało to, że z Bruną widywał się raz w miesiącu. Od dawna snuł plany otwarcia butiku w Londynie i za każdym razem, kiedy tam się pojawiał, aby obejrzeć nieruchomości, zatrzymywał się w hotelu Savoy. W pokoju hotelowym rozważał różne walory proponowanych mu miejsc, aż w końcu zdecydował się otworzyć sklep przy Bond Street.

Za sprawą Bruny wyznaczył Nicolę na jednego z menedżerów. Mama wiedziała, jak bardzo jej przyjaciel chciał wrócić do Londynu. Zdawała sobie sprawę z tego, że będzie to dla niego przepustka do wielkiego świata umożliwiająca mu upragnione podróże. Nicola był zachwycony, a Bruna cieszyła się, że mogła mu pomóc.

Plany ekspansji w Stanach Zjednoczonych przyniosły otwarcie butiku w Palm Beach na Florydzie. Znany po prostu jako 150 Worth, nowy sklep przy Worth Avenue od razu stał się znaczącym punktem na mapie. Jego otwarcie zbiegło się z wprowadzeniem do sprzedaży nowego modelu torebki nazwanego na cześć Jacqueline Bouvier Kennedy, elektryzującej młodej żony amerykańskiego prezydenta Johna F. Kennedy'ego, który objął urząd w styczniu 1961 roku. Oprócz torebki, która stała się hitem, odkąd pierwsza dama została z nią sfotografowana, mój ojciec zaprojektował specjalnie dla Jackie buty do kompletu.

W maju 1962 roku moi rodzice popłynęli na Majorkę, największą wyspę w archipelagu Balearów, u wybrzeży Hiszpanii. Spędzili kilka cudownych dni w poszukiwaniu letniej willi, w której mama zamierzała spędzić wakacje z kilkorgiem znajomych wtajemniczonych w sytuację. *Papà* miał dojeżdżać w każdej wolnej chwili. Był w doskonałym humorze i w końcu Bruna mogła cieszyć się nim, z dala od interesów. W drodze do domu zatrzymali się na weekend w Madrycie i poszli na romantyczną kolację, aby uczcić pięćdziesiąte siódme urodziny Alda. Wieczór pełen magii, granego na gitarach flamenco i sewilskich tańców na zawsze pozostał w ich pamięci.

– Nie sądzę, żebyśmy kiedykolwiek byli szczęśliwsi – powiedziała mama w zadumie.

Wkrótce nastąpił kres radości. Bruna odkryła, że zaszła w ciążę – tym razem miałam urodzić się ja. Mimo wszystkich środków zapobiegawczych zostałam poczęta tamtego pamiętnego wieczoru w Madrycie. W tym czasie byli sobie bardzo oddani, ale moje przyjście na świat mogło to zrujnować.

Mając w pamięci przeżycia związane ze stratą pierwszego dziecka, moja matka znalazła się na emocjonalnej karuzeli. Nigdy nie rozważali kolejnej ciąży i nie wiedzieli, co zrobić. Musiała się bać, bo jak w tej sytuacji urodzić dziecko? Ryzyko było zbyt duże. Ponadto przyjście na świat nieślubnego dziecka mogłoby zniszczyć wszystko, co z takim trudem wypracowali.

Bruna omal nie popadła w histerię, należało więc potrząsnąć nią, by się opamiętała.

– Wszystko będzie dobrze, Bruno – uspokajał ojciec. – Urodzisz to dziecko. Będziesz miała najlepszą możliwą opiekę, a kiedy to dziecko przyjdzie na świat całe i zdrowe, zajmę się i nim, i tobą. Obiecuję!

– Ale jak, Aldo? – zawodziła. – Gdzie? To niemożliwe.

– Oboje będziemy mieli dziecko – powiedział ojciec z uczuciem i szelmowsko się uśmiechając, dodał: – I będzie nosiło moje nazwisko. *Tutto è possibile*, Nina.

I tak się stało.

Aldo był tak spokojny, a jego zapewnienie tak szczere, że Bruna czuła, że może mu zaufać, ale nadal się bała. Jak uda się im utrzymać to w sekrecie? Co z jego rodziną? Olwen i synowie zawsze pozostawali na uboczu, rzadko wspominał o nich w rozmowach. Mama nie śmiała podważać decyzji Alda, ale wciąż obawiała się rozwoju sytuacji.

Mimo gwałtownej zmiany w ich wspólnym życiu oboje wrócili do wakacyjnych planów. Jednak Bruna, zamiast cieszyć się na myśl o byciu matką, zamartwiała się, że ktoś mógłby domyślić się, że jest ciężarną kochanką żonatego mężczyzny. Ponieważ byłam w ciąży trzy razy, bardzo dobrze znam radosny nastrój oczekiwania. Najpierw ekscytacja wynikająca z aktu stworzenia nowego życia wspólnie z ukochanym mężczyzną, po trzecim miesiącu radość z informowania o tym innych. Później zaczyna się odczuwać pierwsze ruchy, od czasu do czasu kopnięcie. Nic z tego nie stało się udziałem mojej matki. Z jej punktu widzenia z ciążą wiązały się same problemy. Im bardziej rosłam, tym bardziej ona stawała się niespokojna.

Kiedy wróciła do Rzymu, ukrywała swój stan pod luźnymi żakietami i wieloma warstwami ubrań, ale po piątym miesiącu już niczemu nie dało się zaprzeczać. Sytuacja wymagała zdecydowanych środków.

– Musisz przeprowadzić się do Londynu – niespodziewanie oświadczył Aldo. Nieskory do paniki, wyglądał na spokojnego, kiedy jej to obwieszczał.

Mama była przerażona.

– Do Londynu? Dlaczego? Nikogo tam nie znam!

– Nicola pracuje na Bond Street, a Maria może z tobą pojechać, jak wtedy do Nowego Jorku.

Szybko stało się jasne, że planował to od jakiegoś czasu. Wszystko dopracował z typową dla siebie skrupulatnością i zapewnił jej opiekę najlepszego ginekologa w London Clinic przy Harley Street. Dzięki nowemu sklepowi na West Endzie i konieczności częstych wizyt w Walsall w celu kupowania skór, zapewnił ją, że będzie miał dużo oficjalnych powodów, aby częściej bywać w Anglii.

– Będę do ciebie przyjeżdżał i będę przy tobie, kiedy urodzi się nasz syn – powiedział, całując ją w czoło, pewny, że będę chłopcem.

Nie mogąc pogodzić się z tą sytuacją, Bruna cieszyła się, że przynajmniej Maria będzie z nią. Chociaż nigdy nie uważała jej za przyjaciółkę, była wdzięczna za jej towarzystwo. Nicola po raz kolejny okazał się darem niebios. Mama nie mogła uwierzyć, że to dzięki niej przebywa w Londynie.

Czas jej wyjazdu do Anglii wiązał się z rozwojem ciąży, więc kiedy rok zbliżał się ku końcowi, zaczęła czynić nerwowe przygotowania do opuszczenia Włoch. Ponieważ Aldo udał się w jedną z podróży zagranicznych, musiała wyjechać bez niego. Zaplanowali jednak spotkanie kilka tygodni później w Londynie. Pewnego listopadowego popołudnia, kiedy matka była zajęta pakowaniem, a Maria poszła po zakupy, zadzwonił telefon. Myślała, że to dzwoni Aldo, aby życzyć jej udanej podróży.

Niestety, dzwoniła Maria.

– *Io no parto* (Ja nie jadę) – powiedziała, po czym się rozłączyła.

Wstrząśnięta Bruna odłożyła słuchawkę i poszła do pokoju Marii. Zobaczyła, że wszystkie rzeczy zniknęły. Czy to wspomnienie czasu w Nowym Jorku, czy też wizja kolejnej zimy w obcym kraju wpłynęły na jej decyzję – nie wiadomo. Nie podała żadnego wyjaśnienia ani nie dała Brunie szansy, by ją przekonała.

Bruna samotnie wsiadła do samolotu, aby urodzić mnie w obcym kraju. Dla kogoś, kto całe życie spędził w dobrze znanym otoczeniu, musiała to być przerażająca perspektywa.

– Czy możesz sobie wyobrazić, przez co przeszłam, musząc się tak ukrywać? – powiedziała mi wiele lat później, wzdrygając się na samo wspomnienie. – W latach sześćdziesiątych ciąża z żonatym mężczyzną wywoływała ogromny skandal. Uciekłam z Rzymu nocą, jak złodziejka!

Ojciec kiedyś napisał do niej, błagając ją „ze złożonymi rękami, aby nie poddawała się formalnościom, społecznym konwenansom lub zewnętrznym wpływom, które ingerowałyby w [ich] pragnienie, aby się wzajemnie kochać. Wierz mi, kochana, nie pożałujesz!". Gdy patrzyła przez okno, podczas gdy koła samolotu odrywały się od asfaltu, z całą pewnością tego żałowała i nigdy nie czuła się tak samotna.

Padało, gdy taksówka zatrzymała się w Cadogan Gardens w Knightsbridge przed sześciopiętrowym budynkiem z czerwonej cegły, który od tej chwili stał się jej domem. W mieszkaniu znajdowało się duże wykuszowe okno wychodzące na ogrodzony plac. Długi przedpokój łączył wszystkie pokoje. Nieco wiejski charakter okolicy z drzewami i brukowanymi uliczkami był przyjemną niespodzianką w sercu wielkiego miasta. Świadomość, że Aldo zadbał o pomoc miejscowej pary w razie jakichkolwiek problemów – oczywiście w ścisłej tajemnicy – uspokoiła ją.

Niemniej jednak mama znalazła się w obcym kraju, którego językiem prawie się nie posługiwała. Historia zaczęła się powtarzać, bo podobnie jak rok wcześniej Nowy Jork, tak wówczas Londyn dostał się w szpony srogiej zimy. Tym razem było znacznie gorzej. To, co zaczęło się od śnieżnych zadymek, wkrótce przekształciło się w zjawisko nazwane „wielkim mrozem", który na dobre rozpoczął się w święta i trwał aż do marca. Zapanowały zamiecie śnieżne i wichury, na południu Anglii w kilku miejscach zamarzło morze. Sytuacja w Londynie nie przedstawiała się tragicznie, ale ze względu na oblodzone chodniki Bruna raczej nie wychodziła z domu.

Uwięziona w swoim mieszkaniu, podobnie jak na Manhattanie, rozpaczała, że ponownie znalazła się w sytuacji, w której nie ma możliwości decydowania o sobie.

– Kiedy jesteś traktowana jak jeden wielki sekret, zaczynasz żyć w ten sposób – wyznała mi ze smutkiem. Siedząc samotnie w mieszkaniu, czekała na telefon od Alda. Smuciła się, że już nie pisał do niej płomiennych listów. Pragnęła całym sercem czytać jego piękne, zamaszyste pismo, niosące jej słowa uwielbienia. – „Naszym przeznaczeniem jest bycie razem.Poczuj to!", napisał jej kiedyś.

Jego przeznaczenie jednak sprawiało, że był jeszcze bardziej zajęty niż zwykle i wyglądało na to, że nie mógł się wyrwać. Firma Gucci zyskała światową sławę, jak planował, ale on zaangażował się zbyt mocno, aby pozwalać jej się rozrastać bez swojego udziału. Kwieciste zapewnienia o „wiecznym oddaniu i trosce" wydawały się puste, kiedy zostawił ją samą i smutną.

Mamę ratowało towarzystwo Nicoli. Odkąd ten młody człowiek, do którego zatrudnienia się przyczyniła, pojawił się w ich życiu, stał się niemal członkiem ich rodziny. Do tego stopnia, że Aldo zaproponował, żeby Nicola zamieszkał z Bruną, dopóki ta nie urodzi. Obecność Nicoli była dla nich darem.

Lubiący zabawę rzymianin, którego mama nazywa „pierwszym aniołem w [jej] życiu", zapoznał ją z brytyjską operą mydlaną „Coronation Street". Oboje uwielbiali ten program, również dlatego, że północny akcent i nieprzebrane ilości herbaty, jakie pochłaniali jego bohaterowie, stanowiły dla nich niewyczerpane źródło radości. Jeśli Bruna nie chciała iść na kolację, razem gotowali makaron i zwijali się w kłębek przed telewizorem, oglądając stare amerykańskie filmy. Nicola miał obsesję na punkcie Kalifornii i marzył o Hollywood. Po obejrzeniu takich filmów jak *Gidget* czy *Beach Party* o kulturze surferów na Zachodnim Wybrzeżu zapragnął zamieszkać w Malibu, które najwyraźniej roiło się od wysportowanych młodych mężczyzn.

– Kiedyś to będzie moje miejsce na ziemi – obwieścił Brunie.

Na szczęście dla niej na razie mieszkał w Londynie, za co była mu wdzięczna.

Ojciec wylądował na Heathrow w lutym 1963 roku, aby być przy moich narodzinach. Miał już trzech synów, dlatego i on, i mama spodziewali się, że na świat przyjdzie kolejny. Badania ultrasonografem w brytyjskich szpitalach nie wykonywano nagminnie aż do lat siedemdziesiątych XX wieku, toteż płeć dziecka wciąż pozostawała tajemnicą. Niemniej rodzice wybrali imię dla syna – Alessandro, nie pomyśleli o imieniu dla dziewczynki.

W latach sześćdziesiątych mężczyźni rzadko uczestniczyli w narodzinach. Mój ojciec nie stanowił wyjątku. Nie był przy Olwen, kiedy wydawała na świat ich synów – jak przyznał Brunie – chodził wtedy na tańce.

– Ja też nie chciałam, żeby był przy mnie, ani tego nie oczekiwałam. Sam fakt, że wygospodarował czas w swoim szalonym grafiku, żeby przyjechać do kliniki, mówił mi wszystko, co chciałam wiedzieć.

U Bruny zaczęły się bolesne bóle porodowe. Ojciec, upewniwszy się, że ma fachową opiekę, poszedł na obiad i do kina. Jakież było jego zaskoczenie, kiedy po powrocie do szpitala usłyszał od pielęgniarki: „Gratuluję, ma pan córkę!".

Przyszłam na świat w wyniku porodu kleszczowego 1 marca o godzinie dwudziestej pierwszej dwadzieścia pięć. Ważyłam trzy i pół kilograma. Zdaniem mamy „składałam się z samych rąk, nóg i rozwrzeszczanych ust". Zachwycony ojciec obejrzał mnie dokładnie w pokoju dla niemowląt i pośpieszył do mamy z wielkim uśmiechem na twarzy.

– Dziewczynka! Jest piękna! Po raz kolejny dałaś mi to, czego zawsze pragnąłem, Brunicchi!

Był wniebowzięty.

Tylko naprawdę kochający ojciec mógł uznać mnie za piękną, patrząc na moją wykrzywioną twarzyczkę, bo płakałam i skarżyłam się na niegodziwość narodzin. Mama przeszła ciężki poród, a ja nie zamierzałam jej niczego ułatwiać.

– Przysięgam, że cały lęk, smutek i wszystkie obawy, które czułam, będąc w ciąży, przeszły na ciebie – przyznała moja matka. – Krzyczałaś tak głośno, że obudziłaś cały oddział.

Ponieważ nie udawało się mnie przystawić do piersi i nie przestawałam płakać, do akcji wkroczyła śliczna australijska pielęgniarka. Wzięła mnie na ręce i w końcu się uspokoiłam. Opiekowała się mną tak czule, że mama postanowiła nazwać mnie na jej cześć. Na drugie imię dała mi Delia.

Ojciec został jeszcze kilka dni, po czym odleciał do Paryża, aby osobiście nadzorować końcowe przygotowania do otwarcia pierwszego sklepu w tym mieście, niedaleko Place Vendôme. Kwiaty, które przysyłał matce niemal codziennie, szybko zapełniły jej szpitalny pokój, a następie mieszkanie. Jednak żadna ich ilość nie wynagrodziła tego, że znów została sama. Ledwo potrafiła zatroszczyć się o siebie. a co dopiero o mnie. Ponieważ nie było już Delii, lęk przed tym, co z nami będzie, nie opuszczał jej ani na chwilę. Mój ojciec, choć czuły i uprzejmy, w ostatnich miesiącach ciąży, kiedy Bruna nie czuła się atrakcyjna, nie spędzał z nią tyle czasu co wcześniej. Czy to przypadek, czy też świadomy wybór? Zaczęła się zastanawiać. Czy znajdzie sobie kogoś innego? Czy zostawi ją w Anglii na pastwę losu?

– Myślałam tylko o tym, co będzie, kiedy wrócimy do Rzymu – wyznała mi po latach. Niesłabnący lęk sprawiał, że nie mogła spać, czego potrzebowała najbardziej. Z trudem troszczyła się o mnie. Każdy dzień był dla niej poważnym wyzwaniem i w duchu przysięgała sobie, że jeśli tylko będzie mogła temu zapobiec, nigdy już nie zajdzie w ciążę.

Najgorsze spadło na głowę naszego anioła, Nicoli. Kiedy wracał do domu po całym dniu pracy, mama natychmiast przekazywała mu niemowlę, mówiąc: „Proszę, Nicola. Ona cały czas płacze, muszę się przespać!". Ponieważ nigdy wcześniej nie miał do czynienia z niemowlęciem, jedyne, co przychodziło mu do głowy, to włożyć mnie do wózka i wozić po korytarzu, żeby mama mogła odpocząć.

Ojciec ponownie przyleciał do Londynu na mój chrzest, który odbył się 12 marca w kościele katolickim pod wezwaniem Najświętszej Maryi Panny. Był to zbudowany w 1877 roku surowo wyglądający wiktoriański gmach, należący do jednej z najstarszych katolickich parafii w Londynie. Kiedy garstka gości – najbardziej zaufanych przyjaciół i sąsiadów moich rodziców – zgromadziła się wokół okrągłej białej marmurowej chrzcielnicy, ksiądz pokropił mnie wodą święconą. Ojcem chrzestnym został oczywiście Nicola, a matką chrzestną Lucia, która specjalnie przyleciała na tę okazję z Rzymu. Pozostali zgromadzeni zostali poproszeni, aby zwrócić się do Chrystusa, przeprosić za grzechy i wyrzec się wszelkiego zła.

Chociaż chrzest oczyścił mnie ze „wszystkich grzechów", moja matka wiedziała, że na zawsze pozostawałam *illegitima*. Niczego niepodejrzewający ksiądz, który wydał świadectwo chrztu, nie zdawał sobie sprawy, że moi rodzice nie byli małżeństwem – kolejne kłamstwo ojca.

Aldo na tym nie poprzestał: udał się do londyńskiego urzędu stanu cywilnego, aby oficjalnie zgłosić moje narodziny. Jak obie-

Mamma pozuje ze mną w domu w Rzymie, 1963 rok.

cał, jako rodziców wpisał: „Aldo i Bruna Gucci". Sądzę, że w duszy uważał to za prawdę.

Obawy mojej matki dotyczące przyszłości nasiliły się, ponieważ Aldo nadal nie wspominał o naszym powrocie do Rzymu. Dopiero kiedy wielokrotnie powtórzyła mu, jak nieszczęśliwa czuje się z dala od domu, uległ jej. Mając dwadzieścia osiem dni, zostałam dopisana do paszportu matki i owinięta w becik poleciałam do Włoch.

– Od tej pory musimy zachowywać się ostrożnie – ostrzegł ją mój ojciec.

Rodzice nie mieli złudzeń, że moje pojawienie się w ich życiu wymuszało jeszcze większą konieczność zachowania tajemnicy. Nie było mowy o rodzinnych wyjściach czy spacerach po ulicach, na których ktoś mógłby ich poznać.

– Wolę ukrywać się w Rzymie, niż siedzieć sama w Londynie – odparła moja matka, której życie uprzykrzała angielska pogoda, jedzenie i język. Nie zdawała sobie jednak sprawy, jak trudne to dla niej będzie: nie mogła wyjść z dzieckiem w wózku, żeby nie wywołać lawiny pytań. Spacery odbywałam więc z wynajętą hiszpańską nianią, a moi rodzice spotykali się jak przedtem.

Jako osoba, która również była, i to nieraz, świeżo upieczoną matką, nie jestem w stanie sobie wyobrazić, jak to jest nie móc pochwalić się swoim dzieckiem lub zabrać ze sobą. Wtedy jednak panowały inne zwyczaje i moi rodzice zrobili wszystko, uwzględniając ich sytuację, ale myśl o tym, ile obostrzeń napotykali, zasmuca mnie.

Byli przekonani, że tak należało się zachować. Udało się im utrzymać w tajemnicy moje istnienie.

11

Matka nigdy nie lubiła konfrontacji. Towarzyszące jej poczucie, że nigdzie nie pasowała, i brak wiary w siebie sprawiał, że rzadko wypowiadała własne zdanie.

Jestem jej przeciwieństwem. Bycie pionkiem w czyjejś grze do pewnego stopnia charakteryzowało moje dzieciństwo, kiedy nie miałam wyboru i musiałam robić to, co mi kazano. Jednak z wiekiem, stając się coraz mądrzejsza, nauczyłam się wyrażać siebie i okazywać uczucia.

Mama nigdy nie ujawniała swoich poglądów, i kiedy dochodziło do wymiany zdań, wycofywała się w milczenie. Jakże okropnie musiała się poczuć, kiedy otworzyła drzwi swojego rzymskiego mieszkania, do których pukała wysłanniczka Olwen – żony mojego ojca.

– *Signora* Gucci wie wszystko o tobie i o dziecku – wydusiła przez zaciśnięte zęby.

Mamie serce podeszło do gardła.

– *Signora* Gucci uważa, że wszystkim wyszłoby na dobre, gdybyś przestała spotykać się z jej mężem – kontynuowała, obrzucając moją matkę zimnym spojrzeniem. – Jesteś jeszcze młoda – dodała impertynencko. – Możesz zacząć od nowa.

Niezdolna znaleźć właściwej odpowiedzi, matka zaczęła się jąkać, ale kobieta nie dała jej dojść do głosu.

– Jeśli nie potrafisz sama zająć się dzieckiem, *signora* Gucci jest gotowa wziąć to na siebie.

Mama zrobiła krok w tył, by fizycznie zdystansować się od tej sytuacji.

Ignorując jej gest, kobieta dodała:

– Dziecko dostanie najlepszą możliwą opiekę.

Moja matka podniosła rękę do piersi, usiłując złapać oddech.

– Dobrze to przemyśl – zakończyła. Odwróciła się na pięcie i odeszła. Bruna stała zaszokowana.

Wreszcie udało się jej opanować do tego stopnia, że weszła do mieszkania i opadła na krzesło. Wróciła pamięcią do tego dnia, kiedy po raz pierwszy widziała Olwen robiącą w butiku zakupy gwiazdkowe i była pod wrażeniem skromnego i miłego zachowania kobiety, która została signorą Gucci jeszcze w latach dwudziestych.

– Ujęła mnie, ponieważ wydawała się taka słodka i miała doskonałe maniery – powiedziała mi.

Czy wysłała Brunie tę okrutną wiadomość z arogancji, czy też powodowana rozpaczą? Jakkolwiek było, musiała uważać ją za nieczułą matkę, żeby sugerować oddanie dziecka. Chociaż mama wiedziała, że małżeństwo ojca funkcjonowała tylko na papierze, nadal miała poczucie winy z powodu ich romansu, a to posunięcie jego żony odebrała jako obrazę i wstrząs.

Nigdy się nie dowiemy, kiedy i w jakich okolicznościach Olwen dowiedziała się o naszym istnieniu, ale najprawdopodobniej od najstarszego syna, Giorgia, który otrzymał serię anonimowych listów informujących go o całej sprawie. Pierwszy z nich został napisany na maszynie na pojedynczej kartce, która przyszła w kopercie z miejscowym znaczkiem. Osoba, która się nie podpisała, była doskonale poinformowana na temat mojej matki i mnie. Utrzymywała, że ojciec obdarowywał swoją kochankę ze szczodrością „indyjskiego księcia". W kolejnych listach pojawiły się szczegóły mojego chrztu w Londynie, nasz adres w Rzymie i miejsca, do których moi rodzice chodzili razem. Szczegółowość dostarczonych informacji miała na celu dać mojemu ojcu do zrozumienia, że prawda o jego nieślubnym dziecku może zostać ujawniona.

Ojciec nie wpadał łatwo w panikę, i choć z pewnością zdenerwował się, kiedy syn pokazał mu te listy, nie mówił wiele ani nie okazywał emocji. Wiedział, że Giorgio i Olwen łączą ciepłe relacje i że syn będzie starał się chronić matkę.

Bruna zupełnie straciła zimną krew. Po latach ukrywania się prawda wyszła na jaw.

– Miałam obsesję na punkcie znalezienia autora tych okropnych donosów – powiedziała. – Czego ten ktoś chciał? Listy zawierały tyle osobistych informacji, że zaczęłam podejrzewać wszystkich, nawet Nicolę.

Przeprowadziwszy krótkie śledztwo, ojciec poinformował ją, że zdradziła ją jedna z jej najbardziej zaufanych przyjaciółek – kobieta, która wiedziała o niej prawie wszystko. Co gorsza, skontaktowała się z członkiem rodziny Alda i oboje uknuli całą sprawę. Mieli ukryty motyw i kiedy to wyszło na jaw, mój ojciec przystał na ich propozycję, aby uniknąć dalszych problemów i definitywnie zakończyć tę sprawę.

To doświadczenie głęboko zraniło moją matkę. Zdrada bliskiej przyjaciółki podkopała jej zaufanie do wszystkich. Po raz pierwszy w pełni dotarło do niej, że – oprócz prawnych konsekwencji związku z Aldem – były też inne zagrożenia, których nie brała pod uwagę, takie jak zazdrość tych, których uważała za przyjaciół.

Jeśli obawiała się, że złowieszcza wizyta wysłanniczki Olwen położy kres jej związkowi z Aldem, nie mogła się bardziej pomylić. Ze łzami w oczach powtórzyła mu słowo w słowo, czym wywołała atak przerażającej furii. Chociaż nieraz widziała, jak ganił współpracowników i słyszała opowieści o jego napadach szału, nigdy nie widziała go jeszcze w takim stanie.

Gdy usłyszał z jej ust, że Olwen zaproponowała, że zaopiekuje się ich dzieckiem, coś w nim pękło. Z wykrzywioną gniewem twarzą pojechał natychmiast do Villi Camilluccia, aby skonfrontować się z kobietą, która od czterdziestu lat była jego żoną. Bruna nigdy dokładnie nie poznała szczegółów ostrej wymiany zdań między małżonkami, ale Aldo zapewnił ją później, że powiedział Olwen wszystko i nie zostawił miejsca na wątpliwości, że ona i ja byłyśmy przez niego bardzo kochane.

– Nigdy więcej nie próbuj czegoś takiego! – ostrzegł Olwen. Posłuchała go.

Ciężko przeżywszy to zamieszanie, nadal niepewna naszej przyszłości, moja matka postanowiła oszczędzać każdego lira, którego dostawała od ojca na wydatki.

– Biżuteria była piękna – powiedziała mi. – Ale w razie potrzeby nie kupimy za nią chleba.

Zamiast lekką ręką wydawać pieniądze, które dostawała na jedzenie, pensję dla niani, ubrania i meble, zaczęła robić oszczędności – zmniejszać wydatki na wystrój wnętrz czy kupować mniej ubrań. Aldo dawał jej tyle, ile uważał za stosowne, i nie miał świadomości, że zaczęła odkładać na czarną godzinę.

Mniej więcej w tym czasie w naszym życiu pojawił się kolejny anioł w osobie młodej pragmatycznej Angielki z Sunderland o imieniu Maureen, która odpowiedziała na ogłoszenie umieszczone przez mojego ojca w magazynie „Lady". Od razu przypadła do gustu obojgu rodzicom, którzy natychmiast ją zatrudnili. Mój ojciec uwielbiał brytyjskie wyczucie *decorum* i chciał, żeby wychowywała mnie angielskojęzyczna niania, abym od razu uczyła się języka – choć pewnie jej wyraźny akcent z okolic Tyneside nie był tym, czego by oczekiwał.

Nasza Mary Poppins była mniej więcej w wieku Bruny, miała krótkie rude włosy, mądry uśmiech i oczywiście chodziła w wygodnych butach. Mamie wszystko się w niej podobało. Mówiła nawet trochę po włosku, a mama trochę po angielsku – w końcu doszły do tego, że swobodnie posługiwały się oboma językami.

Jako dziecko wymagałam dużo uwagi, którą Maureen z radością mi poświęcała. Zwracała się do mnie „Poppet" lub „Little Flower" i dbała o mnie w taki sposób, w jaki Bruna nie potrafiła. Domagałam się, żeby cały czas się mną zajmowano, nawet w nocy nie chciałam spać, stojąc w łóżeczku i tłukąc w drewniane szczebelki, aż w końcu się połamały. Biedna Maureen nie odchodziła ode mnie nawet na krok, opierając nogi o szczebelki, żebym nie wypadła, i próbując czytać książkę w oczekiwaniu, aż w końcu się zmęczę.

W ciągu dnia również dysponowałam niespożytą energią. Interesowało mnie wszystko w zasięgu ręki. Rwałam gazety w strzępy. Moja bezsilna matka często wołała: „Bez wątpienia jesteś dzieckiem swojego ojca! Masz to we krwi". Nie mogła sobie ze mną poradzić.

Odkąd związek mojego ojca z Bruną i moje istnienie wyszły na jaw, nie musiałyśmy się już tak ukrywać, co z pewnością przyniosło ulgę, choć moi rodzice nadal musieli zachować ostrożność i utrzymywać pozory. W tym wszystkim dobre było to, że niezależnie od stopnia oburzenia Olwen nigdy nie doniosłaby na męża policji. Efekty skandalu odbiłyby się na niej i jej dzieciach, ponieważ ich dobrobyt zależał od powodzenia rodzinnej firmy.

Mój ojciec miał inne sprawy na głowie. Musiał realizować rosnącą liczbę zamówień, którą spowodował rozgłos uzyskany dzięki księżnej Monako. Była hollywoodzka aktorka Grace Kelly – która inaczej niż w filmie *Rzymskie wakacje* poślubiła swojego księcia – stała się jedną ze stałych klientek firmy Gucci, przyciągając za sobą tłumy paparazzich i wielbicieli za każdym razem, kiedy przekraczała progi butiku przy Via Condotti. Podczas wizyty w mediolańskim salonie zażyczyła sobie jedwabnej apaszki z motywem kwiatowym. Wstydząc się przyznać do braku takowej, stryj Rodolfo powiedział księżnej, że właśnie nad czymś takim pracuje i kiedy projekt będzie gotowy, otrzyma ją jako pierwsza. I tak specjalnie dla niej powstała apaszka „Flora", która stała się światowym bestsellerem potęgującym dobrą passę firmy Gucci.

Z powodu rosnącej sprzedaży ojciec zdecydował się przenieść florencki sklep na Via Tornabuoni, najbardziej prestiżową ulicę, i zorganizować uroczyste otwarcie przed Bożym Narodzeniem. W tym czasie jego syn Paolo i brat Vasco nadzorowali budowę fabryki w Scandicci na obrzeżach miasta.

Jego plany niemal zostały pokrzyżowane, kiedy w listopadzie rzeka Arno wylała. Pod naporem wody i błota życie straciło niemal sto osób, tysiące zostały pozbawione dachu nad głową, a miasto Medyceuszy straciło wiele najcenniejszych dzieł sztuki. Sklep przy Via della Vigna Nuova, po brzegi wypełniony towarem, który miał zostać przeniesiony do nowego sklepu, znalazł się pod wodą. Poziom wody się podnosił, a ojciec nie mógł nic zrobić, ponieważ przebywał wówczas w Rzymie. Synowie Paolo i Roberto oraz brat Vasco oraz kilku członków personelu z oddaniem ratowali, co mogli: wynieśli rzeczy na piętro. Udało się im nawet uratować meble, zanim woda wdarła się do środka i wypełniła wnętrze butiku mułem oraz odpadkami prawie na wysokość dwóch metrów.

Przez cały ten czas ojciec nerwowo oglądał doniesienia telewizyjne i próbował dowiedzieć się telefonicznie. Kiedy tamtego dnia zadzwonił do Bruny, był zdenerwowany jak rzadko.

– To katastrofa! Mam nadzieję, że nikomu nic się nie stało!

W końcu, ku jego ogromnej uldze, dowiedział się, że wszyscy pracownicy są cali i zdrowi dzięki szybkiej reakcji. Udało się im ocalić większość produktów.

Ojciec wychowywał swoich synów w duchu rywalizacji, którą on sam poznał za młodu, ale tym razem bracia podjęli działania ramię w ramię.

– Czasem potrzeba właśnie czegoś takiego, aby rodzina mogła się do siebie zbliżyć. Jestem z nich bardzo dumny – powiedział Brunie, zanim wsiadł do pociągu odjeżdżającego do Florencji. Mieszkańcy zalanego miasta również zwarli szyki i z pomocą wielu ochotników z całego świata, w tym wielu gwiazd, przywrócili Florencji jej splendor.

Splendor firmy Gucci przyciągał wszystkich –
od księżnej Monako Grace po Ritę Hayworth.

Moja matka wiedziała, czym dla ojca była praca i dlaczego potrzebował tak bardzo się w nią angażować, ale za każdym razem, kiedy wyjeżdżał, czuła się opuszczona. Powróciły bezsenne noce, podczas których zamartwiała się wszystkim. Bez pracy, w dodatku z małym dzieckiem czuła się bezwartościowa, uzależniona od Alda finansowo, fizycznie i emocjonalnie.

– Nie miałam odwagi odejść – powiedziała mi. – Dokąd bym poszła? Jak bym żyła? Co by ludzie powiedzieli na niezamężną matkę? Znajdowałam się w potrzasku.

Coraz bardziej bezsilna, była przekonana, że straciła zdolność podejmowania najprostszych decyzji i coraz bardziej ulegała Maureen.

Mój ojciec robił, co mógł, żeby ją pocieszyć, kiedy był w Rzymie, ale ona się oddalała, często całe dni spędzając w łóżku z własnymi myślami. Pewnego upalnego niedzielnego popołudnia w 1965 roku, kiedy czuła się wyjątkowo przygnębiona, ojciec wpadł na genialny pomysł. Ponieważ panował upał, zaproponował, żeby pojechali do Villi Camilluccia i spędzili dzień nad basenem.

– Zwariowałeś? – naskoczyła na niego Bruna, myśląc o Olwen. Ale ojciec przypomniał jej, że jego żona jak co roku spędzała wakacje w Anglii, a w willi została jedynie najpotrzebniejsza służba. Nie było łatwo namówić ją, żeby pojechała do domu, w którym gościła tylko raz z okazji pamiętnego przyjęcia, będącego dla niej odległym już wspomnieniem. Ale dzięki pomocy Maureen ojcu udało się ją w końcu wyciągnąć z mieszkania do willi otoczonej pięknym ogrodem, w którym rosły cyprysy.

Co myślała, przekraczając próg domu rodziny, którą stworzyli Aldo i Olwen. To miejsce było symbolem jego życia, do którego w innych okolicznościach nie miała wstępu. Obojętne, jak bardzo mąż i żona się od siebie odsunęli, Bruna nadal czuła, że swoją obecnością naruszała ich małżeńską przestrzeń.

Papà i ja w Villi Camilluccia, Rzym 1965 rok.

Miałam wtedy zaledwie dwa lata, nie pamiętam więc tamtego dnia, ale kiedy patrzę na nasze wspólne zdjęcie zrobione nad basenem, widzę, jak szczęśliwy był mój ojciec i jak zaskakująco swobodnie moja matka wygląda w kostiumie kąpielowym i jedwabnej chustce na głowie. Dla ochrony przed sierpniowym skwarem ubrano mnie w czapkę zawiązywaną pod brodą i kubraczek. Mama trzymała mnie mocno, żebym nie wpadła do basenu. Jednak całą uwagę skupiłam na Maureen, moim aniele. I taką rolę grała, kiedy parę miesięcy później moja matka zniknęła z mojego życia.

Minęły lata, zanim udało mi się ustalić, co wtedy zaszło, choć pozostało wiele białych plam. Żadne z moich rodziców nie potrafiło mówić o najtrudniejszym zdaje się momencie w życiu Bruny.

– Nie mogłam spać – powiedziała mi tylko tyle, i to dużo później. – Za dużo myślałam. Moje życie było nie do zniesienia.

Kiedy miałam trzy lata, lekarz zdiagnozował u niej kliniczną depresję. Nalegał, żeby ojciec postarał się o pomoc psychiatryczną. Na nieszczęście, psychoanalityk, do którego ją posłał, zakochał się w niej i zaczął ją podburzać przeciw niemu, przeciw całej firmie Gucci, i nastawiać antymaterialistycznie do całego świata. Podatna na sugestie, zaczęła bezmyślnie powtarzać jego słowa. „To przez ciebie taka się stałam, Aldo!", zarzucała mu. Ojciec był tak zdenerwowany tym, co uważał za pranie mózgu, że wtargnął na jedną z sesji matki i wyżył się na terapeucie. Nie pozwolił jej pójść tam nigdy więcej i to wystarczyło, żeby ostatecznie wytrącić ją z równowagi.

Nie potrafiłam zrozumieć, co się następnie stało, a matka nie chce o tym mówić, ale dziś jest dla mnie jasne, że przeżyła załamanie nerwowe. Mój ojciec z pewnością obawiał się o stan jej umysłu i był przerażony, widząc, że ukochana nie funkcjonuje normalnie. W końcu posłuchał lekarzy i wysłał ją do kliniki

Papà, Mamma i ja w Villi Camilluccii, Rzym 1965 rok.

specjalizującej się w *la cura del sonno* (leczenia snu), aby odzyskała siły. Lekarze nalegali również, żeby odciąć ją od świata zewnętrznego i zapewnić spokój, przynajmniej na początku. Zapewniali, że niedługo będzie mogła rozmawiać z nim przez telefon. Matka przystała na leczenie, bez wątpienia oczekując wytchnienia od burzliwego życia osobistego. Znając ojca, wiem, że nie szczędził pieniędzy, i wiem, że matka tak bardzo polubiła tę klinikę, że później od czasu do czasu wracała do niej, „aby odpocząć".

To doświadczenie było przeżyciem traumatycznym bardziej dla mojego ojca, ponieważ nie miał żadnego wpływu na sytuację, a jednocześnie czuł się za nią odpowiedzialny. Mama powtarza, że nigdy nie zapomni jego wyrazu twarzy, kiedy zostawiał ją w klinice. Niemal płacząc, powiedział: „Bruno, przychylę ci nieba. Powiedz mi, co mam zrobić?".

Nie miałabym żadnych wspomnień z tego okresu, gdybym czterdzieści lat później nie poznała w Kalifornii pewnego hipnoterapeuty. Cofając mnie do dzieciństwa, zidentyfikował on traumę, której doświadczyłam jako trzylatka, i zapytał o jej przyczynę. Nie potrafiąc udzielić mu odpowiedzi, zadzwoniłam do matki, która wypełniła tę lukę i wyjaśniła, że kilka miesięcy spędziłam jedynie z Maureen. Terapeuta wyjaśnił, że to wydarzenie przyczyniło się do poczucia opuszczenia, wpływając na moje relacje z innymi ludźmi.

Maureen powiedziała mi wtedy: „Mamusia musiała na trochę wyjechać, laleczko, bo nie czuła się najlepiej". Poświęciła się mi, zabierała na spacery, czytała mi i mówiła do mnie tak dużo, że nawet zaczęłam śnić po angielsku. Stała się dla mnie matką, jaką chciałam mieć. Latem spakowała nas i zabrała mnie na wielką przygodę – na ślub swojej siostry w Sunderland. W ogóle mi to nie przeszkadzało. Zostałam przedstawiona jako jej „kwiatuszek" i wszyscy starali się mi dogadzać, mówiąc z akcentem, do którego byłam przyzwyczajona. Maureen nie posiadała się z radości.

Z szeroko otwartymi oczami i uszami nie mogłam uwierzyć w wesoły hałas, jaki robiła jej liczna rodzina. Jako jedynaczka rosłam pozbawiona w zasadzie jakichkolwiek więzi społecznych, więc przebywanie wśród tych ciepłych, barwnych ludzi stanowiło dla mnie novum. Znajomi i rodzina Maureen szczypali mnie w policzki, mierzwili włosy i nosili na rękach. Kręcili się ze mną w kółko po pokoju i obsypywali mnie pocałunkami. Śmiałam się i piszczałam z zachwytu, chłonąc tę miłość jak gąbka.

To wydarzenie otworzyło mi oczy. Nigdy wcześniej nie byłam częścią wielkiej, szczęśliwej rodziny, a dzięki Maureen miałam wspomnienia, którymi karmiłam się przez lata.

12

Powszechnie wiadomo, czym przejawia się zachowanie obsesyjne. W różnych momentach może ono występować w różnym nasileniu. Często zaczyna się od niepozornego epizodu, który pozostawiony bez interwencji może przerodzić się w natręctwa albo w coś groźniejszego.

Chociaż jako dziecko byłam niefrasobliwa, z wiekiem coraz wyraźniej dostrzegam przekazaną mi w genach matki potrzebę porządku. Moi bliscy twierdzą, że jestem perfekcjonistką, co czasem przyjmuje formę obsesji. Nauczyłam się poskramiać potrzebę, żeby wszystko było dokładnie takie, jak chcę, oraz akceptować braki i niedoskonałości. Niestety w przypadku mojej matki było inaczej.

Z kliniki leczenia zaburzeń snu została wypisana z nową diagnozą określoną mianem „kompleksu winy". Podręczniki do psychologii opisują go jako zaburzenie obsesyjne przejawiające się tym, że osoba cierpiąca na nie rozwija w sobie paranoidalną niemożność poradzenia sobie z uczuciem wstydu. Chorzy mają obsesję na punkcie tego, że coś zrobili źle, i nigdy się to nie zmieni. Obwiniają się o wszystko.

Poczucie winy mojej matki miało podłoże irracjonalne, częściowo wynikało z jej katolickiego wychowania. Z pewnością choroba nasiliła się, gdy nawiązała romans z Aldem i musiała utrzymać w tajemnicy ważną część jej życia. Byłam jeszcze dzieckiem i nie zdawałam sobie sprawy z tego, co się działo i jak jej stan wpływał na mnie. Maureen wychodziła ze mną z domu na kilka godzin, żeby zapewnić spokój Brunie. Ojciec, który spędzał więcej czasu w Rzymie, częściej nas odwiedzał. Uwielbiałam te wizyty, ponieważ wnosił pozytywną energię i miał różne pomysły. Znalazł świetne miejsce na wzgórzach Rzymu, gdzie chciał dla nas wybudować apartamentowiec. Szybko jednak zaniechano jego realizacji, ponieważ lekarze wydali zalecenia dotyczące terapii Bruny.

– Bruna jest przeświadczona, że ukrywała się za długo – ostrzegli mojego ojca. – Rzym wywołuje w niej niemiłe wspomnienia. Trzeba odciąć ją od źródła nieszczęść. W innym kraju, w innym środowisku, powinna wrócić do zdrowia i rozpocząć nowe życie.

Moja matka ufała bezgranicznie lekarzom, toteż zgodziła się z tym zaleceniem. Mając na względzie jej dobro, ojciec nie tracił czasu i natychmiast zaczął dostosowywać plany do nowej sytuacji. Miałyśmy wrócić do Londynu, zamieszkać w naszej starej dzielnicy z Nicolą Minellim jako domownikiem.

Kiedy zadomowiłyśmy się w Londynie, Maureen nadal wychodziła ze mną na długie spacery, żeby matka mogła odpocząć. Chodziłyśmy do Hyde Parku karmić kaczki lub wskakiwałyśmy do czerwonych piętrowych autobusów, które zabierały nas do muzeów i kin. Odwiedzałyśmy londyńską Tower i pałac Buckingham, gdzie zaglądałam przez pręty ogrodzenia, pytając: „Czy królowa jest tam teraz? Czy nas widzi?". Maureen uwielbiała czytać i wkrótce zaszczepiła mi miłość do książek. W wieku trzech lat potrafiłam czytać i pisać, wprawiając wszystkich w zdumienie. Szczególnie lubiłam książki wydawnictwa Ladybird Books, lektury wydawane przez Penguin i serię Enid Blyton o Słynnej Piątce, zwłaszcza części, które opisywały życie rodzinne.

– Jak to jest mieć brata lub siostrę? – pytałam Maureen. – Czy mamusie i tatusiowie wszystkich dzieci mieszkają razem?

Czytałam godzinami, a kiedy nie mogłam doczekać się końca książki, nocą sięgałam po latarkę. Uwielbiałam taniec słów i wymyślone światy, które dostarczały mi przygody.

W moim realnym świecie nie narzekałam na nudę, ponieważ kilka miesięcy później znów się przeprowadziłyśmy.

– Centrum Londynu to nie miejsce, w którym można wychowywać córkę. Musimy posłać ją do dobrej szkoły – powiedziała Bruna. – Chcę mieć mały domek z ogrodem.

Z pomocą londyńskich pracowników ojciec znalazł dla nas dom w stylu elżbietańskim w Hendon, podmiejskiej dzielnicy Londynu na północny zachód od centrum. Biło tam serce ortodoksyjnej żydowskiej społeczności. Przy drzwiach domu widniała mezuza z wersetami z Tory, a nasi sąsiedzi chasydzi chodzili w jarmułkach i nosili pejsy. Zafascynowana przyglądałam się z okna ceremoniom religijnym, które odbywały się w ich ogrodach. Stawiali tam małe kapliczki, a w soboty z okazji szabatu wkładali świąteczne ubrania. Był to spory przeskok kulturowy, klimat odległy od wszystkiego, co znałyśmy w Rzymie. Choć na początku podobało mi się to, uważam, że moja matka nie zawsze czuła się tu komfortowo.

Niemniej jednak zamierzała przystosować się do nowego otoczenia i natychmiast zaczęła urządzać dom według własnych standardów. Przemeblowała każdy pokój, mnie zaś posłała do niewielkiego miejscowego przedszkola. Prowadziła je dyrektorka o nazwisku McCartney, złośliwa stara panna, która stale mnie obserwowała. „Możesz zrobić to lepiej, Patricio", mówiła tonem zdecydowanie nieodpowiednim w kontaktach z czterolatką. Bałam się jej ostrych ocen i uderzeń w głowę. Nie wiedziałam, dlaczego się mną interesowała, dopóki nie dotarło do mnie, że moje nazwisko oznaczało pieniądze i prestiż dla jej małej placówki.

Byłam pilną uczennicą, dobrą z większości przedmiotów, zwłaszcza z języka angielskiego. Kiedy wracałam z przedszkola,

Ja jako pięciolatka w stroju jeździeckim
przed naszym podmiejskim domem w Hendon.

Maureen sadzała mnie przy kuchennym stole ze szklanką mleka i słuchała, jak czytałam na głos w języku, którego moja matka nie zdążyła opanować mimo cotygodniowych lekcji. Czytałam bez problemów książeczki o Peterze i Jane. Gdy podnosiłam wzrok, cieszyłam się, widząc, jak się do mnie uśmiecha.

Sąsiedzi musieli uważać nas za dziwną rodzinę – piękna, smutna młoda Włoszka, ruda Angielka i dwujęzyczna pięciolatka z warkoczykami. Robiło się jeszcze osobliwiej, kiedy bawiąc się z innymi dziećmi, mówiłam radośnie: „Mam dwie mamusie – smutną i wesołą". Po takich wyznaniach zapewne uznano Brunę i Maureen za lesbijki.

Radosna mamusia w krótkim czasie w niczym nie przypominała tej kobiety, która do nas trafiła. Dzięki Brunie okulary zastąpiła soczewkami kontaktowymi, zmieniła fryzurę i wyprostowała zęby. Jej garderoba składała się z pięknych ubrań podkreślających figurę. Codzienne obuwie zastąpiły kobiece pantofelki. Przemiana była spektakularna. Jak powiedziała moja matka: „Zawsze wiedziałam, że w tym brzydkim kaczątku ukrywa się łabędź! Była uroczą, dobrą kobietą, naszą opoką i kochała mnie jak własne dziecko.

Nie zwróciłam uwagi na zmianę w wyglądzie Maureen. Widziałam tylko jej zalety. Była dla mnie źródłem wiedzy i ze spokojem wysłuchiwała moich niezliczonych pytań. Weszła do rodziny, zawsze mogłam na nią liczyć. Moja matka również tak ją traktowała.

– Przeczytaj ten artykuł – powiedziała kiedyś, kładąc jej na kolanach gazetę, w której opisano skrzypka Yehudi Menuhina, który w jodze znalazł receptę na depresję. W ciągu kilku dni Maureen znalazła dla Bruny hinduskiego nauczyciela w Hampstead.

– Dlaczego nie spróbujesz? – kusiła.

Sari Nandi, jogin z Kalkuty, który ubierał się jak angielski dżentelmen, stał się kolejnym aniołem w życiu mojej matki. Miał żonę Niemkę i czworo dzieci. Twierdził, że rasa i religia nie mają znaczenia.

– Bóg jest wszędzie i we wszystkim, jeśli tylko go szukamy – powtarzał jak mantrę.

Życzliwy człowiek o niesamowitych oczach. Kiedy spotkaliśmy się po raz pierwszy, podarował mi tomik poezji. Szybko stał się mentorem mojej matki.

– Bruno, spędziłaś tyle lat w milczeniu, więc teraz opowiedz mi swoją historię.

I Bruna po raz pierwszy w życiu się otworzyła.

– To cudotwórca, który pomógł mi uwolnić się od tortur umysłu – podkreślała za każdym razem.

Chociaż się starała, nie opanowała techniki jogi. „Ja się po prostu tak nie potrafię zgiąć!", narzekała. Z entuzjazmem właściwym osobowościom obsesyjnym przyjęła wszystkie inne jego nauki i nie mogła się doczekać, aby podzielić się nimi z Aldem, choć podejrzewała, że praktyczny *dottore* je zignoruje. *Papà* był zaskoczony jej niespodziewanym zainteresowaniem duchową stroną życia, ale ucieszył się, że wreszcie czymś się zajęła. Zadowolony poprawą jej nastroju, zabrał ją w następną podróż do Kalifornii. Planował tam otwarcie kolejnego butiku, o czym pisał z Nowego Jorku, licząc na jej pomoc.

Problem polegał na tym, że Aldo nie mógł się zdecydować, gdzie powinien ulokować sklep. W Los Angeles ulice wydawały się opustoszałe, a przecież musi mieć klientów, by sprzedawać towar. Chciał pojechać do San Francisco. Miasto nad zatoką uznawano za najbardziej europejskie z amerykańskich miast. Matka nie zgadzała się z nim. W San Francisco końca lat sześćdziesiątych królował etos wolnej miłości i kontrkultura. Kręciła głową, gdy na ulicach mijali beatników w dżinsach, podkoszulkach i kożuchach. „To nie jest dobre miejsce, Aldo. Absolutnie nie. Powinieneś postawić na Beverly Hills. To tam mieszkają gwiazdy filmowe".

Ojciec nie był przyzwyczajony do krytykowania jego planów, zwłaszcza że intuicja dotychczas go nie zawiodła. Może i Bruna pracowała w sklepie Gucciego, ale to nie znaczyło, że była ekspertką od handlu międzynarodowego. Jej młodzieńczy entuzjazm i uwielbienie gwiazd lansujących produkty podziałał jednak dopingująco, a gwiazdy takie jak Grace Kelly zdziałały przecież cuda we Włoszech, postanowił więc posłuchać Bruny.

Polecieli do Los Angeles. Zatrzymali się w Beverly Wilshire — hotelu, który znajdował się tuż obok domów takich sław jak Elvis Presley czy Warren Beatty. Znajdował się na rogu bezpretensjonalnej ulicy Rodeo Drive. To tam pod numerem 273 w 1961 roku biznesmen o szwedzkich korzeniach Fred Hayman otworzył luksusowy butik Giorgio Beverly Hills i dał początek trendowi. W jego sklepie znajdował się stół do bilardu, bar i biblioteka dla rozrywki mężczyzn, których żony były zajęte przymierzaniem modnych ubrań.

— To jest właściwe miejsce, Aldo! — wykrzyknęła moja matka, kiedy szli pod ramię w słońcu przez Rodeo Drive. Znajdowało się tu wiele sklepów oferujących towary codziennego użytki i usługi, ale ludzie byli tu elegancko ubrani, nie dostrzegła też żadnego hipisa. Ojciec obiecał zastanowić się nad tym.

Nie zdawał sobie sprawy, że Bruna nim manipulowała. Od czasu, gdy utknęła ze mną w Londynie i jej jedyną rozrywką było oglądanie telewizji z Nicolą, wiedziała, że jej przyjaciel pragnął zamieszkać w Kalifornii. Jeśli Gucci otworzy filię w Beverly Hills, Nicola mógłby zostać menedżerem w sklepie w dowód podziękowania za wszystko, co zrobił dla rodziny.

Jej plan się spełnił i kilka miesięcy później Aldo ponownie przyleciał do Kalifornii, aby wziąć udział w uroczystym otwarciu stylowego dwupiętrowego butiku przy Rodeo Drive 347. U jego boku stał wniebowzięty Nicola. Tak nawiązał się romans między Guccim a Hollywood, który trwa do dziś. Frank Sinatra był tak podekscytowany tym, że marka wkracza do Miasta Aniołów, że posłał swoją sekretarkę po parę mokasynów jeszcze przed oficjalnym otwarciem. John Wayne, Sophia Loren i Elizabeth Taylor byli stałymi klientami sklepu i jak przewidziała moja matka, przykład gwiazd zdziałał cuda dla handlu. Między innymi dzięki sklepom Gucci Rodeo Drive stało się pożądanym adresem. W latach siedemdziesiątych swoje sklepy otworzyli tam Yves Saint Laurent i Ralph Loren. Również tam w 1985 roku otwarto pierwszy butik Chanel w Ameryce.

Ojciec opowiadał wszystkim, że uruchomienie butiku Gucci w LA było pomysłem Bruny. Podczas ceremonii wręczenia mu symbolicznych kluczy do Beverly Hills kilka lat później, zwrócił się do zebranego tłumu słowami: „Pragnę podziękować mojej młodej żonie Brunie, ponieważ to ona przekonała mnie, abym otworzył sklep w tym wspaniałym mieście. I miała rację!". Kiedy moja matka usłyszała, że zyskała publiczne uznanie, również jako jego żona, nie posiadała się ze szczęścia.

— Twój ojciec naprawdę sprawił, że czułam, jakbym dokonała czegoś wielkiego, i może nawet tak było!

Sukces firmy Gucci w Stanach Zjednoczonych utorował drogę do dalszej ekspansji na Daleki Wschód i w kolejnych latach w wielu zakątkach globu. Gdy jego rodacy przechodzili przez burzliwe czasy politycznie i ekonomicznie, sztandar z napisem „Made in Italy" powiewał wysoko i stał się wzorem do naśladowania dla innych marek.

Znów bywał z nami rzadko, matka ponownie więc stała się niespokojna. Stwierdziła, że potrzebujemy więcej przestrzeni, dlatego zaczęła szukać większego domu na wsi. Maureen została posłana do agencji nieruchomości Harrodsa po broszury z ofertami. Zaczęły oglądać domy. Maureen z mapami na kolanach pełniła funkcję pilota, a mama mknęła mini cooperem po usłanych liśćmi alejach w Surrey, Berkshire i Hampshire. Za kierownicą była nieustraszona, robiła uniki i torowała sobie drogę jak rodowita rzymianka.

Poszukiwania przerwałyśmy na czas podróży do Nowego Jorku, aby spędzić święta Bożego Narodzenia z ojcem. Kiedy miałam sześć lat, zaczęłam odczuwać jego nieobecność równie boleśnie, jak mama, i nie mogłam się doczekać spotkania z nim. Tęskniłam za jego pogodną twarzą i śmiechem, który rozbrzmiewał w całym domu. Co najważniejsze, matka w jego obecności zazwyczaj tryskała humorem, a nasze relacje nabierały nowej dynamiki.

Ojciec kochał święta prawie tak mocno jak ja, postarał się więc, żebyśmy czuły się komfortowo, i te dwa tygodnie zapadły mi w pamięć. Tyle było do zrobienia i obejrzenia.

– Co chciałabyś dzisiaj robić? – Codziennie pytała mnie mama przy śniadaniu.

Mimo że ojciec chodził do biura, to i tak widywałam go kilka razy dziennie.

– Mogłybyśmy pójść na lodowisko?

– Dobry pomysł! Nie zapomnij czapki! – przypominała, zanim wyszłyśmy z Maureen. Chodziłyśmy po ulicach, trzymając się za ręce, oglądałyśmy wystawy sklepowe, oszołomione ich wystrojem i świątecznym oświetleniem. Przechodziłyśmy przez zaśnieżony trawnik i przyglądałyśmy się łyżwiarzom wirującym na lodowisku przy Rockefeller Center. Widziałam po raz pierwszy na własne oczy prawdziwego Świętego Mikołaja. Jednego wieczoru poszliśmy wszyscy razem jak prawdziwa rodzina do Radio City Music Hall na występ tancerek z zespołu Rockettes, który bardzo mi się podobał. Święta w Nowym Jorku okazały się radośniejsze, niż sądziłam – budynki, gwar, ludzie i cudowny świat amerykańskiej telewizji.

Po tylu atrakcjach nie chciałam wracać do szkoły. Nawet nowy domek dla lalek, który czekał na mnie w Hendon, nie był w stanie mnie pocieszyć. Zaglądając do różowych pokoików, ustawiałam maleńkie figurki na właściwych miejscach. „Wesoła mamusia" bawiła się z małą dziewczynką, podczas gdy „smutna mamusia" leżała w łóżku. Przyglądając się któregoś dnia mojej zabawie, mama zwróciła uwagę, że mężczyznę umieściłam poza domem, jakby odchodził.

– Kto to jest, Patricio? – zapytała.

– To tatuś idzie do pracy, głuptasie! – wykrzyknęłam, zastanawiając się, dlaczego zapytała o coś, co wydawało mi się naturalne.

– Co się dzieje, kiedy wraca do domu?

Wzięłam figurkę leżącej kobiety i kazałam jej pobiec do drzwi i powitać go wesołym tańcem.

Niestety, dla mnie i dla mojej matki pierwsze miesiące 1970 roku nie były radosne, a sprawy przybrały jeszcze gorszy obrót, kiedy w kwietniu posadziła mnie na krześle, żeby przekazać mi druzgocącą wiadomość.

– Maureen i ja musimy wyjechać. Mamy coś do zrobienia. Będziesz mieszkała przez jakiś czas z panią McCartney – zapowiedziała mi.

Wydawało mi się, że źle ją usłyszałam.

– Z panią McCartney? Ale...

– Niedługo, tylko dwa miesiące. – Usiłowała się uśmiechnąć.

Przerażona spojrzałam na Maureen, która potwierdziła słowa matki niezgrabnym skinięciem głową i natychmiast się czymś zajęła. Dwa miesiące wydawały mi się wiecznością, dlaczego nie mogłam zostać z Maureen? Żadne błagania nie były jednak w stanie zmienić decyzji matki.

– Chcę, żeby Maureen mi pomogła. – Nie uważała za stosowne wytłumaczyć mi, że przeprowadzałyśmy się do nowego domu, który znalazła dla nas w Berkshire, i tak bardzo uzależniła się od Maureen, że uznała swoje potrzeby za ważniejsze niż potrzeby swojego dziecka.

– Jest środek semestru, a przecież nie możemy zostawić cię samej w domu, prawda?

Koniec dyskusji. Z ciężkim sercem patrzyłam, jak Maureen pakowała moją małą walizkę.

– Wkładam tutaj twoje ulubione zabawki, laleczko – powiedziała, siląc się na wesołość. – Jakie książki byś chciała?

Przygryzając dolną wargę aż do krwi, wzruszyłam ramionami. Kilka dni później matka zawiozła mnie do pani McCartney, która mieszkała w starym wiktoriańskim domu kilka kilometrów od nas. Przelotnie pocałowała mnie w policzek, rzuciła: „Bądź grzeczna i wykonuj polecenia", i zostawiła mnie.

Wciąż miałam na sobie płaszczyk, kiedy oszołomiona weszłam do salonu, zastanawiając się, czym sobie na to zasłużyłam. Pamiętam, że na ścianie wisiał ogromny portret olejny króla Karola II. Później, kiedy siedząc pod nim, jadłam kalafior i paluszki rybne, przeszło mi przez myśl, że moja matka na zawsze zostawiła mnie w tym ponurym miejscu. Starając się powstrzymać łzy, nie mogłam zrozumieć posunięcia, które wyglądało na okrucieństwo.

Mieszkanie było tak małe, że nie dało się uciec przed panią Mc-Cartney. Musiałam spać w tym samym pokoju, co ona, na wąskim łóżku. Co noc leżałam i nie mogłam usnąć z powodu chrapania pani McCartney. Każda godzina spędzona w tym domu wydawała mi się wiecznością. Trauma porzucenia jest moim pierwszym nieszczęśliwym wspomnieniem z dzieciństwa.

– Kiedy mama przyjdzie się ze mną zobaczyć? – pytałam.

– Wątpię, czy znajdzie czas – brzmiała odpowiedź. – Jest bardzo zajęta.

Nigdy mnie nie odwiedziła. Tata też nie. Przez dwa miesiące nie miałam też od nikogo żadnych wiadomości, choć podejrzewam, że ona lub Maureen dzwoniły, aby upewnić się, że wszystko u mnie w porządku. Byłam bezradna i uwięziona, a mój „dozorca” nie opuszczał mnie ani na chwilę. Niechęć do matki rosła.

Te smutne tygodnie dobiegły końca, kiedy nieoczekiwanie zobaczyłam ją przy wejściu do szkoły.

– Mama! – zawołałam, biegnąc do niej. Byłam szczęśliwa, ale ona zachowywała się dziwnie.

– Zabiorę cię w piątek po lekcji pływania – obiecała. – Przeprowadzamy się i będziesz chodzić do innej szkoły, ale pod żadnym pozorem nie mów tego pani McCartney. *Hai capito*?

W tym wieku jeszcze nie rozumiałam potrzeby zachowania czegoś w tajemnicy, która była powodowana strachem matki wynikającym ze stawiania czoła jakiejkolwiek władzy, jej nadal kulejącym angielskim i przeczuciem, że moja opiekunka nie będzie zadowolona, tracąc uczennicę i dodatkowe źródło dochodów. Ale wiedziałam, że niedługo znów będę wolna. Ta myśl napełniała mnie tak wielką radością, że wygadałam się koleżance. Oczywiście wiadomość ta dotarła również do pani McCartney, która zdenerwowała się, co przewidziała i czego się bała moja matka. Z zaciśniętymi ustami pomogła mi się spakować i czekała ze mną na schodach na matkę.

Z tylnego siedzenia samochodu przyglądałam się w osłupieniu ich konfrontacji. Matka z wypiekami na twarzy, siląc się na poprawną angielszczyznę, przepraszała za zmianę planów. Kiedy w końcu wróciła do samochodu, uderzyła mnie w głowę. Nie wiedziałam, o co chodzi, i bezgłośnie płakałam podczas drogi do piątego domu w ciągu sześciu lat mojego życia.

Nowy dom, który znalazła dla nas matka, przypominał domki dla lalek, tyle że był znacznie większy. Pomalowano go w odcieniu złamanej bieli i wyłożono kamyczkami. Kiedy zatrzymałyśmy się na żwirowym podjeździe, Maureen pojawiła się w drzwiach z otwartymi ramionami. Na jej widok poczułam się znowu szczęśliwa. Rozglądałam się wokół i nie wiedziałam, co cieszyło mnie najbardziej. Na moim nowym placu zabaw rosły drzewa, na które mogłam się wspinać, były korty tenisowe, szklarnie i służbówka dla ogrodnika, a nawet drewniany domek do zabawy – tylko dla mnie. Wszelkie zmartwienia ostatnich dwóch miesięcy zniknęły w mgnieniu oka, kiedy biegałam z miejsca na miejsce, piszcząc z zachwytu. Życie nabierało kolorów.

Po obejrzeniu wielu domów, bliska rezygnacji z planów dotyczących przeprowadzki, w wyjątkowym śnie ujrzała posiadłość z różaną pergolą. Była przekonania, że znajdzie to miejsce. I kiedy Maureen pokazała jej ofertę takiego właśnie miejsca, jej jadeitowy pierścionek nagle rozpadł się na trzy kawałki. Nieodrodna córka matki ze zdolnościami profetycznymi potraktowała to jako znak.

Stanęła w korytarzu wyłożonym dębowym parkietem i od razu zawyrokowała: „To ten dom". Utwierdziła się w przekonaniu, gdy w ogrodzie zobaczyła pergolę dokładnie taką, jaką widziała we śnie. Ten dom był naszym przeznaczeniem.

Po powrocie do domu zadzwoniła do ojca do Nowego Jorku i poprosiła, by wywołano go ze spotkania. Ojciec przerwał potok jej słów tylko po to, żeby zapytać o cenę. Bruna nie zwróciła na nią wcześniej uwagi, ale kiedy odczytała ją z ulotki, obiecała zwrócić mu część kosztów, oddając wszystkie prezenty, jakie kiedykolwiek dostała.

– Bruno, nie musisz tego robić – powiedział. – Każda inna kobieta na twoim miejscu zażądałaby gwiazdki z nieba, a ty nigdy o nic nie prosisz.

Podczas zalotów napisał do niej: „Jestem szalenie zakochany w Twoim wdzięku, Twojej urodzie, Twoim sposobie bycia i w Twoim temperamencie i w tym, że wyznajesz wartości rodzinne". Dziwiło go, że nigdy nie wykorzystywała jego pozycji, aby prosić o sportowe samochody, podmiejskie domy czy jachty. Jeszcze większe wrażenie wywarło na nim, kiedy powiedziała mu, że udało się jej w sekrecie odłożyć pięć tysięcy funtów, czyli tyle, ile wynosił depozyt.

– Skąd wzięłaś tyle pieniędzy? – zapytał z niedowierzaniem.

Uparła się, że uiści przedpłatę ze swoich pieniędzy, i w ten sposób pozbyła się wszystkich oszczędności. Podobnie jak wtedy, kiedy kupiła mu obiad w Las Vegas, chodziło o zasady.

– Byłam samotną matką po trzydziestce i zdawałam sobie sprawę, że ten dom zawsze będzie dla nas zabezpieczeniem finansowym – wyznała mi.

To ryzyko jej się opłaciło, a ojciec był pod wrażeniem.

Wszystko układało się jeszcze lepiej, ponieważ od razu pokochał to miejsce. Przez wszystkie lata, które spędził na intensywnych podróżach jedynie z bagażem podręcznym, Villa Camilluccia stała się dla niego miejscem, w którym od czasu do czasu sypiał i skąd brał czyste ubrania na drogę. Nowojorskie mieszkanie było właściwie lokum *pied-à-terre*. Mama była zdecydowana stworzyć w Anglii dom, w którym mógłby żyć z nami i – do pewnego stopnia – tak się stało.

Właściwie nie pamiętam, żeby odwiedzał nas w Hendon, ale do Berkshire przyjeżdżał regularnie. Przez cały czas, który spędzał z nami, śmiał się, wymyślał różne historyjki i nigdy mnie nie odprawił. Jego entuzjazm był zaraźliwy. Kiedy tylko przestępował próg domu, wszystkie troski go opuszczały, a przynajmniej tak wyglądało. Zdejmował garnitur i szedł do ogrodu sprawdzić, czy drzewa, które posadził, przyjęły się, lub omówić jakieś kwestie z Brianem, ogrodnikiem i złotą rączką. Uwielbiał budzić się przy śpiewie ptaków. Angielska wieś oferowała wytchnienie od szaleństwa świata, w którym sprawy komplikowały się wraz z nasilaniem się rywalizacji między jego synami.

Chcąc skapitalizować status firmy, uparty Paolo za zachętą ojca prowadził pierwszą linię *prêt-à-porter*. Niedawno awansowany na stanowisko naczelnego projektanta we Włoszech z pewnością miał gust i smykałkę do marketingu, ale z perspektywy czasu sądzę, że uważał się za lepszego od innych. Nie miał takiej prezencji jak *papà* ani nie był tak bystry, a przy tym nie zawsze potrafił znaleźć ujście dla swoich pomysłów. Rywalizując o pozycję w firmie, zaczął postrzegać siebie jako następcę ojca, podczas gdy jego bardziej powściągliwi bracia, Robero i Giorgio, wydawali się zadowoleni z zajmowania stanowisk administracyjnych.

Nie tylko Paolo skupiał się na osiągnięciach. Stryj Rodolfo, który z małżeństwa z aktorką miał jedynego syna, Maurizia, owdowiał. Nigdy nie ożenił się powtórnie, skupiając całą uwagę na synu, z którym wiązał olbrzymie nadzieje. Planował, że pewnego dnia Maurizio stanie na czele firmy. Ku niezadowoleniu ojca Maurizio związał się z Patrizią Reggiani, której nie lubił, sądząc, że interesowały ją tylko pieniądze. W przypływie złości młodzieniec odszedł więc z firmy i zatrudnił w firmie przewozowej ojca Patrizii. Rozłam między ojcem a synem wydawał się nie do zażegnania.

Papà robił wszystko, co w jego mocy, aby utrzymywać pokój między wojowniczymi członkami familii. Od najmłodszych lat żył w przekonaniu, że rodzina jest najważniejsza i razem musi pracować na reputację firmy, która jest podstawą sukcesu. Drobne utarczki między braćmi, kuzynami, między ojcami a synami przysparzały mu ciągłych zmartwień.

A w Anglii mama i ja miałyśmy własne kłopoty, którym musiałyśmy stawić czoła. Po siedmiu wspólnie spędzonych latach Maureen zdecydowała, że nadszedł czas odejść i zacząć żyć własnym życiem. Zamierzała wrócić do Rzymu i poszukać nowych wyzwań. Nie miałam nawet szansy się z nią pożegnać. Kiedy pewnego dnia wróciłam ze szkoły do domu, już jej nie zastałam. Ponieważ byłam dzieckiem, nie potrafiłam zrozumieć tej decyzji. Czy zrobiłam coś, co ją zdenerwowało? Czy nie byłam wystarczająco grzeczna? Matka przyzwyczajona do tego, że w zasadzie niczego mi nie tłumaczyła, tym razem również była oszczędna w słowach.

– Tęskniła za Włochami i chciała robić coś innego – powiedziała lakonicznie.

Dorastając, zrozumiałam decyzję Maureen. Jej obowiązki skończyły się, kiedy poszłam do szkoły, zajmowała się jedynie moją matką. Na szczęście zaaklimatyzowałam się w Hurst Lodge, miejscowej szkole dla dziewcząt. Na placu zabaw w ciągu pięciu minut pierwszego dnia zaprzyjaźniłam się ze wszystkimi. Jedynym towarzyszem Maureen oprócz mojej matki był pies rasy West Highland terier o imieniu Giada, którego zawsze chciałam w coś ubrać, dlatego za mną nie przepadał. Maureen miała coraz mniej zajęć, ale i nikogo, z kim mogłaby porozmawiać, nie wiedziała więc, co zrobić z wolnym czasem. Nadszedł czas, żeby zacząć od nowa.

Przez siedem lat była moją opoką. To ona wprowadziła mnie w cudowny świat książek, czytała mi na dobranoc i dbała o wszystkie potrzeby. Razem przeżyłyśmy wiele przygód. Uśmiechnięta twarz Maureen każdego dnia witała mnie i żegnała na dobranoc. Wniosła spokój i spójność w nasze chaotyczne życie. Troszczyła się o mnie, gdy moja matka nie była w stanie.

Wsiadła do taksówki, a ja zostałam sama z matką. Jej miejsca nikt nie mógł zapełnić.

13

Przez całe dorosłe życie traktowałam przyjaźnie jako źródło pociechy. Moi przyjaciele to w większości ludzie, z którymi dorastałam – hojni pod każdym względem, potomkowie ekscentrycznych rodzin, często tak dysfunkcyjnych jak moja. Podobnie jak ja nie byli wychowywani w sposób konwencjonalny.

Jednak dziwi ich jedna moja cecha, a mianowicie nie zadaję wielu pytań. „Jesteś towarzyska i z pewnością nie nieśmiała!". Nie jestem pewna, czy nabyłam to, kiedy kształtowała się moja osobowość, czy też jest to cecha wrodzona. Nie chodzi o to, że o coś nie dbam czy nie jestem zainteresowana, po prostu nie lubię wtrącać się do życia innych. Moja dociekliwa natura znalazła ujście w okresie dzieciństwa, gdy miałam przy sobie Maureen. Kiedy jej zabrakło, zaczęłam postępować tak, jak tego ode mnie oczekiwano, i skupiłam się na byciu grzeczną, żeby nie zaburzyć delikatnej równowagi w domu.

Matka dbała o mój nieskazitelny wygląd: nosiłam warkoczyki, skarpetki do kostek i nieodłączne buty Start-rite (w Anglii miały je chyba wszystkie dzieci w wieku szkolnym). Czułam się szczęśliwa w Hurst Lodge, gdzie już od pierwszych dni poczułam smak koleżeństwa. Moją najlepszą przyjaciółką była Belinda Elworthy. Ponieważ większość dzieci miała przezwiska, my byłyśmy pieszczotliwie zwane „Pee i Bee" (czyli: siuśki i pszczółka). Cudownie bawiłyśmy się w swoim towarzystwie.

W domu, gdzie nie miałam komu się zwierzać, było zupełnie inaczej. Mimo nalegań matki ojciec nadal przyjeżdżał tylko raz w miesiącu, a czas między jego wizytami bardzo nam się dłużył. W naszym nowym domu cudownym latem, zimnym i ponurym zimą, większość pokoi była zamknięta, a zasłony zaciągnięte.

W Hendon miałyśmy przynajmniej sąsiadów, i chociaż matka nigdy z nimi nie rozmawiała, sama świadomość, że ktoś znajdował się niedaleko, była pocieszająca. W Berkshire domy kryły się za bramami i ogrodzeniami. Z okien widziałyśmy tylko drzewa i od czasu do czasu sarnę przebiegającą przez trawnik. Oprócz rodziny, która mieszkała przy tej samej alei, nigdy z nikim się nie zaprzyjaźniłyśmy, po części dlatego, że matka nigdy nie czuła się swobodnie, mówiąc po angielsku.

Z nieobecnym ojcem i matką, której bycie tu i teraz przychodziło z trudem, często miałam wrażenie bycia piątym kołem u wozu. Mama dbała o mnie na równi ze swoim psem. Kiedy trzeba było mnie nakarmić, przygotowywała posiłek, gdy nadchodził czas na kąpiel, myła mnie. Następnie sadzała przed telewizorem, aż nadchodził czas na spanie. Spełniała swój obowiązek i tyle.

Szybko nauczyłam się zajmować sobą, aż stałam się samowystarczalna. W weekendy pozbawiona towarzystwa koleżanek spędzałam czas, czytając *Lwa, czarownicę i starą szafę* albo *Piotrusia Pana* – w obu tych książkach bohaterom udawało się uciec w świat fantazji. Bawiłam się lalkami Barbie albo rozmawiałam z wymyślonymi przyjaciółkami. Nigdy nie przyszło mi na myśl poprosić o zwierzę. Prawdę powiedziawszy, nigdy właściwie o nic nie prosiłam.

Dni matki wypełniało studiowanie nauki Sari Nandiego. Nadal raz w tygodniu jeździła do niego do Londynu. Godzinami leżała na łóżku, wykonując pranajamiczne ćwiczenia oddechowe przygotowujące do transcendentalnej medytacji, które działały na nią uspokajająco, stając się jedynym źródłem zadowolenia. Wówczas nie potrafiłam tego docenić, ale matka robiła wszystko, aby nie wpaść ponownie w czarną dziurę. Choć była to forma ucieczki, robiła to, co mogła, mając do dyspozycji dostępne jej wtedy środki.

Kiedy medytowała w swoim pokoju, wiedziałam, że nie wolno jej przeszkadzać. W deszczowe weekendy woda dudniąca w dach i szyby okien powstrzymywała mnie przed zabawą w ogrodzie, który uwielbiałam. Gdy tylko zza chmur wyglądało słońce, wybiegałam psocić z dziećmi Briana albo po to, żeby zaprosić Bee. Razem wesoło bawiłyśmy się godzinami, przebierając się w stare ubrania mojej matki, wymyślając historie i postaci, które odgrywałyśmy w przedstawieniach.

Uwielbiałam wizyty u Bee, ponieważ jej matka zawsze była wesoła i traktowała mnie jak córkę. Nigdy nie widziałam ojca Bee, którego nieobecności nie odbierałam jako czegoś nienaturalnego. W Rose Cottage panowała atmosfera radosnego rozgardiaszu. Bee była niegrzeczna, podobnie jak jej siostra i brat − pierwszy chłopiec, dla którego moje serce zabiło mocniej. Razem sialiśmy spustoszenie, wymyślając głupie zabawy i dziko biegając. Bałaganiliśmy, ale dzięki temu dom nabierał życia. Atmosfera w moim domu diametralnie się różniła. Moją matkę wszystko niepokoiło i często popadała w obsesje. Kiedy stwierdzała, że byłam za chuda, wpychała we mnie jedzenie od rana do wieczora i podawała mi syrop na pobudzenie łaknienia. Jeśli wydawało się jej, że byłam blada, szczypała mnie w policzki, żeby przywrócić im kolor. Gdy uważała, że moje włosy nie mają połysku, kręciła je, żeby poprawić wygląd. Jej zdaniem zawsze powinnam dobrze się prezentować.

Bee uważała mnie za „najszczęśliwszą dziewczynkę na świecie", bo nie miałam rodzeństwa, które by ze mną konkurowało, a wielki dom był wyłącznie do mojej dyspozycji. A ja znacznie bardziej niż ładnego pokoju, eleganckiej sukienki czy starannie ułożonych włosów potrzebowałam dobrego słowa. Poznawszy Liz, marzyłam, żeby mieć taką matkę jak ona, kogoś, kto interesowałby się mną, a nie doszukiwał się wad i problemów tam, gdzie ich nie było. Gdy Liz i Bruna zaprzyjaźniły się, miałam nadzieję, że matka przejmie od niej beztroskę, ale niestety to tak nie działało. Kiedy mama była dziewczynką, jej matka bardzo ją kochała, a mała Bruna uważała się za pępek świata. Z nieznanych mi powodów matka nie potrafiła zapewnić mi podobnego dzieciństwa.

Tak naprawdę na palcach jednej ręki mogę policzyć sytuacje, kiedy razem robiłyśmy coś fajnego. W mojej pamięci szczególnie zapisał się pewien niedzielny ranek. Miałam osiem lat. Było deszczowo i zimno. Zanim rozpaliłyśmy ogień, sypialnia mamy była jedynym ciepłym pokojem w całym domu. Nie mając nic lepszego do roboty, mama zaprosiła mnie do łóżka, żebyśmy przebrane w piżamy oglądały telewizję. Znudzona ograniczonym wyborem programów westchnęła i powiedziała, że pokażę ci kilka pozycji jogi.

Zaczęła od pozycji lotosu. Pokazała mi, jak skręcić nogę, aby stopa znalazła się w zgięciu pod kolanem. Później przeszła do pozycji drzewa. W tym byłam dobra, bo potrafiłam stać na jednej nodze nawet kilka minut. „Popatrz, mamo!", wołałam. Była pod wrażeniem. „Doskonale, Patrizina!", nazywała mnie pieszczotliwie tylko wtedy, gdy była ze mnie niezwykle zadowolona. „Jesteś taka giętka jak kobieta guma!".

Zachwycona tym, że miałam jej uwagę na wyłączność, zaczęłam naśladować wszystkie pozycje, które mi pokazała. Udało mi się opanować kolejne, aż doszłam do świecy, która polega na jednoczesnym balansowaniu na głowie i barkach oraz wyciąganiu wyprostowanych nóg do sufitu. Tracąc równowagę, poleciałam do tyłu na dywan, przewracając również matkę. Obie leżałyśmy z rękami na brzuchach, śmiejąc się do rozpuku – rzadkie momenty radosnej głupawki wśród dość ponurej egzystencji.

Zazwyczaj jednak żyłyśmy w oczekiwaniu na przyjazd ojca, który sprawiał, że życie malowało się w jaśniejszych barwach. Nasz wielki dom był często pogrążony w ciszy i ponury. Ojca traktowałyśmy jak długo oczekiwany blask słońca. Na jego przyjazd otwierałyśmy pokoje, odsłaniałyśmy okna, wstawiałyśmy kwiaty do wazonów. Gdy tylko słyszałam chrzęst opon na żwirowym podjeździe, biegłam do drzwi wejściowych, wyprzedzając matkę. Uśmiechnięty, z błyskiem w oku, Aldo nie był jednak ojcem, który brałby mnie na ręce albo kręcił się ze mną dookoła, zamiast tego głaskał mnie po głowie z uczuciem lub całował w oba policzki. Następnie obejmował matkę. Po przekroczeniu progu domu matka zaczynała narzekać „Aldo, nie mogę sobie z nią poradzić..." albo „Tylko spójrz na jej oceny. Co my z nią zrobimy?". Nigdy nie mówiła o mnie nic miłego ani nie pokazywała mu rysunków, które robiłam w szkole. Po tych słowach czułam się tak, jakbym ich zawiodła, a ja w oczach ojca chciałam być kimś szczególnym. *Papà* nie zwracał na to zbytniej uwagi i z porozumiewawczym uśmiechem mówił: „Porozmawiamy o tym później, Patricio".

Vai in camera tua! („Idź do swojego pokoju!"), mówiła mi i prowadziła ojca do kuchni, obiecując, że zawoła mnie na obiad. Nie lubiłam jej zaborczości, też chciałam porozmawiać z ojcem o szkolnych przedstawieniach, książkach, które czytałam, o tańcach, których się uczyłam. Chciałam się pochwalić tym, że kiedy mama miała grypę, prowadziłam dom, odbierałam telefony, mówiłam jak dorosła i podpisywałam dokumenty przy odbiorze przesyłek. Nawet przygotowałam jej śniadanie, które bardzo ostrożnie zaniosłam do jej pokoju i podałam do łóżka. „Ugotowałam dwa jajka, zrobiłam dwa tosty i zaparzyłam herbatę", relacjonowałam mu. „Była dumna, że pamiętałam o wszystkim, nawet o miodzie do herbaty".

Marzyłam, żebyśmy chociaż na kilka dni stali się zwyczajną rodziną. Chciałam mieć idealne wspomnienia, aby przywoływać je w trudnych chwilach, choć wiedziałam, że nasze życie nigdy tak nie wyglądało. Po tygodniach odosobnienia moja matka była spragniona rozmowy z dorosłą osobą. Wiedząc, że od momentu przyjazdu Aldo psychicznie przygotowywał się do wyjazdu, tworzyła listy i bombardowała go litaniami problemów, podczas gdy on wysłuchiwał tego w milczeniu i z rezygnacją. Dla niej jego krótkie wizyty stanowiły jedyną okazję, by dać upust swoim emocjom. Robiła to tak intensywnie, zazwyczaj więc dochodziło do kłótni, po której musiały nastąpić przeprosiny – wszystko w ciągu zaledwie czterdziestu ośmiu godzin. Od emocji aż wrzało.

– Ta sytuacja mnie przerastała – wyznała mi później matka. – Górę wzięła szalona reakcja chemiczna, wszystko działo się jednocześnie. Miałam być kochanką, matką, przyjaciółką, kucharką i pocieszycielką, wszystko w ciągu kilku dni. Byłam dla niego jak Florence Nightingale. Nie wystarczało czasu, żebyśmy mogli nacieszyć się sobą. Odwiedzał nas głównie z poczucia obowiązku.

Chętna, by podzielić się tym, czego dowiedziała się od swojego guru, cytowała *ad nauseam* ze stale powiększającej się kolekcji książek o umyśle, ciele i duszy. *Papà* zawsze wspierał ją w rozwoju duchowym, ale pewnego dnia czara się przelała.

– Bruno, Bruno, przestań prawić mi kazania – prosił. – Mamy dla siebie tak mało czasu. Nie wiesz tyle, ile ci się zdaje. Nie potrzebuję czytać twoich książek. Codziennie doświadczam prawdziwego życia. – Chcąc złagodzić słowa, dodał. – Dziękuję ci, ale wszystko, co muszę wiedzieć, mam w głowie.

Sądzę, że jak na człowieka niecierpliwego, okazywał jej wielką wyrozumiałość. Zazwyczaj po prostu słuchał, kiwając głową i z uśmiechem powtarzał, że jest urocza. Mówiąc do niej po włosku, posługiwał się zdrobnieniami jej imienia. Nazywał ją *meravigliosa*, chwaląc, jak doskonale radzi sobie w życiu. „Brava, Bruna!" Kiedy już jej wysłuchał, zaczynał opowiadać nowiny ze swojego świata, ale unikał wszystkiego, co mogłoby ją zdenerwować. Kiedy już udawało mu się zwolnić obroty, otwierał się przed nią w taki sposób, w jaki nie potrafił przed nikim innym. Stała się jego powiernicą, z którą dzielił się niepokojami związanymi z sytuacją rodzinną lub opowiadał o wyzwaniach, które podejmował. Najbardziej jednak lubił siedzieć przy stole w kuchni i pozwalać, by Bruna go rozpieszczała. Gdy był przeziębiony lub miał kaszel, przygotowywała mu leczniczą miksturę własnej receptury i przykładała „uzdrawiające dłonie" do jego obolałych stawów. Uwielbiał patrzeć, jak przygotowywała obiad. Mama zawsze była znakomitą kucharką, która z niczego potrafi wyczarować pyszne danie, napełniając dom cudownym aromatem. Myślę, że najszczęśliwsza była właśnie wtedy, gdy w fartuchu stała przed kuchenką, mieszając i próbując. Jednym z najbardziej wyczekiwanych przez ojca dań był *coniglio alla cacciatora*, czyli coś w rodzaju myśliwskiej potrawki z królika, które hodowaliśmy w ogrodzie, z pomidorami, cebulą, papryką, winem i ziołami. Wycierając talerz do czysta kromką chleba, aby nie uronić ani kropelki sosu – gest kończący każdy domowy posiłek znany jako *scarpetta* – śmiał się i wesoło gawędził, a matka nadskakiwała mu i nakładała kolejną porcję na talerz.

Nigdzie na świecie żadna kobieta tak o niego nie dbała. Stanowiła dla niego bezpieczną przystań, jedyne miejsce na świecie, gdzie mógł zregenerować siły. Latem rodzice huśtali się na *dondolo* na tarasie, opalając się i śmiejąc porozumiewawczo. Droczyła się z nim z powodu jego toskańskiego akcentu, który sprawiał, że pomijał twarde „c" i zastępował je miękkim „h".

– Aldo, *vuoi la Hoha Hola con la hannuccia horta e holorata?* (Chcesz coca-colę z krótką kolorową słomką?) – pytała go zaczepnie.

On z kolei przedrzeźniał jej rzymski akcent z charakterystycznymi podwójnymi spółgłoskami i skróconymi słowami. Kiedy zaczynał dobrze czuć się w jej towarzystwie, stawał się swobodniejszy również w relacjach ze mną. W niedzielne poranki zabierał mnie do kościoła, a w drodze powrotnej wstępowaliśmy do małej piekarni po ciastka. W domu siadywał z fajką przy kominku i oglądał westerny z Johnem Wayne'em. Nigdy nie obejrzał żadnego filmu do końca, ponieważ natychmiast zasypiał na wygodnej sofie. Nie miałam mu tego za złe. Cieszyłam się jego bliskością i tym, że mogę patrzeć na jego twarz. Te momenty były tym cenniejsze, że zdarzały się niezwykle rzadko.

Uczucie bliskości ulatniało się wraz z jego wyjazdem. Wiedziałyśmy, że nie zobaczymy go przed upływem kolejnego miesiąca, traciłyśmy więc dobry humor. Mama zamykała się w swoim pokoju jak „zakonnica klauzurowa" (jak to określała), a ja wracałam do zabaw i wyprowadzałam postać ojca z domku dla lalek. Nieważne, jak bardzo starałam się podtrzymać wesołą atmosferę, nie potrafiłam wypełnić pustki.

Pozbawiona jego troski matka więdła jak niepodlewany kwiat. Kiedy szłam do szkoły, w domu zapadała cisza, matka słyszała własny oddech. Obie żyłyśmy w oczekiwaniu na jego wizyty i obie musiałyśmy zadowalać się wspomnieniami. „Wrócę niedługo", zapewniał, machając do nas wesoło za każdym razem, kiedy odjeżdżał. W głębi serca wiedziałam, że to prawda i że kochał mnie bez względu na wszystko.

Matka wydawała się pozbawiona tej pewności i jeszcze bardziej się wycofywała. Wkrótce Aldo ponownie zaczął obawiać się o stan jej umysłu. Po weekendzie spędzonym z nami, podczas którego wydawała się bardziej zagubiona niż zwykle, wpadł na rozwiązanie: „Jeśli Patricia zamieszkałaby w internacie, mogłabyś podróżować ze mną". Bruna rzuciła się na tę szansę, ja również.

Chociaż nigdy nie prosiłam o to, żebym mogła mieszkać w internacie, a decyzja ta została podjęta ze względu na dobro mojej matki, to rozwiązanie potraktowałam nie tylko jako awans w hierarchii szkolnej, ale także jedno z najradośniejszych wydarzeń w moim życiu. Chcąc się zaaklimatyzować, natychmiast znalazłam bratnie dusze. Uwielbiałam nowy rozkład dnia i to szczególne uczucie związane z życiem w internacie, żarty i szepty do późnej nocy.

Od tamtej pory bywałam w domu tylko wtedy, gdy rodzice wracali z podróży. Zdarzyło się nawet, że cały semestr spędziłam bez żadnej wizyty, i choć brakowało mi wspólnych weekendów, byłam szczęśliwa. Czas spędzony w internacie Hurst Lodge należał do najszczęśliwszych w moim dzieciństwie, ponieważ minął mi w otoczeniu przyjaciół. Chciałam, żeby trwał wiecznie.

14

Wydarzenia w życiu dziecka, takie jak pierwszy uśmiech, pierwszy ząbek, pierwszy krok, są momentami przełomowymi. W tradycyjnych rodzinach rodzice z radością celebrują te chwile i z dumą opowiadają o nich przyjaciołom i bliskim.

Kiedy zostałam matką, chciałam podzielić się z moimi córkami wspomnieniami z dzieciństwa. Świadkiem moich „pierwszych razów" musiała zostać Maureen, ponieważ trudno było czegokolwiek dowiedzieć się od mojej matki.

– W jakim wieku zaczęłam mówić? – pytałam ją.

– Nie pamiętam. Pewnie jak miałaś rok.

– A jakie były moje pierwsze słowa?

– Och, nie wiem.

Obie jednak doskonale pamiętamy moją Pierwszą Komunię Świętą. Niedługo po dziewiątych urodzinach poleciałyśmy z tej okazji do Rzymu. Z perspektywy czasu wydaje mi się, że przyjmowanie sakramentów w obrębie Kościoła, który potępiał moje narodziny, było dość dziwnym pomysłem, ale w długiej białej sukience przystrojonej stokrotkami – ulubione kwiaty matki – i w dopasowanych rękawiczkach czułam się jak księżniczka. Po uroczystości kościelnej ojciec zorganizował uroczysty obiad dla rodziny i gości. Wśród nich znajdowała się ciotka Gabriella, którą widziałam kilka razy wcześniej. W ostatnich czasach zbliżyły się

Papà, mamma i ja wraz z ciotką Gabriellą i przyjaciółmi na Capri, 1966 rok.

z moją matką. Gabriella była wesoła, pełna życia i ciągle chichotała – zupełnie nie przypominała swojej siostry. Trzymając w ręce pierwszy w życiu kieliszek szampana, byłam otoczona ludźmi, którzy wyglądali na szczerze mną zainteresowanych.

Kolejnym wyjątkowym „pierwszym razem" była wizyta w butiku Gucciego przy Via Condotti, gdzie podczas tej samej wizyty poszłyśmy z mamą na zakupy już po zamknięciu sklepu dla klientów. Do tego czasu miałam zaledwie mgliste pojęcie, czym zajmował się mój ojciec i dokąd jeździł, kiedy nas zostawiał. W szkole zrozumiałam, że moje śmieszne włoskie nazwisko – które część dziewczynek w szkole, przedrzeźniając mnie, celowo błędnie wymawiała jak „Gooky" lub „Goosie" – reprezentowało poważny biznes. Nie zdawałam sobie jednak sprawy ze skali przedsięwzięcia ojca aż do tamtej chwili, kiedy zaaranżował, by kilku zaufanych pracowników zostało po godzinach, a on przyprowadził nas do dawnego miejsca pracy mojej matki.

To, że wszyscy poświęcali nam tyle uwagi, sprawiło, że byłam cudownie podekscytowana. Widziałam jednak, że mama nie czuła się swobodnie w tym butiku, rozmyślając zapewne o plotkach, jakie wywoła nasza wizyta. Ja z kolei natychmiast poczułam się jak w domu, zwłaszcza kiedy ojciec powiedział mi, że mogę sobie wybrać kilka rzeczy.

– Może przymierzysz jakieś buty?

Byłam oszołomiona różnorodnym asortymentem, aż menedżer pokazał mi parę miękkich białych mokasynów, w których od razu się zakochałam. Miałam pierwszą parę butów od Gucciego, w których chodziłam nieprzerwanie dopóty, dopóki z nich nie wyrosłam. *Papà* śmiejący się ze mnie, w garniturze w odcieniu indygo z poszetką w kropki, wydał mi się uosobieniem elegancji. Nigdzie nie czuł się tak bardzo u siebie, jak w tym sklepie.

Bez wątpienia najszczęśliwszym moim „pierwszym razem" była wycieczka, na którą ojciec zabrał mnie do Szwajcarii. Mama została w Rzymie, więc tylko we dwoje pojechaliśmy odwiedzić stryja Rodolfa w jego górskim domu w szwajcarskiej miejscowości o nazwie Suvretta niedaleko St. Moritz. Nie były to wakacje w pełnym tego słowa znaczeniu, ponieważ dla ojca był to też wyjazd służbowy, ale dla mnie to nie miało znaczenia. Cieszyłam się, że spędzę z nim trochę czasu.

– *Fai la brava, Patrizina* (Zachowuj się grzecznie) – pożegnała mnie mama.

Jakbym kiedykolwiek zachowywała się inaczej. Nawet w tak trudnym wieku wszyscy uważali, że byłam grzeczna i bardzo dojrzała. Perspektywa wyjazdu z ojcem w długą podróż była tak ekscytująca, że wiedząc, iż ojciec musi załatwić inne sprawy, dla jego dobra wolała mnie przestrzec. Nie miałam pojęcia, że w tym czasie toczył boje z członkami rodziny, którzy przedkładali swoje dobro nad wizerunek firmy. Ani o tym, że jego nadzieje dotyczące wprowadzenia akcji firmy na włoską giełdę zostały pokrzyżowane przez braci, którzy uważali, że działał pochopnie. Ojciec chciał

Papà i ja podczas przyjęcia w Palm Beach, 1972 rok.

również nagrodzić swoich synów za lata ciężkiej pracy, mianując ich dyrektorami, ale Rodolfo i Vasco nie zgadzali się z jego pomysłem, uważając to za nepotyzm. Byłoby to również nie w porządku wobec ich dzieci, mimo że z racji młodego wieku nie zasługiwały na taki awans. Po latach pracy, aby osiągnąć wspólny cel, takie zachowanie rodziny było dla mojego ojca ciosem.

Szofer ojca, Franco, zawiózł nas w siedem godzin z Rzymu do Mediolanu, z przerwami na tankowanie i posiłki. Później odbyliśmy trzygodzinną podróż pociągiem przez granicę i mnóstwo tuneli. Tata czytał gazetę, a ja siedziałam obok z książką. Zjedliśmy obiad w wagonie restauracyjnym, a ja wyglądałam przez okno w nadziei, że uda mi się dostrzec Alpy.

Mężczyzna, do którego ojciec zwracał się Foffo, nie okazał się tak otwarty ani wesoły, jak tego oczekiwałam. Był uprzejmy, ale raczej smutny i przytłoczony obecnością mojego ojca. Pocałowawszy mnie w oba policzki, zaprowadził do pokoju i upewnił się, że miałam wszystko, czego potrzebowałam, ale mimo to wydawał się nieobecny. Żył przeszłością. Jego dom, Chesa D'Ancora, nawiązujący nazwą do przedwojennego filmowego pseudonimu stryja, Maurizio D'Ancora, wypełniały filmowe pamiątki. W oddzielnej chacie, swego rodzaju kapliczce poświęconej jego karierze, znajdowała się sala projekcyjna, gdzie Rodolfo oglądał swoje stare filmy.

Jadaliśmy wspólnie obiady przy końcu długiego stołu. Później Rodolfo powierzał mnie opiece dawnej *governante* jego syna, która zabierała mnie z domu, aby bracia mogli spokojnie porozmawiać. Jak dowiedziałam się dużo później, Rodolfo zadręczał się znajomością syna Maurizia z Patrizią. Różnica zdań między ojcem a synem pogłębiła się tak bardzo, że przestali ze sobą rozmawiać. Kiedy w sąsiedniej chacie oglądałam film *Camelot*, *papà* udzielał mu swoich rad jako głowa rodziny. Ludzie zawsze pytali go o zdanie i Rodolfo nie był wyjątkiem. Chociaż ojciec miał reputację osoby łatwo wpadającej w gniew, ja znałam go jako spokojnego i rozsądnego.

– Razem możemy tego dokonać – mawiał, rzadko używając słowa „ja".

Albo:

– Może, jeśli spróbujemy spojrzeć na to z jego perspektywy.

Starał się podkreślać fakt, że wszystkie decyzje, które miały wpływ na przyszłość firmy, podejmowano w gronie rodzinnym. Przeoczenia i pomyłki z pewnością go denerwowały, ale kiedy trzeba było zażegnać kryzys, podchodził do tego z wielkim spokojem. Jeśli ktoś w ogóle mógł zbudować most porozumienia mię-

dzy Rodolfem a Mauriziem, był nim mój ojciec, a nasza wycieczka do Szwajcarii utorowała drogę dla pogodzenia zwaśnionych
stron.

Jeśli chodzi o mnie, to uwielbiałam budzić się i podziwiać
z okna widok jak z górskiej pocztówki. Pokój wyłożony drewnia-
ną boazerią był przytulny, pojedyncze łóżko zapewniało wygodny
sen, a w kołdrze można było zatonąć. Po śniadaniu chodziliśmy
na spacery. Pewnego razu wybraliśmy się na dłuższą wyprawę
kamienistą ścieżką doliną Engadyny. Kiedy jest skąpana w słońcu,
wijące się ścieżki i kamienne domki tworzą przepiękny widok.
Wtedy też ojciec po raz pierwszy opowiedział mi o swojej młodości. Słuchałam go uważnie, starając się dotrzymać mu kroku,
ponieważ szedł szybko, pomagając sobie kijkiem narciarskim.

– Kiedy byłem młodszy, jeździłem na nartach w tych górach –
powiedział, wskazując na odległe szczyty. – Ale przydarzył mi się
groźny wypadek, więc przerzuciłem się na wspinaczkę. – Widząc
moje zaskoczenie, roześmiał się. – Nie zawsze tyle pracowałem!
Kiedyś uwielbiałem sporty, na przykład jeździectwo.

Byłam zachwycona i czekałam na ciąg dalszy opowieści, ale
na tym zakończył.

Szliśmy, zostawiając za sobą stryja Rodolfa i *governante*. Kiedy
zapytałam ojca, czy nie powinniśmy na nich poczekać, prychnął
z dezaprobatą i zapewnił, że wkrótce nas dogonią. Chociaż nogi
bolały mnie jeszcze kilka dni później, byłam dumna nie tylko
dlatego, że nadążałam za nim, ale też dlatego że przeszłam cały
dwudziestokilometrowy szlak. Najbardziej jednak cieszyłam się
z tego, że spędzałam czas z tatusiem. Mimo że chodziło zaledwie
o dwa czy trzy dni, była to dla mnie prawdziwa przygoda i do dziś
drogie wspomnienie.

Nasz czas razem szybko dobiegł końca. Po powrocie do Rzymu ojciec wkrótce ruszył w kolejną podróż. Lata siedemdziesiąte
były dla niego niezwykle pracowite. W jednej z włoskich gazet
napisano o nim jako o „Aldzie Wielkim" w uznaniu osiągnięć

w Stanach Zjednoczonych. Sprzedaż w sklepach na kontynencie amerykańskim utrzymywała się na wysokim poziomie. Ponad pięciuset pracowników troszczyło się o klientów, którzy stali w kolejkach w oczekiwaniu na nowy towar. W tym czasie na Manhattanie działały już trzy butiki, jeden u zbiegu Piątej Alei i Zachodniej Pięćdziesiątej Czwartej ulicy. Kiedy po drugiej stronie ulicy pojawił się nowy salon, okolica stała się znana jako Gucci City. Aldo osobiście uczestniczył w otwarciu nowego sklepu w Chicago przy North Michigan Avenue, który zajmował powierzchnię siedmiu i pół tysiąca metrów kwadratowych. Do tej pory ten był najbardziej luksusowy, nawet ulica wokół niego została pokryta sztuczną trawą. Stojąc ramię w ramię z Vaskiem, odpowiadał na pytania dotyczące firmy i dumnie opisywał swoich synów jako „trzy kule armatnie wyposażone w zdrowy rozsądek", ale zapewnił reporterów, że „wszyscy w rodzinie mówią tym samym językiem".

Kolejne sklepy otwarto w Tokio i Hongkongu. Tam firma Gucci stała się tak popularna, że masowa sprzedaż zagrażała integralności marki. Pewnego dnia japoński turysta kupił w sklepie w Nowym Jorku sześćdziesiąt toreb. Mój ojciec postanowił coś z tym zrobić, ponieważ wiedział, turysta sprzeda torby w Tokio na czarnym rynku za potrójną cenę. Zdecydował, że jeden klient ma prawo kupić tylko jeden egzemplarz danego modelu torebki.

Następnie musiał zmierzyć się z kolejnym problemem, jakim były podróbki. Nic nie denerwowało go bardziej niż widok nędznych imitacji wystawionych na sprzedaż. Myśl o tym, że były sprzedawane jako oryginalny produkt firmy Gucci, tak go denerwowała, że konfrontował się z ulicznymi sprzedawcami, po czym wykupywał wszystkie trefne produkty i wyrzucał je do śmieci. Kupił kiedyś cały zapas podrabianych zegarków i nosił je od czasu do czasu, żeby przekonać się, czy ktoś się zorientuje.

Jeśli zauważał, że ktoś miał podróbkę, natychmiast reagował.

– Wiesz, że to podróbka? – pytał z dezaprobatą.

– A skąd ta pewność? – odpowiadali pytaniem zaskoczeni ludzie.

Uśmiechał się błogo i wyjaśniał.

– Moja droga, a jak matka poznaje swoje dzieci?

Znana jest opowieść o tym, jak kiedyś podczas lotu z Nowego Jorku do Los Angeles zauważył pasażerkę z podróbką torebki Gucci. Pochylając się nad przejściem, dotknął jej ramienia i z uśmiechem powiedział:

– Przepraszam, *signora*, ale co taka elegancka kobieta jak pani robi z nędzną podróbką torebki Gucci?

Wyraźnie była niemile zaskoczona.

– To prezent od męża.

Kiwając głową ze współczuciem, ojciec napisał coś na jednej z wizytówek i podał ją kobiecie. „Proszę dać tej pani trzydzieści procent upustu na zakup prawdziwej torebki Gucciego. Aldo Gucci".

Oprócz prywatnych potyczek ojciec utworzył departament do walki z producentami podróbek w każdym kraju. Prawnicy zatrudniani przez firmę, którzy mieli stać się jej integralną częścią, rzadko pozostawali bezczynni.

Aby odpocząć od stresu wynikającego z zarządzaniem tak rozległym imperium, moi rodzice coraz częściej wyjeżdżali do ciepłych krajów. Bez wątpienia najszczęśliwszy czas razem spędzili w Palm Beach, gdzie na początku wynajmowali bungalow z dwiema sypialniami i basenem. Tak bardzo im się podobało, że ojciec kupił większą nieruchomość w tej okolicy. Znalezienie odpowiedniego lokum zajęło im trochę czasu, ale w końcu trafili na willę w stylu śródziemnomorskim ze stiukami i dachem z czerwonej dachówki przy North Ocean Boulevard. Przed domem znajdował się rozległy trawnik, którym schodziło się w dół na plażę, mijając domek dla gości i basen. Siedząc na tarasie i wsłuchując się w dźwięki fal, rodzice byli pewni, że znaleźli swoje Shangri-la i niewielu by się z tym nie zgodziło.

Ja w wieku dwunastu lat przed domem w Palm Beach.

Mimo że zajęta nauką i szczęśliwa z mieszkania w internacie, z radością jeździłam tam na wakacje. W Palm Beach wstawaliśmy wcześnie i szliśmy się kąpać w oceanie. Biegając boso po ogrodzie, zbieraliśmy grejpfruty na śniadanie. Mój ojciec, który nie potrafił usiedzieć w miejscu, od czasu do czasu beztrosko wylegiwał się nad basenem. Trzeba było tylko uważać na jadowite węże. Matka przeżyła raz spotkanie z ponadmetrowym grzechotnikiem, który sunął po podłodze w kuchni, gdy ona starała się nie poruszyć. Przeczytawszy później o symbolicznym znaczeniu tego węża, z przerażeniem odkryła, że zwiastował nieoczekiwaną katastrofę, która miała spaść na głowę rodziny. Modliła się, żeby nas to nie dotknęło.

Na szczęście ojciec był w znakomitym humorze. Kiedy miał ochotę wyjść na kolację, chodziliśmy do restauracji, takich jak La Petite Marmite. Tę lubiłam najbardziej, tam też po raz pierwszy jadłam ślimaki, i do tej pory jestem ich smakoszką. Od czasu do czasu, ale tylko kiedy byliśmy we dwójkę, mój ojciec zamawiał

Ja i moja matka z ojcem podczas przyjęcia w Palm Beach.

żabie udka albo krowi móżdżek, a kiedy rybę podawano w całości, zjadał ją z głową i opowiadał mi, jak rozkosznie chrupiące były zwłaszcza oczy, a ja się krzywiłam. Matka nigdy nie pozwoliłaby mu zamówić takich dań.

Papà lubił też przekomarzać się z personelem. Kiedy nieszczęsny *maître d'hôtel* na powitanie pytał:

– *Buonasera, dottore* Gucci. Ile nas będzie przy stoliku?

– Nas? – odpowiadał ojciec z uśmiechem. – Dlaczego nas? Siedzisz dzisiaj z nami?

W chińskich restauracjach zaczynał nagle żonglować talerzami lub rzucać mi jakiś w przekonaniu, że go złapię. Albo brał bloczek zamówienia i kreślił na nim coś, co mgliście przypominało mandaryńskie znaki, i mówił:

– Z ryżem poproszę.

Jego dobry humor był zaraźliwy, śmiałam się do rozpuku, podczas gdy matka kopała mnie pod stołem, zaklinając go, żeby przestał. Im bardziej protestowała, tym śmieszniejsze żarty opowiadał i błagaliśmy ją, żeby dostrzegła komizm sytuacji.

– Wyluzuj, Bruno – mówił z szelmowskim uśmiechem. – To tylko zabawa!

Kręciła głową i nazywała nas wariatami, ale sądzę, że przynajmniej czasem tylko udawała złą.

Podczas szczególnych okazji ojciec zabierał mnie do mojego ulubionego sklepu na Worth Avenue. Czekał przed przymierzalnią, gdzie przymierzałam stroje, w których mu się pokazywałam.

– *Bellissima!* – wołał, klaszcząc w dłonie i sprawiając, że czułam się jak milion dolarów. – Pięknie wyglądasz w tym pomarańczowym odcieniu!

Chociaż nie spędzał ze mną dużo czasu w dzieciństwie, kiedy już to robił, wynagradzał wszystko z nawiązką.

Co niedziela cała nasza trójka wylegiwała się przed telewizorem, oglądając występy amerykańskich świętoszków. Naszym ulubionym był noszący perukę pastor ewangelicki wielebny Ernest Angley, który nadawał ze swojej Temple of Healing Stripes w Ohio. Jakże się z niego śmialiśmy, kiedy zbawiał grzeszników, którzy mdleli pod wypływem jego mocy, a on wołał: „Chwalcie Pana!".

Floryda była jedynym miejscem na świecie, w którym ojciec nie chodził do pracy codziennie. Spędzał kilka godzin, kręcąc się po posiadłości i oczyszczając umysł, aby móc skupić się na „głębszych sprawach". W moich ulubionych wspomnieniach ubrany w szorty podlewa trawnik, a źdźbła trawy wchodzą mu między

Nasz szczęśliwy dom w Palm Beach.

palce bosych stóp, lub siedzi na ganku, nabijając fajkę tytoniem o zdecydowanym wiśniowym aromacie. Często znajdowałam go tam zapatrzonego w horyzont z fajką w kąciku ust i lewym łokciem opartym na prawym przedramieniu.

Również matka uwielbiała Florydę i praktycznie spędzała czas w stroju kąpielowym i pareo, leżąc na słońcu lub przygotowując w kuchni lunch. Tam byliśmy rodziną znacznie bardziej niż kiedykolwiek w Berkshire i to Palm Beach Bruna uważała za swój dom.

Z całą pewnością właśnie na Florydzie rodzice byli wobec siebie najbardziej czuli i okazywali sobie najwięcej uczuć. Ojciec dzwonił do niej często, żeby spytać, co porabiała. Widziałam, jak podawał jej mrożoną herbatę. „Bruna, *dove sei? Vuoi qualcosa?*" (Gdzie jesteś? Chcesz czegoś?), wołał i przez kilka cudownych chwil mogłam cieszyć się upragnionym uczuciem bliskości z moją rodziną pod jednym dachem.

Wtedy nie doceniałam tego, ale kiedy teraz myślę o tamtych dniach, wiem, że były to najszczęśliwsze chwile w ich życiu.

15

Dom nie zawsze potrafiłam łatwo zdefiniować. Dorastałam, ciągle zmieniając miejsce pobytu, dlatego zajęło mi dużo czasu, żeby zrozumieć, że mój dom jest tam, gdzie go stworzę.

Dla ojca domem była najpierw Florencja, później stał się nim Rzym, gdzie mieszkał jako mąż i ojciec, zanim poznał moją matkę. Dla niej domem zawsze był Rzym, ale później dwukrotnie przeprowadzała się do Londynu, a następnie do Berkshire, gdzie rozpaczliwie próbowała nas zadomowić. Floryda stała się domem dla nas jako rodziny, później był Nowy Jork, którego mama nie potrafiła polubić tak bardzo jak tata.

– Nudziłam się tam. Nie wiedziałam, co zrobić z połową czasu – narzekała. – Zajmowałam się jedynie kupowaniem w Bloomingsdale'u i w Saksie na Piątej Alei mnóstwa rzeczy, których nie potrzebowałam. Teraz nie znoszę wielkich sklepów!

Zanim skończyłam dziesięć lat, latałam w tę i z powrotem między Anglią a Włochami, nigdzie nie zagrzewając miejsca. Miesiąc wakacji spędzałam w Ameryce, krótsze przerwy w nauce na włoskim wybrzeżu. Internat z pewnością był dla mnie domem, ponieważ tam miałam Bee i koleżanki. Najwięcej czasu spędziłam w Berkshire, zapewne więc to był mój dom. Z pewnością na myśl o „domu dzieciństwa" to miejsce staje mi przed oczami.

Pewnej soboty w 1973 roku i ten etap życia dobiegł końca. Podczas weekendowej wizyty w domu matka uprzedziła mnie, że powie mi coś ważnego.

– Przeprowadzamy się – stwierdziła, a ja się wzdrygnęłam. – Wracamy do Rzymu.

Nie mogłam w to uwierzyć. Serce zaczęło mi tłuc jak szalone i zakręciło mi się w głowie. Matka siłą odrywała mnie od miejsca, które kochałam, praktycznie bez wyjaśnienia. Wiedziałam, że nie ma sensu pytać o powody. Przeciwstawianie się jej decyzjom zawsze kończyło się łzami i nie miało sensu. Poza tym nie sądzę, aby ktoś zwrócił uwagę na mój protest.

Mimo to nie potrafiłam ukryć głębokiego smutku. Wtedy po raz ostatni pozwoliłam sobie na to, żeby poczuć przykrość z powodu zmiany miejsca. Nigdy więcej nie byłam związana uczuciowo z żadnym miastem i teraz bez problemu mogę przeprowadzać się z jednego państwa do drugiego. Stałam się cyganką.

Nie dowiedziałam się, co się kryło za tamtą decyzją, dopóki nie dorosłam. Ku mojemu zdziwieniu cała sytuacja zaczęła się od malarza, który został zatrudniony do pomalowania domu. Ojciec znalazł w jego rzeczach zdjęcie mojej matki i wysnuł wniosek, że mają romans. Wściekły zaatakował ją, gdy wróciła do domu z zakupów.

– W co ty grasz?

Chciała powiedzieć, że nic nie zrobiła, lecz dostrzegła wściekłość w jego oczach. Rzuciła zakupy na ziemię i uciekła z krzykiem, ale on dogonił ją i uderzył. Powstrzymał się jednak, bo przypomniał sobie incydent z jej bratem. Dotarło do niego, że mógł posunąć się za daleko. W końcu się uspokoił, więc matka zdołała mu wytłumaczyć, że do niczego nie doszło. Chyba przyjął jej zapewnienia i wkrótce odleciał do Nowego Jorku. Tak przynajmniej powiedział. Ale naprawdę w tajemnicy przed nią odwołał rezerwację i zatrzymał się w miejscowym hotelu. Rano zakradł się do domu, sądząc, że przyłapie ją w łóżku z kochankiem. Zdziwił się, ponieważ zastał ją pogrążoną we śnie, i do tego samą. Coś ją

Mamma i ja przed domem w Palm Beach, 1973 rok.

nagle obudziło. Zapaliła lampkę i zobaczyła, że Aldo stoi nad nią z zawstydzoną miną.

– Bruno, mój aniele, *perdonami*! – zaczął przepraszać. – Powinienem był ci zaufać. *Ti prego* – błagał. – Wybacz mi!

Matkę zaskoczyła siła jego zazdrości.

– Jak mogę ci to wynagrodzić? – pytał, wyczuwając jej wzburzenie. – Proś, o co chcesz, o wszystko.

– Chcę wrócić do Rzymu – powiedziała niespodziewanie. – Tęsknię za domem, Aldo. Nie zniosę tutaj ani jednej samotnej chwili. Czas wracać.

Ojciec nie miał pojęcia, że tak się czuła. Na pozór wszystko wyglądało dobrze. Ja nieźle radziłam sobie w szkole, oni częściej podróżowali razem. Wiedział, że matka nadal miała problemy z językiem i chciałaby czuć się mocniej zakorzeniona, ale nigdy nie podejrzewał, że jest nieszczęśliwa. W takiej chwili nie wypadało mu się z nią kłócić, więc zgodził się bez słowa.

Dlatego pod koniec lata 1973 roku nie miałam innego wyboru, jak spakować rzeczy i pożegnać się z przyjaciółkami. Ojciec zdecydował, że nie będziemy sprzedawać domu na wypadek, gdybyśmy chcieli spędzić tam kiedyś święta, a może wrócić. To było moje najskrytsze marzenie.

Wciąż próbowałam sobie poradzić z tą gorzką pigułką, lecz nie koniec na tym. Kilka dni przed naszym wylotem matka posadziła mnie na swoim łóżku, żeby coś mi powiedzieć – taki wstęp nie zapowiadał nic dobrego. Ze skurczonym żołądkiem przygotowałam się na kolejny cios.

– Twój ojciec ma we Włoszech żonę – powiedziała mama, a mnie opadła szczęka. – I trzech synów.

Mój dziesięcioletni mózg nie wiedział, co począć z tymi informacjami. Ojciec był mężem innej kobiety? Miał inne dzieci? Byłam zdezorientowana.

– Ty nie jesteś żoną taty?

– Nie, Patrizina, nie jestem – powiedziała smutno, starając się złagodzić mój szok.

Kręciło mi się w głowie. Jak każde dziecko zakładałam, że moi rodzice są małżeństwem – jesteśmy rodziną tylko my troje. Myśl o tym, że ojciec ma inną rodzinę, była trudna, ale jedna rzecz uderzyła mnie szczególnie.

– Mam braci? – zapytałam z szeroko otwartymi oczami.

– Tak – przyznała *mamma* powoli. – Nazywają się Giorgio, Paolo i Roberto, ale są znacznie starsi od ciebie, żonaci i mają własne dzieci.

Serce przestało mi bić, kiedy starannie zapamiętywałam ich imiona. Pytania zalały mój umysł. Jacy są? Czy są do siebie podobni? Czy mają dzieci w moim wieku? Ale zapytałam o coś zupełnie innego.

– Czy oni o mnie wiedzą?

Mama pokiwała głową. Dlaczego nie powiedziała mi wcześniej? A oni, skoro wiedzieli o młodszej siostrzyczce, dlaczego nie próbowali się ze mną skontaktować?

– Musisz zrozumieć, że to nie jest wymarzona sytuacja. Nie możesz oczekiwać, że oni od razu cię zaakceptują. Są znacznie starsi, mają własne życie. Poza tym nie zależy im na mnie i nie byli zadowoleni, kiedy się dowiedzieli o tobie.

Zauważyła wyraz mojej twarzy i zaczęła mnie zapewniać.

– Jesteś takim samym dzieckiem ojca jak oni, ale cóż, postrzegają to inaczej. – Spróbowała innego argumentu. – Nie chodzi o ciebie, tylko o pieniądze.

– Kiedy ich poznam? – zapytałam, ignorując jej pesymistyczny ogląd sytuacji. Bardzo chciałam spotkać tych moich braci bez względu na to, co o mnie myśleli.

– Kiedyś na pewno – westchnęła *mamma*. – Twój ojciec to załatwi.

Wsiadając na pokład samolotu lecącego do Rzymu, byłam pełna sprzecznych emocji: czułam smutek, bo opuszczałam dom, szkołę i przyjaciół, miałam pretensje do matki, że nigdy nie pytała mnie o zdanie ani nie myślała o bólu, jaki mi sprawia, obawiałam się nowej szkoły, w której nikogo nie znałam, czułam też pewną ekscytację wywołaną tym, że nie jestem już jedynaczką.

Wyglądając przez okno podczas startu, powtarzałam sobie w myśli: „Mam braci, mam trzech braci!".

Mimo nadziei minął rok, zanim wreszcie ich poznałam. Najpierw musiałam odnaleźć się w naszym nowym domu i przyzwyczaić do innego rozkładu dnia w angielskojęzycznej szkole St. George's. Z Hurst Lodge, gdzie panowały cieplarniane warunki, wpadłam w buzujące życiem, wielojęzyczne środowisko i oczywiście od razu nauczyłam się litanii włoskich przekleństw. A najlepsze było to, że do nowej szkoły chodzili chłopcy.

Szybko zaprzyjaźniłam się z dziewczynką, Andreą Bizzarro, która również niedawno przyjechała z angielskiej szkoły z internatem. Kiedy usiadła obok mnie w ławce, nie miała czym pisać.

– Czy mogę pożyczyć od ciebie jeden ołówek? – zapytała, wskazując kilka świeżo zaostrzonych w moim nowym piórniku.

– Pod warunkiem że mi go oddasz – odpowiedziałam niegrzecznie.

Na szczęście nie przejęła się moim nastawieniem i wkrótce zostałyśmy przyjaciółkami.

W nowej szkole panowały swobodniejsze zasady i wkrótce Andrea i ja na dobre porzuciłyśmy mundurki i zaczęłyśmy się ubierać według własnego uznania. Szybko znudziło mi się mówienie po angielsku z akcentem tak idealnym, że można było ciąć nim szkło, i przerzuciłam się na włoski z jego fleksją i obowiązkową gestykulacją. Uwielbiałam tamtejszą swobodę, dzięki której nie musiałam upinać włosów i mogłam chodzić w dzwonach i podkoszulkach marki Fiorucci z wypisanymi hasłami. Przez chwilę spotykałyśmy się z chłopcami, którzy byli najlepszymi przyjaciółmi. Migdaliłyśmy się z nimi na boisku i słuchałyśmy płyt po szkole, ale szybko z nimi zerwałyśmy. Ważniejsza okazała się nasza przyjaźń, która trwa do dziś.

W Anglii należałam do pilnych uczennic, we Włoszech poprzestawałam na minimum niezbędnym do tego, żeby przechodzić z klasy do klasy. Matka nie była zachwycona, ale kiedy moja buntownicza natura raz doszła do głosu, nic nie można było na to poradzić. Myślałam o chłopcach, a poza tym nie miałam pojęcia, co się wokół mnie działo: nie zwracałam uwagi na to, że Włochy są pogrążone w poważnym kryzysie ekonomicznym ani na działania bojówek ekstremistycznych. Niesławne Czerwone Brygady odpowiadały za falę terroru, która zalała cały kraj. Na porządku dziennym były sabotaż, porwania i morderstwa. Wśród ponad pięćdziesięciu osób, które straciły życie z ręki Czerwonych Brygad w latach 1974–1978, był włoski premier Aldo Moro. Jego podziurawione kulami zwłoki znaleziono w bagażniku auta zaparkowanego w centrum Rzymu. Wiele osób porwano, torturowano i okaleczono.

Kilka miesięcy przed naszym przyjazdem, 10 lipca 1973 roku, John Paul Getty III – absolwent szkoły St. George's i wnuk słynnego potentata naftowego – został uprowadzony na ulicy i uwięziony w jaskini. Jego porywacze – najprawdopodobniej związani z mafią kalabryjską – zażądali okupu w wysokości siedemnastu milionów dolarów. Kiedy rodzina szesnastolatka odmówiła, oprawcy odcięli chłopakowi ucho i wysłali je zawinięte w gazetę. Po pięciu miesiącach niewoli i zapłaceniu przez rodzinę prawie trzech milionów dolarów okupu John Paul odzyskał wolność.

To zdarzenie nie mogło ujść uwagi nawet mojej i Andrei. Nasza szkoła zmieniła się w twierdzę: uczniów przywożono i odwożono zabezpieczonymi autobusami. Alarmy bombowe stały się codziennością, choć wiele z nich było fałszywych – bez wątpienia pomysły żartownisiów z St. George's. Nam to nie przeszkadzało, ponieważ dzięki temu wracałyśmy do domu wcześniej i resztę dnia mogłyśmy spędzić na basenie pobliskiego hotelu.

Mój ojciec i Andrea natychmiast przypadli sobie do gustu. Bardzo lubił jej radość życia i zawsze cieszył się na jej widok, zwłaszcza gdy przychodziłyśmy do niego na Via Condotti. Traktował Andreę niemal jak drugą córkę; spędzała z nami wakacje w Palm Beach. Żartowniś z natury, uwielbiał wymyślać niestworzone historie, kiedy jego współpracownicy jedli z nami obiad.

– Pozwól, że ci przedstawię: *Contessa Stuzzicadenti* (hrabina wykałaczka) – mówił, wskazując na Andreę. – A to jest *Principessa dei miei Stivali* (księżniczka moich butów) – dodawał, mówiąc o innej mojej koleżance.

Niezmiennie jego amerykańscy koledzy byli pod wrażeniem i orientowali się, że bawił się ich kosztem dopiero wtedy, kiedy nie mogłyśmy wytrzymać i wybuchałyśmy śmiechem.

Pewnego wieczoru ojciec powiedział matce, że chciałby, abym towarzyszyła mu podczas służbowej kolacji w Rzymie. Oprócz nas jedyną zaproszoną osobą okazała się blondynka o urodzie zapierającej dech w piersiach. Wydawała się miła i była skupiona na moim ojcu – jak zresztą większość ludzi – ale nie przyglądałam się jej zbytnio, ponieważ również całą uwagę poświęcałam Aldowi, który był w znakomitej formie i cały czas prawił mi komplementy. Twierdził, że mam doskonałe maniery i wyrosłam. Kiedy wróciłam do domu, nadal promieniejąc ze szczęścia, matka była w złym nastroju, więc postanowiłam nie mówić jej za dużo – jedynie wspomniałam nazwisko owej blondynki i poszłam spać.

Podczas gdy ja znalazłam sobie przyjaciółkę prawie natychmiast, mamie tak dobrze nie poszło. Przez kilka pierwszych lat naszej przyjaźni nawet nie poznała matki Andrei, tęskniła za Liz i więzią, która je łączyła. Kiedy się dowiedziała, że u Liz wykryto raka piersi, wpadła w rozpacz. Pewnej nocy miała sen, w którym zobaczyła lalkę leżącą twarzą w dół w wannie pełnej wody. Kiedy lalka się odwróciła ujrzała Liz. Wizja ta powracała wielokrotnie w nocy. Rano mama odebrała telefon informujący o śmierci jej drogiej przyjaciółki. Zdruzgotana płakała wiele godzin, jęki wypełniły mieszkanie. Nigdy nie widziałam jej w takim stanie. Ze wszystkich sił starałam się ją pocieszyć, ale na próżno.

– Zachowywała się tak samo, kiedy umarła twoja babcia. Musimy dać jej czas – powiedział ojciec ze smutkiem.

Wkrótce i on przeżywał żałobę, ponieważ o rok młodszy brat Vasco zmarł na raka płuc w 1974 roku. Miał sześćdziesiąt siedem lat. Nie byli sobie szczególnie bliscy, ale ojciec mocno odczuł jego stratę. Śmierć Vasca zmieniła sytuację w firmie, ponieważ wdowa po nim odsprzedała jego udziały mojemu ojcu i Rodolfowi. Dzięki temu podziałowi ojciec miał decydujący głos. Chociaż zbli-

Rodolfo, Maurizio (z lewej) i Paolo (z prawej) w restauracji mojego ojca,
klubie Colette, na początku lat osiemdziesiątych.

żal się do siedemdziesiątki, nigdy nie zrezygnował z chęci bycia
na szczycie, aby wyprzedzić rosnącą w siłę konkurencję. Chciał
również nagrodzić swoich synów za lata ciężkiej pracy, mimo że
często się mu sprzeciwiali. Nie był osobą, która pozwalała, żeby
ktoś mu przeszkadzał, dlatego powołał do życia oddzielną firmę,
Gucci Parfums Inc., której dyrektorami mianował synów. Dzięki
temu dopiął swego na kilku płaszczyznach. Nowa firma szybko
okazała się spektakularnym sukcesem.

Jedyny syn Rodolfa, Maurizio, nadal się buntował i nawet poślubił swoją kontrowersyjną dziewczynę, Patrizię Reggiani. Mój
ojciec posłał im symboliczny prezent, ale nie uczestniczył w uro-

czystości. Podobnie postąpili inni członkowie najbliższej rodziny. Stryj Rodolfo natychmiast wydziedziczył syna. Tak głęboki podział między krewnymi ciążył mojemu ojcu, który przez całe życie robił wszystko, aby przestrzegać najważniejszej dla Guccich zasady jedności w rodzinie. W końcu sytuacja zaczęła mu przeszkadzać do tego stopnia, że postanowił interweniować. Krążąc między skłóconymi stronami, przygotował plan pogodzenia ich. Maurizio miał się przenieść z Patrizią do Nowego Jorku, gdzie uczyłby się handlu pod kierunkiem mojego ojca. Udziały ani miejsce w zarządzie nie przysługiwałyby mu do czasu, aż udowodni swoją wartość i lojalność wobec firmy. To zadowalało wszystkich.

Maurizio wraz z młodą żoną wprowadzili się do nowojorskiego mieszkania mojego ojca przy Wschodniej Pięćdziesiątej Czwartej ulicy. Niezbyt im się tam podobało i wkrótce przenieśli się do apartamentu w hotelu St. Regis. W końcu przekonali Rodolfa, żeby kupił im penthouse w nowo powstałej Olympia Tower – charakterystycznym budynku z czarnego szkła wybudowanym przez Aristotelisa Onasisa w pobliżu katedry Świętego Patryka. Okna na całą ścianę sprawiały, że z apartamentu roztaczał się spektakularny widok na miasto. Maurizio z żoną żyli w większym luksusie niż mój ojciec czy którykolwiek z członków rodziny. Wszystko z powodu determinacji Patrizii, która musiała mieć wszystko co najlepsze. Często powtarzała: „Wolę płakać w rolls-roysie, niż być szczęśliwa na rowerze". Ubrana przez najlepszych projektantów, ozdobiona olśniewającą biżuterią, zaczęła bywać w najlepszych salonach Manhattanu, chełpiąc się tytułem pani Gucci.

Rozwiązawszy problem Maurizia, ojciec wrócił do planów zaprojektowania linii samochodów. Wart dwadzieścia tysięcy dolarów cadillac seville wyprodukowany przez General Motors i dostępny w trzech wersjach kolorystycznych został wyposażony w winylowy dach ozdobiony słynnym wzorem Gucciego, czyli *rombi*. Ten wzór znalazł się również na obiciach. Do tego logo marki z dwudziestoczterokaratowego złota, felgi, luksusowe siedzenia i charakterystyczne dla Gucciego czerwono-zielone paski. Chętni do dopłacenia dodatkowych siedmiu tysięcy dolarów dostawali dopasowany kolorystycznie zestaw walizek. Model ten znany jako „Big Daddy" był efektem pionierskiej współpracy luksusowej marki z przemysłem motoryzacyjnym i przetarł szlak dla wielu następnych.

Chociaż ojciec nie obnosił się ze swoim bogactwem, zarezerwował dla siebie model w kolorze nocnego nieba, który trzymał w Palm Beach. Dojeżdżał nim do sklepu przy Worth Avenue. Matka uważała to auto za zbyt krzykliwe i nie chciała, żeby ktokolwiek widział ją w jego pobliżu. Zdecydowanie wolała błękitnego seville'a.

Mniej więcej w tym samym czasie ojciec postanowił podarować każdemu synowi po trzy i trzy dziesiąte procent akcji firmy pochodzących z jego połowy. Zyskał pewność, że zawsze będą go popierać podczas głosowań zarządu – bez względu na sytuację. Szczególnie dobrze wyszedł na tym Paolo, który po śmierci Vasca przejął kontrolę nad główną fabryką firmy we Florencji i zyskał znaczne wpływy.

Być może z powodu nowego układu lub może po prostu dlatego, że moment wydał mu się właściwy, *papà* zwołał synów na szczególną naradę.

– Najwyższy czas, żebyście poznali swoją siostrę – powiedział. – Patricia jest częścią naszej rodziny i bardzo chce was poznać.

Od dawna czekałam na tę wielką chwilę, ale nigdy nie odważyłam się spytać, dlaczego nastąpiła ona tak późno. Poza tym byłam zajęta adaptowaniem się do nowych warunków życia. Nie denerwowałam się, matka natomiast była tak niespokojna, że przedsięwzięła nadzwyczajne środki, abym prezentowała się godnie. Dżinsy i podkoszulki poszły w kąt. Zamiast tego miałam włożyć granatową plisowaną spódniczkę i kwiecistą bluzkę. Włosy zostały zakręcone w loki, i kiedy ojciec zjawił się po mnie, matka spojrzała na mnie jeszcze raz i zadecydowała: *Sei perfetta!*

Podczas dwugodzinnej podróży samochodem na północ do Scandicci – serca firmy Gucci – ojciec opowiadał mi o Florencji i genezie rodzinnego przedsięwzięcia. Dojechaliśmy na parking. Wtedy wskazał dwupiętrowy budynek i powiedział „Tutaj wszystko się zaczęło".

W obecności ojca zawsze zwracałam uwagę na to, jak inni zachowują się wobec niego. Poczynając od strażnika, który wpuścił przez bramę, poprzez uśmiechniętą recepcjonistkę, wszyscy zwracali się do *il capo* z najwyższym szacunkiem. Kładąc rękę na moim ramieniu, żeby dodać mi otuchy, ojciec prowadził mnie od jednego pomieszczenia do drugiego, w których jednakowo ubrani rzemieślnicy w ciszy pracowali przy maszynach do szycia. Zapach skóry ułożonej w wielkich belach sięgających sufitu wypełniał cały budynek. Oczarowało mnie to.

Weszliśmy na górę do jasnego i przestronnego biura, gdzie na ścianach wisiały szkice projektów. Byłam tak zafascynowana ich oglądaniem, że niemal zapomniałam o prawdziwym celu wizyty, dopóki ojciec nie poprosił, żebym usiadła obok niego przy ogromnym stole stojącym na środku gabinetu naprzeciwko drzwi. Wtedy poczułam zdenerwowanie. Rozległo się pukanie, a ojciec zawołał: *Avanti!*

Po raz pierwszy zobaczyłam swoich braci, których tak bardzo chciałam poznać, i byłam odrobinę rozczarowana. Wymuszony uśmiech musiał to zdradzać – wyglądali niemal tak staro jak ojciec. Wyobrażałam ich sobie jako przystojnych i pełnych energii, absolutnie nie jako przeciętnych mężczyzn w średnim wieku. *Papà* siedział z boku i przyglądał się nam, jak reżyser sztuki, której aktorzy weszli właśnie na scenę. Według mnie jako optymista założył, że się dogadamy, ponieważ on chce, żeby tak się stało.

Trzej mężczyźni, którzy jeden po drugim stanęli przede mną, bardzo się od siebie różnili. Czterdziestosześcioletni Giorgio podszedł do mnie jako pierwszy i pocałował w policzek z nie-zręcznym *Ciao, Patricia*. Dało się zauważyć, że był maminsyn-kiem. Mówił nerwowo, jąkał się. Pomyślałam, że prześladowania w szkole wycisnęły na nim piętno. Jakże inny był zaledwie trzy lata młodszy od niego Paolo, który wpadł do pomieszczenia ni-czym kula armatnia i niemal wyrwał drzwi z zawiasów. Ściska-jąc mnie i całując przez zwichrzone wąsy, prawie łysy środkowy syn zawołał z wyraźnym toskańskim akcentem: „*Ciao, sorellina!* (Cześć, siostrzyczko). Jak miło w końcu cię poznać!". Wydawał się szalony i afektowany, radosny i otwarty. Polubiłam go najbardziej z tej trójki. Następnie podszedł do mnie Roberto. Sprawił, że po-czułam się, jakbym przyszła na rozmowę o pracę. Najmłodszy, wówczas czterdziestodwuletni, był zimny i zamknięty w sobie. Pocałowawszy mnie przelotnie w oba policzki, usiadł, zapalił pa-pierosa i zaczął przepytywać lekceważącym tonem.

– Jak ci się podoba życie w Rzymie? Czego się uczysz? Jak ci idzie z włoskim?

Szarpiąc mankiety koszuli, wyrażał się pretensjonalnie. Później dowiedziałam się, że wżenił się w arystokratyczną rodzinę i w związ-ku z tym stał się wyniosły i głęboko religijny. Co dziwne, mój ojciec – który mówił do niego „synku" – najwyraźniej go faworyzował.

Rozmowa dobiegła końca i zapadła niezręczna cisza, więc *papà* zaproponował, żebyśmy zjedli wspólnie obiad w stołówce pracowniczej. Przy długim stole poczuliśmy się znacznie swobod-niej. Ku mojemu zadowoleniu kilku pracowników podeszło, żeby uścisnąć mi rękę i powiedzieć, że miło mnie poznać. Od dawna wiedzieli o moim istnieniu, choć ja o nich ani o moich braciach, dla których pracowali, nie miałam pojęcia. Podczas toczącej się wesoło rozmowy po raz drugi w życiu poczułam, jak to jest nale-żeć do rodziny.

Wieczorem opowiedziałam o wszystkim mamie. Szczególny nacisk położyłam na miłe przyjęcie przez wszystkich. Nie wyda-wała się przekonana.

– Robili to z grzeczności – powiedziała.

Uśmiech zniknął z moich ust. Później starała się złagodzić te słowa, ale nie ulegało wątpliwości, że wątpiła w szczerość przyrodnich braci. Nic jednak nie mogło popsuć radości z tamtego dnia i położyłam się do łóżka dziwnie podniesiona na duchu świadomością, że w moim życiu byli też inni ludzie oprócz mamy i taty. Nie chodziło o to, że czułam się, jakbym w końcu znalazła własne miejsce, po prostu dowiedziałam się, że są na świecie ludzie, z którymi łączą mnie jakieś więzy, nawet jeśli nie jesteśmy sobie bliscy. Miałam braci, którzy zdawali się mnie lubić. To mnie wtedy satysfakcjonowało.

16

Nigdy w życiu nie odniosłam wrażenia, że nie mogę ufać ojcu. Intuicyjnie wyczuwałam, że można na nim polegać i zawsze będzie opiekował się mamą i mną. W jego towarzystwie obdarzał nas niepodzielną uwagą.

W związku dwóch osób zaufanie jest kwestią podstawową, w przeciwnym razie przynajmniej jedna z nich trwa w ciągłym lęku. Znam to uczucie aż za dobrze, ponieważ przez wiele lat było przyczyną mojego nieszczęścia. Tylko obopólne zaufanie przynosi spokój i rozkwit miłości.

Z utratą zaufania do mojego ojca Olwen musiała się pogodzić znacznie wcześniej, podobnie zresztą jak do pewnego stopnia *mamma*. Dawno zaakceptowała dwulicowość ojca, jeśli chodziło o inne kobiety, ale w głębi serca wiedziała, że była „tą jedyną" i nigdy jej by się nie wyrzekł. Tak się jej przynajmniej zdawało.

W ciągu kilku pierwszych lat naszego wspólnego pobytu w Rzymie nad naszym domem zawisła czarna chmura, która nie miała nic wspólnego ze mną. Wiedziałam tylko, że coś było na rzeczy i moja matka po raz kolejny pogrążyła się w rozpaczy. *Papà* odwiedzał nas rzadziej, nawet kiedy był w Rzymie. *Mamma* obawiała się, że poznał inną kobietę.

Obawy te miały uzasadnienie. Mężczyzna, który kiedyś przechwalał się tym, że uwiódł zakonnicę, był z pewnością niepoprawny i – w przeciwieństwie do mnie – matka wiedziała o jego romansach w przeszłości. Pewnej nocy podniosła słuchawkę telefonu i usłyszała, jak ojciec mówi rozczarowanej kochance, że się z nią nie spotka. „Bruna przyjechała", wyszeptał. Innym razem podczas kolacji zauważyła, że kobieta siedząca obok niego pod stołem pociera jego nogę gołą stopą. Ale zawsze Bruna trzymała język za zębami. Obawiała się, że jeśli poruszy ten temat, ich związek nie przetrwa. Podobnie jak jej koleżanki, których mężowie byli chronicznie niewierni, zaakceptowała fakt, że Włosi – zwłaszcza z pokolenia mojego ojca – nie widzą niczego złego w posiadaniu kochanki lub dwóch. Dobrze znałam ten obyczaj z opowieści o ojcach koleżanek, którzy zdawali się zupełnie niezdolni do życia w monogamii. Podobnie jak we Francji i w większości krajów europejskich, od żon oczekiwano tolerowania skoków w bok – zwłaszcza że mężowie dobrze je traktowali – bo przecież w końcu wracali do nich.

Ojciec, który widział już matkę w najgorszym stanie, nie mógł mieć wątpliwości co do jej kruchości i wrażliwości. Chciał ją ustrzec przed takim bólem, choć zazwyczaj to on ją ranił. Uważał, że bez względu na wszystko Bruna była jedyną kobietą, która się dla niego liczyła.

Aby podnieść ją na duchu i przekonać o niesłabnącym uczuciu, od czasu do czasu zabierał ją ze sobą w podróż. Uwielbiał się nią chwalić i pławił się w pełnych uwielbienia spojrzeniach, które przyciągała. Matka była pięknością i nawet teraz wygląda na młodszą niż inne panie w jej wieku. Nigdy jednak nie udało się jej stać towarzyszką, która z łatwością nawiązywałaby kontakt z jego partnerami biznesowymi, głównie przez brak pewności siebie. Wiedziała, że czasami chciał, aby bardziej się starała, więc na jedną z podróży do Nowego Jorku kupiła mnóstwo nowych strojów i postanowiła być bardziej towarzyska. *Papà* zabierał ją ze sobą na spotkania z Mauriziem, którego żona, Patrizia, kilkakrotnie złożyła jej wizytę, chociaż niewiele je łączyło. Więc kiedy Patrizia zaprosiła Brunę na wydawane przez siebie przyjęcie w hotelu St. Regis, ta się zgodziła, choć musiała pójść sama: Aldo wyjechał z miasta.

– Są tutaj ludzie, których po prostu musisz poznać! – zawołała Patrizia.

Jedną z nich była sześćdziesięcioletnia kobieta, która pracowała w departamencie firmy Gucci zajmującym się kluczowymi klientami. Nazywała się Lina Rossellini i była szwagierką reżysera filmowego Roberta Rosselliniego. Matce spodobały się jej ciepło i otwartość. Instynktownie wyczuła, że zostaną przyjaciółkami.

W połowie przyjęcia Patrizia, wystrojona jak bohaterka popularnego w latach osiemdziesiątych serialu telewizyjnego *Dynastia*, przyłączyła się do rozmowy. W pewnym momencie powiedziała:

– Och, Lino. Musisz koniecznie powtórzyć Brunie to, co mi niedawno mówiłaś.

Moja matka natychmiast wyczuła, że Patrizia postawiła tym samym Linę w niezręcznej sytuacji, zwłaszcza że ta pokręciła głową i udawała, że nie wie, o co chodzi.

Patrizia naciskała.

– Och, przecież wiesz... Najnowsze plotki o kochance Alda. – Następnie wymówiła imię i nazwisko tej kobiety i zwróciła się do Bruny. – Kupił jej właśnie mieszkanie i trochę dzieł sztuki. Ponoć jest gotów zrobić dla niej wszystko.

Bruna nie znała tej kobiety, lecz serce jej zamarło. Starała się zachować zimną krew i zmusiła się do uśmiechu, kiedy Lina wydusiła z siebie:

– N...nie, Patrizio! O czym ty mówisz!

Żona Maurizia uważnie przyglądała się twarzy mojej matki, zanim, udając współczucie, westchnęła:

– Och Bruno, tak mi przykro. Nie wiedziałaś?

– To tylko plotki! – odcięła się moja matka i oddaliła pośpiesznie. Lina poszła za nią, próbując jej wytłumaczyć, że nie było powodów, żeby w to wierzyć, ale moja matka miała dość. Włożyła płaszcz i udała się do mieszkania, by zebrać myśli. Gdzieś już słyszała to nazwisko, ale gdzie? Coś jej świtało. Nagle przypomniała sobie i aż się wzdrygnęła. To ja wspomniałam o niej tamtego wieczoru, gdy poszłam z ojcem na kolację. Dotarło do niej, że wyjście to stało się pretekstem, Aldo mógł przedstawić córkę nowej *amante*. Nigdy, przenigdy by tego nie zrobił, gdyby nie stracił głowy i chyba także serca.

Mamma była wściekła. Wydarzenia tamtego wieczoru silnie na nią wpłynęły. Przeżyła wstrząs i czuła wielki niepokój. Zastanawiała się, co zrobić. Ojciec kilka dni później wrócił na Manhattan. Nie miał pojęcia, że Bruna tyle się o nim dowiedziała. Chociaż ta świadomość ją wykańczała, postanowiła nie psuć przerwy bożonarodzeniowej. Zaczęła się zachowywać jak – sama tak to ujęła – *tigre* (tygrysica). Przez kolejne miesiące szukała wszystkich informacji dotyczących romansu Alda.

– Byłam masochistką. Zdobywałam wiadomości, które sprawiały mi ból, i pogrążałam się w nim. Czasem wydaje mi się, że cierpienie sprawiało mi przyjemność. Nawet prowadziłam pamiętnik, aby móc wszystko zapisywać. Miałam tyle sekretów, coraz więcej i więcej.

Żadna z informacji, które zdobyła, nie oddalała lęków. Podczas pobytu w Palm Beach na dnie szafy znalazła zdjęcia tej kobiety niezbicie świadczące o tym, że Aldo zabrał ją do ich domu na plaży i zapewne też do ich wspólnego łóżka. Mimo to milczała.

Nowa kochanka najwyraźniej nie unikała pokazywania się publicznie z Aldem, więc plotki się mnożyły. Młoda, seksowna, obyta towarzysko... miała wszystkie cechy, których brakowało Brunie. Uosabiała prawdziwe zagrożenie.

Nadszedł dzień, kiedy matka nie mogła dłużej milczeć. Akurat byłam w kuchni naszego rzymskiego mieszkania, kiedy mój ojciec złożył nam wizytę, niczego się nie spodziewając. Jak zawsze poszedł odświeżyć się przed kolacją, ale Bruna poszła za nim do łazienki.

– Masz romans! – wykrzyczała.

Zamarł.

– Zobaczyłam, jak zmieniła się jego twarz, gdy wymówiłam imię tej kobiety – powiedziała mi. – Wzdrygnął się i spojrzał na mnie dziwnie.

Kłótnia, która wybuchła, była groźniejsza niż tornado. Siedziałam jak przyklejona do krzesła, kiedy rodzice przenieśli się do salonu. Nigdy nie słyszałam matki tak zagniewanej. Szybko zrozumiałam, o co oskarżała ojca, ale moja naiwność kazała mi wierzyć jego zaprzeczeniom.

– Wiem, co się dzieje – naciskała matka, wymachując zdjęciami. – Powiedz mi, że to nieprawda!

Ojciec cały czas się bronił, twierdząc, że były to zdjęcia zrobione w celach marketingowych. Nie przekonał matki. Jej wybuch wstrząsnął mną do głębi. Pomyślałam, że nie winiłabym ojca, gdyby wziął sobie kochankę, skoro matka taka jest.

Awantura skończyła się dopiero wtedy, gdy ojciec cisnął jakimś przedmiotem o ścianę. Następnie wybiegł i trzasnął drzwiami z taką siłą, że cały budynek się zatrząsł. Dużo czasu minęło, zanim dotarło do mnie, jak bolesne to wszystko musiało być dla matki. Ratowały ją częste telefony do guru. Ten zapewniał ją, że jest powód, dla którego bywa tak „doświadczana", i że ma przed sobą „wyższy cel". Dzięki niemu przetrwała najgorsze chwile.

Jeśli miałam na początku nadzieję, że ta kłótnia rozejdzie się po kościach, myliłam się. Matka nie była tak bezradna, na jaką wyglądała. Co więcej, poprzysięgła, że dotrze do prawdy. Zupełnie jakby głośne przyznanie się ojca do winy zmniejszyło jej ból. Mimo że zawsze unikała konfrontacji jak ognia, teraz ścigała ojca przy każdej nadarzającej się okazji i domagała się informacji. Atmosfera między nimi stawała się coraz bardziej toksyczna. Sytuacja ta trwała miesiącami. Doszło nawet do histerycznej awantury w hotelu w Hongkongu. Ojciec ciągle wszystkiemu zaprzeczał, ale moja matka była jak terier, który wywęszył kość.

– Znosił wszystko, co mu zarzucałam – powiedziała mi później. – Był jak posąg, nigdy nie powiedział ani słowa.

Ze sprytem, o który nigdy bym jej nie podejrzewała, zaczęła gromadzić dowody przeciw Aldowi. Wyszukiwała osoby, które wiedziały więcej od niej, a które – jak Patrizia – z przyjemnością opisywały wszystkie detale.

– Mogę zdobyć adres mieszkania, które kupił jej w Rzymie – powiedziała Brunie jedna z tak zwanych przyjaciółek podczas lunchu.

Inna, którą *mamma* określała jako „posłańca od Boga", zaoferowała pomoc, bo sama była zdradzana przez męża.

– Ma taką biżuterię, że byś nie uwierzyła – mówiła w zaufaniu. – To się dzieje za twoimi plecami już od dłuższego czasu.

Kiedy kobieta dowiaduje się o takich sprawach jako ostatnia, jest to co najmniej upokarzające.

Choć wysłuchiwanie tych informacji sprawiało jej ból, mama zapisywała każdą datę, każde spotkanie, dopóki nie zgromadziła dossier, dzięki któremu ostatecznie zamierzała pognębić niewiernego męża. Dowody były obciążające. Patrząc z perspektywy czasu na to, co ojciec był gotów zrobić dla tamtej, mama twierdzi, że „trochę zwariował". Czy przeżywał coś w rodzaju kryzysu wieku średniego, czy naprawdę się zakochał, nigdy się nie dowiemy.

– Tamto doświadczenie wytrąciło go z równowagi – powiedziała mi mama. – Sprawiło, że zaczął się zastanawiać, kim jest i czego tak naprawdę chce. Jedno jest jasne: mój ojciec został oczarowany nową kusicielką, która pojawiła się w jego życiu i wymagała od niego tak wiele. Z pewnością stanowiła odmianę po dobrej i cnotliwej Brunie.

Nie cierpiałam bycia milczącym świadkiem ich kłótni, zwłaszcza że pamiętałam, jacy byli szczęśliwi razem w Palm Beach. Ledwo ich poznawałam. Chociaż miałam zaledwie trzynaście lat, wyprowadziłam się do mieszkania piętro wyżej. Nie słyszałam matki, ale wiedziałam, że przez większość czasu płakała. Chociaż współczułam jej, jak większość nastolatków uważałam matkę za niezwykle denerwującą. Urządzała ojcu sceny za każde najmniejsze nawet przewinienie, a jej ciągłego narzekania nie dało się wytrzymać. Jedynie dzięki zrozumieniu, które przychodzi wraz z dorosłością, wiem, jaką przykrość sprawiło jej to, że została porzucona w ten sposób.

Gdy ojciec wyjeżdżał w interesach, matka zaczynała wyładowywać na mnie swoje frustracje. Odsuwałam się od niej coraz bardziej. Nasze kłótnie się nasilały, a relacje ucierpiały tak bardzo, że starałam się unikać jej jak ognia. Oskarżała mnie, że stałam się córką „z koszmaru", i twierdziła, że nie wie, co ze mną robić. W najgorszych momentach mówiła mi: „Gdyby nie ja, twój ojciec nawet by cię nie poznał!". Chyba uważała, że powinnam być jej wdzięczna za to, iż w ogóle żyję.

Jestem pewna, że dużo w tym mojej winy. Byłam nieposłuszna i zaczynałam pyskować. „Gdybyś wkładała w wychowywanie mnie choć połowę tej energii, którą wykorzystujesz do praktykowania porad swojego guru, sprawy układałyby się inaczej!". „Byłam idealną dziewczynką! Odrabiałam lekcje i nie pakowałam się w kłopoty, ale ciebie nigdy nie można zadowolić, prawda?".

Wszystko wymykało jej się spod kontroli, więc musiała mocno przeżywać to, że jedyna osoba, której zawsze mogła rozkazywać, przestała jej słuchać. Aż pewnego dnia posunęłam się za daleko. W odpowiedzi na coś, co powiedziałam, uderzyła mnie i wygoniła ze szczotką w ręku z mieszkania. Wstrząśnięta zamknęłam się u siebie i włączyłam głośną muzykę, aby zagłuszyć jej krzyki pod drzwiami.

Po tym incydencie obiecałam sobie, że się spakuję i wyprowadzę do Andrei. Jej matka z radością by mnie przyjęła. Nie miałam nikogo, do kogo mogłam się zwrócić – przecież ojca widywałam sporadycznie. Znalazłam się w potrzasku. Jednak nigdy nie zrealizowałam marzeń o ucieczce. Nie było takiej potrzeby. Mama miała inne plany, i kiedy sytuacja się uspokoiła, posadziła mnie na swoim łóżku, żeby mi je zdradzić.

– Mam już dość twojego zachowania, Patricio – wyznała ze znużeniem. – Jestem zmęczona ciągłymi kłótniami. Odkąd wyjechałyśmy z Anglii, stałaś się niemożliwa! – Matka nie zamierza brać na siebie odpowiedzialności za problemy między nami. – Twój ojciec poprosił mnie, żebym spędzała z nim więcej czasu w Stanach Zjednoczonych, a ponieważ tak bardzo martwią nas porwania, do których dochodzi w Rzymie, musimy znaleźć dla ciebie coś innego. Nie ma możliwości, żebyś została w St. George's. Ponownie zamieszkasz w internacie, ale w Szwajcarii.

Tego nie przewidziałam.

Aiglon College znajdował się w Chesières – w wiosce w Alpach Szwajcarskich. O mojej przyszłości zadecydowało *pendolino* mojej matki – kryształ na łańcuszku, który trzymała rozhuśtany nad nazwami Aiglon i Le Rosey (innej szwajcarskiej szkoły), dopóki się nie zatrzymał. Aiglon został założony po wojnie przez byłego nauczyciela z Gordonstoun – prywatnej szkockiej szkoły znanej z bardzo rygorystycznych zasad. Jego awangardowa filozofia zakładała, że edukacja powinna dotyczyć całości człowieka, z uwzględnieniem czynników duchowych, fizycznych i środowiskowych. Na wychowanków pozytywnie wpływała dyscyplina osiągana za pomocą intensywnego wysiłku fizycznego nawet w środku alpejskiej zimy.

Chociaż na początku byłam przerażona pomysłem zesłania mnie w góry, z czasem polubiłam moje nowe otoczenie. Odkąd po raz pierwszy postawiłam tam swoją stopę, czułam się mile widziana. W Aiglon mieszkało ponad trzystu uczniów z całego świata, choć w większości z Włoch. Jedna z dziewczyn, z którą dzieliłam pokój, powiedziała: „Mamy już Pucci, teraz mamy i Gucci. Brakuje nam już tylko Fiorucci!".

Oczywiście nie cały czas i nie wszystkim byłam tam zachwycona, zwłaszcza kiedy trzeba było wstawać o siódmej rano i robić rozgrzewkę na tarasie, na którym panował ziąb. To kłóciło się z moją naturą mieszczucha. Dni, kiedy rozmarzona leżałam nad basenem w Rzymie, wydawały się odległym wspomnieniem. Podczas wyjątkowo trudnej wyprawy moja grupa grzęzła w śniegu po pas, gdy dopadła nas zawieja śnieżna na wysokości ponad trzech tysięcy metrów. Ze wstydem przyznaję, że tak ekstremalne warunki wydobyły ze mnie wszystko co najgorsze i odmówiłam wykonania choćby jednego kroku więcej. Kładąc się na śniegu z obleczonymi foczą skórą nartami sterczącymi do góry, oświadczyłam, że zrobiło się zbyt niebezpiecznie i zażądałam natychmiastowego przysłania helikoptera.

– To szaleństwo! – wrzeszczałam, żeby przekrzyczeć wiatr, bo nie czułam rąk ani nóg. – Nie po to nas rodzice tutaj przysłali!

Ale przysłali nas po to, co nastąpiło: *esprit de corps* całej mojej klasy.

– Wstawaj, Patricio, ruszajmy! – wołali do mnie, aby dodać mi odwagi.

Chociaż bolał mnie każdy mięsień, a łzy zamarzały na policzkach, zebrałam się w sobie i parłam do przodu. Poczucie, że udało się nam coś osiągnąć, kiedy dotarliśmy do celu, było wprost niesamowite i zjednoczyło nas, jakbyśmy faktycznie ledwo uszli z życiem. Tak się nam przynajmniej wydawało. Przyjaźnie nawiązane w Aiglon do dziś należą do najtrwalszych w moim życiu.

Kiedy ja odnajdywałam siebie w górach nad Jeziorem Genewskim, mój ojciec nadal latał po całym świecie – jako tak zwany guru Gucci. Nie wyglądało na to, żeby miał zwolnić, nie chciał również zrezygnować z kontroli nad czymkolwiek, poczynając od projektów, poprzez nowe sklepy, skończywszy na najnowszej kampanii reklamowej. W ramach ekspansji firmy nadzorował przydzielanie lukratywnych licencji, w tym na linię prêt-à-porter mojego brata Paola. Następnie wprowadził na rynek perfumy.

Na zajmujących całą stronę reklamach Il Mio Profumo widniał podpis mojego ojca opatrzony hasłem: „Z inspiracji ukochanymi kobietami, im dedykowane".

Na rynek weszły również pierwsze zegarki Gucciego – model 2000 – których wielomilionowa sprzedaż znajdzie miejsce w Księdze Rekordów Guinnessa. Ten pomysł przyszedł ojcu do głowy w Nowym Jorku, kiedy sprzedawca belgijskiego pochodzenia, Severin Wunderman, zadzwonił do biura firmy Gucci i zdziwił się, kiedy telefon odebrał mój ojciec i zgodził się z nim spotkać. Severin, urodzony w Belgii Żyd, który przeżył Holokaust, uraczył ojca historią o swoim ciężkim życiu. Przyjechał do Kalifornii pod koniec wojny i zatrudnił się we francuskiej firmie produkującej zegarki, która usiłowała przebić się na rynku amerykańskim. Wunderman twierdził, że znalazł się w ciężkim położeniu i nie stać go na opłacenie czynszu, więc gotów był negocjować umowę licencyjną na produkcję zegarków Gucci. Ojciec zauważył jego znoszone buty i wytarte mankiety, ulitował się więc i złożył duże zamówienie. Okazało się, że firma Severina nie jest w stanie go zrealizować, więc ojciec wypisał mu czek na pokaźną kwotę, by ten stanął na nogi. Zegarki Gucciego przynosiły roczny zysk rzędu stu pięćdziesięciu milionów dolarów, podczas gdy firma, którą założył Wunderman, zaczęła notować dochód brutto około pięciuset milionów dolarów rocznie. Zapewniła Severinowi przyszłość, w której nigdy nie miał martwić się o czynsz.

Interes mojego ojca chodził jak szwajcarski zegarek. I oto pojawił się ktoś, kto pnąc się po szczeblach kariery w firmie, był jej tak oddany jak sam Aldo Gucci. Nie mówię tu o żadnym z braci. Chociaż Paolo miał wrodzony talent i ambicję, a jego bracia spokojnie wykonywali powierzone im zadania, to Maurizio odziedziczył typową dla Guccich przenikliwość. Przez siedem lat szkolił się pod kierunkiem mojego ojca, i chociaż twierdził, że ojciec jest jak „tornado" i krzyczy, gdy ktoś z personelu ośmieli się zrobić sobie przerwę, był też pierwszy do wychwalania jego odwagi i wizjonerstwa. „Z Aldem nie ma życia, można co najwyżej próbować przetrwać", powiedział Maurizio. „Jeśli on stara się na sto procent, ty musisz na sto pięćdziesiąt [...]. To od niego nauczyłem się handlu i marketingu".

Paolo zapewne był zazdrosny o relacje Maurizia z naszym ojcem, zwłaszcza że często ścierał się z zarządem w związku ze swoimi planami przyciągnięcia młodszych klientów. Chciał stworzyć nową firmę – Gucci Plus – finansowaną przez osoby z zewnątrz. Ani ojciec, ani Rodolfo nie chcieli o tym słyszeć. Ich opór doprowadzał go do obłędu. Żaden z nich nie zdawał sobie sprawy, że był to początek końca Gucciego jako firmy rodzinnej.

Chociaż wysłanie mnie do szkoły w Szwajcarii uwolniło matkę od problemów ze mną, sprawiło, że jeszcze bardziej zaangażowała się w konflikt z Aldem. Nie było mnie w Rzymie tamtego wieczoru, kiedy uznała, że zgromadziła dostateczną ilość dowodów przeciw niemu. Podczas pozornie spokojnego spotkania poczekała, aż usiadł wygodnie po kolacji, zanim przypuściła atak. Tym razem obyło się bez krzyków czy niszczenia rzeczy. *Papà* siedział w milczeniu, kiedy Bruna zaprezentowała mu katalog jego występków – każdy z nich opatrzony datą, miejscem i opisem sytuacji. Wyszczególniła niemal wszystkie wycieczki, pokoje hotelowe i prezenty, które podarował kochance.

– Siedział bez ruchu i milczał. Prawdziwy sfinks. Po czym zapytał: „Ale kto ci o tym powiedział?". Mięsień na jego twarzy drgnął, ale poza tym nie zareagował, aż w końcu wstał, włożył marynarkę i wyszedł – opowiedziała mi po latach.

Wstrzymując oddech, *mamma* patrzyła, jak odchodził. Obawiała się, że już go nigdy nie zobaczy. Nadal jednak była zdeterminowana, żeby usłyszeć jego przyznanie się do winy – zawziętość nie znała granic – więc za każdym razem, kiedy znów się spotkali, nadal prześladowała go pytaniami i żądała: „Aldo, przyznaj się! Powiedz, że to prawda!". Po przeszło dwóch latach tej udręki ojciec poczuł potrzebę ucieczki. W 1978 roku sam poleciał do Palm

Beach. Liczył na ciszę i spokój, ale pewnej nocy około godziny drugiej zbudził go telefon. Moja matka zawodziła do słuchawki, że jest dręczona przez demony, które ulokowały się w jej głowie. Płacząc, po raz kolejny powiedziała mu, że zasługuje na prawdę. Ojciec wychrypiał do słuchawki:

– *Basta*, Bruna! *Sì, sì. E'tutto vero*. To wszystko prawda. Przyznaję się do wszystkiego, okej? Zadowolona? – Po drugiej stronie zapanowała cisza. Czekał na jej reakcję, ale nie dochodził do niego żaden dźwięk. Ostrożniej zawołał ją po imieniu. Tym razem to on się obawiał, że posunął się za daleko. – Bruno?... Bruno? – próbował, dopóki połączenie nie zostało przerwane.

Ojciec się przyznał, więc matka dostała, czego chciała, ale jednocześnie poczuła, jakby ktoś wymierzył jej cios w brzuch. Nadszedł moment, którego obawiała się od lat. Była przekonana, że Aldo jest dla niej stracony i od tej pory jesteśmy zdane na siebie i pozbawione środków do życia.

– Sparaliżowało mnie. Siedziałam na łóżku jak zaklęta – wyznała mi.

Oszołomiona sięgnęła po telefon, aby zadzwonić do swojego guru w Londynie, którego numer znała na pamięć. Zdawała sobie sprawę, że to bez sensu, ponieważ on rzadko odbierał telefony. Wolał, żeby zostawiano mu wiadomości. Ale ktoś nad nią musiał czuwać tamtego dnia, ponieważ Sari Nandi podniósł słuchawkę. Gdy Bruna usłyszała jego głos, rozpłakała się i opowiedziała mu wszystko.

– Panie Nandi, ja już nie chcę żyć. Moje życie to chaos!

Nie da się przecenić wagi tamtej rozmowy telefonicznej. Nie wiadomo, co matka by zrobiła, gdyby nie mogła porozmawiać z jedynym człowiekiem, któremu ufała. Słysząc rozpacz w jej głosie, Sari Nandi sprowadził ją bezpiecznie znad emocjonalnej przepaści, nad którą się znalazła.

– Pomogę ci – obiecał. – Proszę, Bruno. Uspokój się i pomódl się ze mną.

Jego pewność przyniosła jej pociechę.

– Z przyczyn, których nie potrafię wyjaśnić, on dał mi nadzieję – stwierdziła.

W tym czasie w domu na Florydzie ojciec pogrążył się w beznadziei. Nie mógł usnąć, niepokoił się o Brunę. Wydzwaniał do niej, ale telefon był stale zajęty. Kiedy w końcu udało się mu połączyć, nie podniosła słuchawki. Nie mógł wiedzieć, że guru zalecił jej, żeby wyszła z mieszkania i spędziła resztę dnia z przyjaciółką. W panice ojciec dzwonił co godzinę przez następne osiem godzin – bez powodzenia. Przerażony, że matka mogła zrobić coś głupiego, dzwonił do wszystkich, którzy przyszli mu na myśl – nawet do jej siostry Gabrielli i dozorcy w budynku – ale nikt nie miał pojęcia, dokąd poszła, skoro nie ma jej w mieszkaniu. Ojciec myślał, że oszaleje.

Wróciła do domu późno w nocy. Usłyszała telefon i podniosła słuchawkę. Ojciec był spanikowany.

– Kupuj bilet! – krzyczał. – Lecisz do Nowego Jorku. Musimy porozmawiać.

Po kilkunastu godzinach dotarła do jego mieszkania na Manhattanie. Przywitał ją skruszony.

– Byłem takim głupcem! – płakał. – Obsypywałem pieniędzmi i prezentami osobę, która wolała te rzeczy ode mnie. Nalegała, żebym cię zostawił. To mnie przeraziło. Powiedziałem: „Bruna jest częścią mnie jak ręka czy noga. Nigdy jej nie zostawię!".

Aldo zapewnił Brunę, że zakończył romans. Obiecał, że będzie jej wierny do końca. Jego słowa płynęły z serca, a mama pragnęła mu zaufać. Jednak jak zawsze martwiła się przede wszystkim o nasze bezpieczeństwo.

– Musisz mi obiecać, że Patricia zawsze będzie dla ciebie najważniejsza – powiedziała spokojnie. – Nie dbam o siebie, nie musisz mi nic zostawiać. Musisz przysiąc, że zadbasz o naszą córkę, tak jakby była twoim synem.

Dał jej słowo. Ojciec stał się „aniołem w ciągu jednej nocy", według słów mojej matki. Pełen podziwu dla jej uporu i od nowa nią oczarowany, zdołał nawet zrealizować zapewnienia, że będzie lepszym „mężem". Czasem spontanicznie dzwoniła do niego do biura i mówiła: „Aldo, robię spaghetti. Może przyjdziesz do domu i zjemy razem?". Słuchał w milczeniu i natychmiast się zgadzał. Pod byle pretekstem wychodził z biura i jechał do niej. Niekiedy niespodziewanie kończył zebranie, aby mogli zjeść razem obiad. *Dottore* Gucci stał się taki, jakiego nikt sobie nie wyobrażał. „Był człowiekiem o wielu twarzach, ale w momencie, kiedy przekraczał mój próg, zdejmował wszystkie maski" – oceniła go *mamma*.

Otworzył się przed nią tak, jak nie robił tego, odkąd pisał do niej listy miłosne. „Nigdy nie znałem takiej kobiety jak ty", powtarzał wielokrotnie. „Zawdzięczam ci wszystko". Nikt nie miał na niego takiego wpływu. Nikt inny nie rozumiał go tak dogłębnie. Stale przepraszał ją za ból, którego jej przysporzył, i dodawał: „Poświęcę resztę życia, aby ci to wynagrodzić".

Był przekonany, że ich nierozerwalna więź jest *miracoloso* (cudem), która przyciągała ich do siebie jak nadprzyrodzona siła. „To absurd. Nawet jeśli chciałbym odejść, nie byłbym w stanie!", twierdził.

Dla matki ani trochę nie brzmiało to absurdalnie. Przepowiednia Sari Nandiego, że ma „wyższy cel" w życiu, spełniła się. Chociaż dużo czasu minęło, zanim znów zaufała ojcu, ich wzajemna miłość miała przetrwać bez względu na to, kto mógł między nimi stanąć. Kochanka mogła chwilowo wypożyczyć serce ojca, ale ono zawsze należało do mojej matki.

17

George Bernard Shaw napisał: „Wyobraźnia jest początkiem tworzenia. Wyobrażasz sobie to, czego pragniesz, chcesz tego, co sobie wyobraziłeś, i w końcu tworzysz to, czego chcesz". Mój ojciec był przede wszystkim biznesmenem, ale czerpał inspirację z otaczającego go świata, który wpoił mu potrzebę obcowania z kulturą i doceniania bardziej wyszukanych rzeczy.

Dorastając w ogromnej galerii sztuki, jaką jest Florencja, niejako żył i oddychał architekturą, rzeźbą i malarstwem – doświadczenie to jeszcze się nasiliło, kiedy przeniósł się do Rzymu. Chociaż nie odziedziczyłam jego talentu do interesów, lubię myśleć, że niektóre jego cechy znajdują odzwierciedlenie we mnie, takie jak umiejętność dostrzegania szerszego kontekstu, wprowadzania nowych rozwiązań oraz znajdowania twórczych sposobów na wyrażenie siebie.

Myślę, że Paolo był najbardziej podobny do ojca – miłośnik życia, ciągle w ruchu, nieuznający autorytetów, utalentowany, chociaż stryj Rodolfo tak nie uważał. Ich wzajemne relacje pogorszyły się do tego stopnia, że Foffo zwolnił go ze stanowiska głównego projektanta i kazał wyrzucić z fabryki w Scandicci. Bezpośrednim powodem była torebka, którą Paolo zaprojektował, a która tak bardzo nie spodobała się stryjowi, że wyrzucił ją przez okno –

wylądowała u stóp przerażonych pracowników, którzy wyszli na przerwę na papierosa.

Papà wkroczył, aby doprowadzić do zawieszenia broni, tak jak w przypadku Maurizia, i zaproponował to samo rozwiązanie: Paolo miał się przeprowadzić do Ameryki, aby pracować pod jego osobistym nadzorem. Mój stryj był zachwycony, że pozbył się bratanka, Paolo zaś dostrzegł w tym szansę, na którą od dawna czekał. W Ameryce otrzymał kilka nowych tytułów, w tym dyrektora zarządzającego Gucci Parfums i Gucci Shops oraz wicedyrektora do spraw marketingu. Z tą pozycją wiązało się tworzenie nowych kampanii reklamowych i śmiałych wizji aranżacji witryn. Paolowi przysługiwała też wyższa pensja i wiele dodatkowych korzyści, takich jak własny gabinet w oddziale firmy przy Piątej Alei.

Paolo był wówczas w średnim wieku i niedawno ponownie się ożenił. Miał nadzieję, że w końcu zyska uznanie, które od dawna mu się należało. Chcąc udowodnić ojcu, na co go stać, ochoczo zaczął wprowadzać swoje pomysły w życie i nie znosił w tej kwestii żadnego sprzeciwu. Kiedy ktoś próbował ingerować w jego zamiary, Paolo wybuchał niepohamowanym gniewem. Chociaż tę cechę odziedziczył po ojcu, Aldo nie tolerował takiego zachowania u innych. Jednym z pierwszych posunięć Paola było znaczne zwiększenie wydatków na reklamę, aby intensywnie promować markę na całym świecie. Mój ojciec nigdy nie widział potrzeby zbyt agresywnego marketingu. Od końca pierwszej wojny światowej słowo podawane z ust do ust wystarczyło, aby zbudować świadomość marki, więc kiedy Paolo nalegał na dodatkowe fundusze, ojciec wyśmiał go i powiedział, żeby nie marnował pieniędzy.

Widząc, że wszystkie jego pomysły są blokowane, Paolo wrócił do pierwotnego projektu, czyli stworzenia Gucci Plus – osobnej firmy specjalizującej się w projektowaniu linii ubrań prêt-à-porter, która byłaby adresowana do młodszych i interesujących się modą klientów. Ten pomysł już raz został odrzucony przez zarząd firmy. Paolo był jednak zdeterminowany, aby doprowadzić do realizacji projektu, nawet jeśli oznaczałoby to zwrócenie się do niezależnego producenta.

Ojciec zaś miał własną wizję: chciał wynieść wizerunek firmy Gucci na wyżyny dzięki mariażowi mody i sztuki – dwóch światów, które w jego rozumieniu łączyła silna więź. Ta idea skrystalizowała się pod postacią Gucci Galleria. W 1977 roku ku powszechnej aprobacie otwarto pierwszą z nich w sklepie w Beverly Hills. Tysiąc wybranych klientów otrzymało wówczas po osiemnastokaratowym *chiave d'oro*, czyli złotym kluczu, którym otwierało się drzwi do innego świata. Kiedy wybrańcy wysiadali z windy na drugim piętrze, roztaczał się przed nimi zupełnie nowy wymiar luksusu.

Galeria ta mogła przyprawić o zawrót głowy. Jej goście byli witani kieliszkiem szampana. Mogli podziwiać dzieła sztuki wystawione między gablotami z drewna różanego i mosiądzu, w których znajdowały się drogocenne kamienie, limitowane serie biżuterii oraz torebki ze skóry krokodyla i jaszczurki. Sprowadzono rzemieślników z fabryki, aby potencjalni nabywcy mogli podziwiać ich przy pracy. Salon odznaczał się ponadczasową elegancją, ciepłą i zachęcającą do przebywania w nim. Nie odnosiło się wrażenia, że należało dokonać tu zakupów. Obojętnie, czy ludzie przybywali tam na zaproszenie, czy wpadali na chwilę rozkoszować się atmosferą, od momentu, kiedy wychodzili z windy, czuli się częścią wyjątkowego wydarzenia.

Ojciec wiedział, że w świecie tak szybko zmieniających się trendów wszechobecna marka musiała zaoferować klientom zdecydowanie więcej. Gucci Galleria była bezpośrednim krokiem ku przywróceniu firmie należnego jej prestiżu. Pomysł ten odniósł sukces, dlatego ojciec postanowił powielić go również w Nowym Jorku w sklepie, który miał stać się najbardziej zachwycającą przestrzenią handlową na Manhattanie i swoistym przesłaniem Alda Gucciego dla świata.

Mniej więcej w tym czasie ojciec doszedł do wniosku, że najwyższa pora włączyć mnie w działania firmy. Jako piętnastolatka podczas przerwy wakacyjnej towarzyszyłam mu w podróży do Singapuru, Hongkongu i Japonii – pierwszych z wielu wypraw do Azji, które odbyłam, reprezentując firmę. W 1979 roku przyleciałam do Los Angeles jako oficjalna przedstawicielka Gucciego na jedną z najważniejszych hollywoodzkich imprez, której ojciec był sponsorem, a która odbywała się w słynnym hotelu Beverly Wilshire. Wyczułam, że będzie to swego rodzaju chrzest bojowy, więc wcześniej odwiedziłam fryzjera i włożyłam piękną odsłaniającą ramiona szyfonową sukienkę Halstona w kolorze żółtym. Zostałam posadzona u szczytu stołu obok June Allyson i Rity Hayworth, jednej z największych aktorek Hollywood. Nawet w wieku sześćdziesięciu lat i z początkami choroby Alzheimera była piękna w sposób, który nigdy nie przemija.

Wieczór, podczas którego starałam się porozmawiać ze wszystkimi, nie wyglądając przy tym na oszołomioną, upłynął bez wpadek. Sądzę, że jak na nastolatkę poradziłam sobie bardzo dobrze.

– Ojciec powiedział, że byłaś doskonała! – powtórzyła mi później mama. Pochwała z jej ust to największe wyróżnienie.

W czerwcu 1980 roku ojciec załatwił dla mnie specjalne zwolnienie z Aiglon, abym mogła uczestniczyć w wielkim otwarciu nowego flagowego sklepu i Gucci Galleria w Nowym Jorku. Napisał do dyrektora, że moja obecność jest konieczna i dodał, że „będzie tam cała rodzina Guccich". Nawet moja matka się wybierała. Rzadko uczestniczyła w oficjalnych uroczystościach, ale cieszyłam się, że tym razem postanowiła zrobić wyjątek. Podczas czterech lat mojego pobytu w Szwajcarii odwiedzała mnie sporadycznie. Wakacje spędzałam z przyjaciółmi, co oznaczało, że widywałyśmy się bardzo rzadko. Właściwie spędzałyśmy czas razem tylko wtedy, kiedy ojciec zorganizował coś szczególnego.

Nowojorskie otwarcie należało do takich okazji, więc nalegał, żebyśmy obie w nim uczestniczyły. Chociaż matka spotkała już wcześniej Giorgia, Paola i Roberta, nie czuła się swobodnie w ich

Moi szykowni rodzice w 1980 roku.

obecności. Jestem pewna, że odwróciła się, kiedy Patrizia pozowała fotoreporterom w jakiejś skandalicznej kreacji, a Maurizio trzymał fason, wysyłając w świat wiadomość, że firma Gucci pozostanie w rękach rodziny na długo po tym, jak mój ojciec zdecyduje się przekazać pałeczkę następcy.

Gucci Galleria spotkała się z entuzjastycznym przyjęciem nieczęsto spotykanym nawet w Ameryce. „Gucci przeszedł sam siebie!", głosił nagłówek w „New York Timesie", który opisał ją jako „oazę subtelnego, lecz zarazem niebywałego luksusu". Tak z całą pewnością było. Po przejażdżce oszkloną windą do specjalnej wnęki przed klientami roztaczał się widok na szesnastowieczny arras o wymiarach siedem na pięć metrów zatytułowany *Sąd Parysa*, utkany z jedwabiu i wełny, który powstał na zamówienie Francesca de' Medici. Zajmował całą ścianę, podobnie jak obraz *Białe drzewo* (pięć na dwa metry), który ojciec zamówił u Roya Lichtensteina. Imponujące rozmiary tych dzieł nadawały ton całości i przygotowywały klientów na spotkanie z dziełami najwybitniejszych współczesnych artystów – włoskich i nie tylko – które znajdowały się w dalszej części.

– Uwielbiam otaczać się pięknymi przedmiotami – mówił ojciec, chwaląc się niezwykłą kolekcją, którą udało się mu zgromadzić. – A sztuka współczesna posługuje się własnym językiem.

Był to język, który on dobrze rozumiał i cenił wyżej niż inne symbole statusu. Sztuka poruszała go do głębi, dotykając twórczej strony jego natury.

Choć początkowo oszołomione, media szybko wytknęły mu rozrzutność: kto otwiera sklep o powierzchni prawie dwóch tysięcy metrów kwadratowych w dobie recesji? Przypominał im od razu, że Gucci Galleria była przeznaczona jedynie dla najlojalniejszych klientów firmy – dla „pięciu procent, które na to stać". Dodawał „Luciano Pavarotti nie śpiewałby w kawiarni za żadne pieniądze. Pavarotti ma głos i wizerunek [...]. To jest nasz głos – głos [którym] śpiewamy".

Wśród wszystkich obrazów mojego ojca, które przechowuję w pamięci, ten z owego ciepłego, czerwcowego wieczoru jest jednym z najdroższych memu sercu. Nienagannie ubrany, mężczyzna, którego okrzyknięto „Michałem Aniołem marketingu", energicznym krokiem przemierzał osiem salonów pełnych orchidei, skarbów i oczywiście produktów Gucciego. Obdarzając wszystkich uśmiechem, witał damy z towarzystwa, polityków, celebrytów i gwiazdy filmowe przy dźwiękach granej na żywo muzyki klasycznej. *Papà*, odmłodniały o dwadzieścia lat, był gospodarzem w pełnym tego słowa znaczeniu.

Cokolwiek jeszcze czekało go i jego firmę, z zachwytem patrzył, jak daleko udało się mu dojść. Moja matka stała u jego boku, a ja odgrywałam coraz ważniejszą rolę w jego świecie. Wyglądało na to, że przynajmniej na chwilę kłótnie w rodzinie zostały zażegnane, a przyszłość malowała się w jaśniejszych barwach. Ta noc stanowiła zwieńczenie dekad ciężkiej pracy i nieustającego oddania. Sądzę, że nawet on pod koniec zatrzymał się z kieliszkiem szampana w dłoni, aby podziwiać ogrom tego osiągnięcia.

Nie przewidział jednak, jakie rozmiary osiągnie nienasycona ambicja Paolo. Stryj Rodolfo bacznie go obserwował, i kiedy odkrył, że bratanek w tajemnicy ruszył z realizacją Gucci Plus, wpadł we wściekłość, podobnie jak ojciec. Cztery miesiące po otwarciu Gucci Gallerii Paolo został wezwany przed zarząd, aby się wytłumaczyć. Kiedy nie tylko nie chciał przeprosić, lecz także stawiał kolejne żądania, Aldo nie wytrzymał. W porywie złości zwolnił go i kazał się spakować.

Paolo nie docenił ojca. Gdyby poczekał i wycofał się ze swoich planów, być może udałoby się mu ponownie wkupić w łaski ojca. Zamiast tego ten w gorącej wodzie kąpany głupiec udał się do swojego prawnika i złożył wniosek o zarejestrowanie marki Paolo Gucci. To posunięcie bezpośrednio godziło w układ udziałowców, który zabraniał wykorzystania nazwiska Gucci „w innych przedsięwzięciach finansowych, handlowych czy rzemieślniczych".

Nic nie denerwowało mojego ojca bardziej niż brak szacunku, a pomysł, aby pod szyldem „GG" funkcjonowała poboczna działalność, wywoływał w nim napad furii zazwyczaj zarezerwowany jedynie dla producentów podróbek. Natychmiast złożył własny pozew, powołując się na naruszenie znaku handlowego, a następnie zagroził wprowadzeniem na czarną listę każdego dostawcy, który ośmieliłby się współpracować z jego synem. Oznaczałoby to wyrok śmierci dla tych, którzy by się mu nie podporządkowali, ponieważ dla większości z nich Gucci był głównym nabywcą. To przypieczętowało koniec pomysłu Paola, którego pretensje na zawsze położyły się cieniem na relacji z ojcem.

W tamtym czasie kontakty z pozostałymi braćmi były bardziej przyjazne. Atmosfera między nami zdecydowanie się poprawiła, chociaż zawsze traktowałam ich bardziej jak wujów niż rodzeństwo. Z biegiem czasu utwierdziłam się w ocenach obu braci.

Giorgio nigdy nie czuł się dobrze w tłumie i tylko wtedy, gdy byliśmy sami z dala od ojca, był sobą. W moim towarzystwie niemal w ogóle się nie jąkał. Odkryłam również, że miał quasi-brytyjskie poczucie humoru i absolutnie nie był nieśmiały ani łagodny. Co więcej, potrafił być ostry jak brzytwa.

Roberto z włosami zaczesanymi na jedną stronę i zaokrąglonymi kołnierzykami przy koszuli, które stały się jego znakiem rozpoznawczym, pozostał zdystansowany i sarkastyczny wobec mnie. Nie udało mi się go polubić i nigdy mu nie zaufałam. Przed ojcem udawał, że jest dla mnie miły, ale kiedy zostawaliśmy sami, stawał się uszczypliwy i zimny. On i jego żona zaczęli przezywać mnie *la lava*, ponieważ uważali mnie za osobę wybuchową. Choć uznawali to określenie za przytyk, ja potraktowałam je jako komplement. Nie byłam przecież taka gwałtowna, czasem tylko się burzyłam.

Ich najstarszy syn, Cosimo, jako jedyny z tej strony rodziny przypadł mi do gustu. Zapraszał mnie na obiady ze swoją narzeczoną i zawsze wypowiadał się o moim ojcu z najwyższym szacunkiem, więc natychmiast staliśmy się sobie bliscy. Ponieważ od wielu lat pracował w naszej firmie i doskonale się we wszystkim orientował, kiedy przyjeżdżałam do Florencji, brał mnie pod swoje skrzydła i oprowadzał. Był dla mnie bratem, jak nikt inny.

W wieku siedemnastu lat odwiedziłam z ojcem fabrykę w Scandicci, żeby obejrzeć najnowszą kolekcję podczas pokazu zorganizowanego dla klientów z całego świata. Już wtedy po moim dziecięcym onieśmieleniu nie było śladu i w otoczeniu rodziny oraz zaufanych pracowników czułam się jak u siebie. Z pewnością siebie, którą wpajano mi w szkole od najwcześniejszych lat, przedstawiłam się po włosku i po angielsku naszym nabywcom z Japonii i Ameryki Północnej, jak również przedstawicielom naszych filii w Zjednoczonym Królestwie, Francji i Włoszech.

Oglądając wraz z Cosimem pokaz, podczas którego modelki prezentowały ubrania, buty, torebki i akcesoria, przyglądałam się również nabywcom dokonującym wyborów, co dało mi wgląd w złożone zagadnienia handlowe. Za wydarzenia tamtego dnia odpowiadał Roberto i w pewnym momencie zapowiedział przez mikrofon przerwę obiadową dla wszystkich. „Dla wszystkich, oprócz ciebie, Patricio!", wskazał mnie przez całą salę. Ten nieudany żart zawstydził nas oboje.

Mimo że udział w tego typu imprezach cieszył mnie bardzo, nigdy na poważnie nie brałam pod uwagę możliwości pracy w firmie. Podobnie jak wcześniej stryj Rodolfo marzyłam o karierze na scenie. W Hurst Lodge uwielbiałam zajęcia teatralne, w Aiglon zawsze obsadzano mnie w głównych rolach – zagrałam między innymi Maisie w szkolnej wersji musicalu *The Boy Friend*. Co niesłychane, matka przyjechała zobaczyć mój występ. „*Brava*, Patrizina! Byłaś wspaniała", powiedziała mi po spektaklu, zabierając na kolację z przyjaciółmi. Były to najszczęśliwsze chwile.

Chciałam, żeby ojciec był obecny podczas mojego debiutu, ale jak zazwyczaj znajdował się na drugim końcu świata. Moje rozczarowanie szybko minęło, zwłaszcza że nie zjawił się żaden z ojców moich przyjaciół. Do mnie przyjechała przynajmniej matka. Z tej okazji *papà* przysłał mi liścik, który przechowuję do dziś dnia razem z całą naszą korespondencją. „Przesyłam Ci całą swoją miłość i zapewniam Cię, że zawsze myślę o Tobie i jestem z Ciebie niezwykle dumny", napisał.

Latem 1980 roku przyszedł czas, żeby opuścić mury Aiglon i wrócić do miejskiego życia. Za zgodą rodziców przeprowadziłam się do Londynu, aby przygotować się do matury i egzaminów na studia. Cieszyłam się posiadaniem własnego mieszkania naprzeciw Harrodsa. W końcu nie obowiązywały mnie żadne zakazy ani nakazy i po raz pierwszy w życiu mogłam zasmakować w prawdziwej niezależności. Z pewnością dobrze ją wykorzystałam.

Londyn był wówczas naprawdę ekscytującym miejscem. Większość moich przyjaciół tam mieszkała, również tych, którzy tak jak ja przyjechali prosto z Aiglon. Wśród nich znajdowali się serdeczna przyjaciółka Maria Dahlin i Enrico Marone Cinzano, który określał mnie jako osobę w dziewięćdziesięciu procentach doskonałą, w dziesięciu – szaloną. Na początku londyńskiego życia te proporcje z pewnością się odwróciły. Nasza trójka spędzała noce w takich klubach jak Blitz czy Heaven, po czym o świcie łapaliśmy taksówkę do domu przy dźwiękach Ultravox, Visage czy Human League. Niewiele sypiając i nie mając nikogo, kto zmusiłby mnie do nauki, praktycznie jej zaniechałam, więc wyniki z egzaminów okazały się takie sobie.

Matka i ja prowadziłyśmy odrębne życie. Od czasu do czasu rozmawiałyśmy przez telefon, zwłaszcza gdy potrzebowałam nowego przepisu, znudzona ciągłym jedzeniem spaghetti z masłem i parmezanem, które notabene było najlepszym lekarstwem na kaca, przydarzającego mi się wówczas zdecydowanie zbyt często.

– Jak robisz swoje *penne all'arrabbiata?* – pytałam. – Przychodzą do mnie goście i chciałam im to podać.

Nadal nie zgadzałyśmy się w wielu kwestiach, ale jedzenie było bezpiecznym tematem.

Z ojcem podczas przyjęcia z okazji moich osiemnastych urodzin
w hotelu Savoy w Londynie, gdzie wszystko się zaczęło.

Kiedy w lutym 1981 roku zbliżały się moje osiemnaste urodziny, przebywałam w Londynie już ponad pół roku właściwie
bez żadnych konkretnych planów. Zależało mi tylko na zabawie.

Ledwo zdawałam sobie sprawę z tego, że ciążyły na mnie obowiązki, którym kiedyś musiałam sprostać. Uświadomiłam to sobie dopiero wtedy, gdy ktoś z firmy Gucci zasugerował, żeby moje urodziny potraktować jako oficjalne wydarzenie firmowe. Pomysł balu debiutantek w Palm Beach i Nowym Jorku przerażał mnie, co natychmiast powiedziałam ojcu.

– Zgoda. Co chciałabyś zamiast tego? – zapytał.

Wolałam kameralną wykwintną kolację w londyńskim Savoyu, gdzie (czego wówczas jeszcze nie wiedziałam) prawie sto lat wcześniej mój dziadek po raz pierwszy odnalazł powołanie. Mogłam mieć każdą sukienkę, jaką sobie zamarzyłam, ale zamiast niej znalazłam długą, czarną, wyszywaną cekinami kreację z lat trzydziestych w sklepie z używaną odzieżą na King's Road w Chelsea. Nigdy nie zapomnę tamtego wieczoru. Niestety, mama nie mogła być z nami. Wymówiła się, a jako powód podała, że będzie tam „za dużo młodych ludzi" i nie czułaby się dobrze w takim ścisku. Na szczęście *papà* bawił się doskonale. Uwielbiał przebywać z ludźmi z mojego pokolenia i był niezwykle dumny, prowadząc mnie na parkiet, aby odtańczyć pierwszego walca. Pod koniec wieczoru wziął mikrofon, poprosił o ciszę i wygłosił przemówienie. Trzymałam się nieśmiało na uboczu i słuchałam, jak mówi, że dzięki mnie poczuł się „najbardziej dumnym ojcem na świecie".

Dwa miesiące później wzięłam udział w kolejnym wielkim przyjęciu – tym razem w Palm Beach. Ponieważ ojciec spędzał tam i w Nowym Jorku mnóstwo czasu, postanowił uczynić z Ameryki oficjalne miejsce zamieszkania. Chociaż jego serce na zawsze zostało we Włoszech, nastał tam burzliwy czas i dla wielu osób nie było bezpiecznie. Amerykański duch i amerykańska kultura przedsiębiorczości pozwoliły ojcu w pełni rozwinąć skrzydła. Zarejestrował się jako mieszkaniec Florydy i od tamtej pory płacił tam podatki.

Ta decyzja umocniła jego miłość do Palm Beach. Zakupił niezamieszkaną parcelę sąsiadującą z naszą i z pomocą architekta,

Mamma i Luciano Pavarotti podczas przyjęcia w Palm Beach w 1980 roku.

który zaprojektował Gucci Galleria, stworzył cudowny nowy dom. Chociaż ojca martwiły niekończące się spory wewnątrz rodziny, a zwłaszcza pomysły Paola, zdecydował, że zasłużył na chwilę odpoczynku, i zorganizował pierwsze przyjęcie w nowym domu. Chciał, żebyśmy obie z matką były u jego boku, ponieważ miał nadzieję, że dla nas będzie to początek nowej ery.

Po przylocie zauważyłam, że przygotowania do przyjęcia, które lokalne media określały mianem „najgorętszego wydarzenia w mieście", szły pełną parą. W ogrodzie rozstawiono olbrzymi biały namiot, w którym zaplanowano poczęstunek dla dwustu pięćdziesięciu gości, między innymi Luciana Pavarottiego i śmietanki towarzyskiej Palm Beach. Wynajęty na tę okazję personel krzątał się w całym domu, a *mamma* przeżywała prywatne piekło. Nienawidziła takich imprez, zwłaszcza jeśli miała się znajdować w centrum uwagi. Myśl o tym, że musi zabawiać tak wielu nieznajomych, mroziła jej krew w żyłach.

– Przyjęcia mnie zabijają! – powtarzała. – Nie znoszę tego uśmiechania się! To takie sztuczne.

Wiele lat później powiedziała mi, że zawsze czuła się „boleśnie nie na miejscu" i bardzo skrępowana wśród znajomych ojca.

– Nigdy nie mogłam być pewna, czy mówiłam to, co należało, ani czy wyglądałam odpowiednio. Czułam się malutka przy tych wyrafinowanych kobietach, które zawsze wiedziały, jak się zachować i jak nawiązać kulturalną rozmowę. Ja byłam kopciuszkiem.

Tamtej nocy nie musiała się jednak o nic martwić. Kiedy wyszła z sypialni w zwiewnej szarej kreacji z szyfonu, ojciec i ja równocześnie wstrzymaliśmy oddech. *Quanto sei bella!* (Jaka jesteś piękna!), zawołał Aldo, gdy odzyskał mowę. Natychmiast rozłożył ramiona, by ją przytulić. Ja również zapewniałam, że wyglądała zjawiskowo, ale ona nam nie wierzyła i zaklinała nas, żebyśmy przestali się z nią droczyć.

Niemniej przez cały wieczór prezentowała się jak prawdziwa gwiazda, bez problemu nawiązując kontakty ze wszystkimi z pewnością siebie, jaką nieczęsto się u niej widywało. Obserwując ją z daleka, byłam jak urzeczona i nie mogłam przestać zastanawiać się, jak jej się to udało. Z wdziękiem pozwoliła się ucałować Pavarottiemu, który również był nią oczarowany. „Bruna, jesteś cudowna!", zawołał, obejmując nas obie potężnymi ramionami. Ojciec uśmiechnął się na widok radosnej sceny z udziałem tej wyrazistej postaci i rozumiałam, dlaczego on i wielki tenor tak serdecznie się przyjaźnili.

Moja matka powinna była dostać Oscara za ten występ. Tylko *papà* i ja zdawaliśmy sobie sprawę z tego, jak drżała wewnętrznie. Później się dowiedziałam, że udało się jej przetrwać ten wieczór, ponieważ przyjaciółka podała jej (pierwszą i ostatnią) tabletkę uspokajającą, dzięki której odprężyła się i unosiła nieco nad ziemią podczas imprezy, którą nazywam jej balem debiutanckim.

– Czułam, jakby mnie tam w ogóle nie było. Strasznie mi się to nie podobało – powiedziała. – Nigdy więcej!

Prawdopodobnie najgorszy moment przeżyła wtedy, gdy ojciec wstał i nalegał, abyśmy stanęły po jego bokach podczas rozmów z gośćmi. Chciał pokazać wszystkim, jakie byłyśmy dla niego ważne, i przyciągnął nas bliżej siebie, kiedy nadszedł czas na zdjęcia. Widziałam, że matka marzyła o tym, żeby zapaść się pod ziemię, kiedy wszystkie oczy zwróciły się ku nam, kiedy ojciec zaczął przemawiać: „Bardzo się cieszę, że mogę was wszystkich powitać w naszym nowym domu, który na początku był marzeniem, ale stał się rzeczywistością", powiedział z błyskiem w oczach. „Jestem szczęśliwy, że mogę być tutaj z moją piękną żoną Bruną i naszą uroczą córką Patricią – tutaj, w Palm Beach, w naszym ulubionym miejscu na ziemi".

Uśmiechaliśmy się do zdjęć, a goście wiwatowali i mimo zażenowania mojej matki ten wieczór zapamiętam na zawsze.

18

Jednym z wrodzonych darów mojej matki była umiejętność dbania o chorych i potrzebujących. Dzięki domowym zupom i uzdrawiającym daniom z ryżu była prawdziwą alchemiczką i znajdowała lekarstwo na wszystko. Prawdziwa *mamma Italiana*.

Jako dziecko przechodziłam wszystkie choroby tego wieku. Nie szczędziła mi wówczas uwagi, co czasem graniczyło z obsesją. Zakrywała mi głowę ręcznikiem i sadzała nad parującą miską z olejkiem eukaliptusowym, żeby oczyścić zatoki. W czasie ospy smarowała mi krostki specjalnym roztworem i surowo zabraniała się drapać. Zawsze chciała dobrze, choć czasem jej kompulsywne zachowanie stawało się trudne do zniesienia.

– Zażyj to i idź spać! – oto jej wersja życzenia mi dobrej nocy.

Jestem przekonana, że była przy mnie, kiedy miałam usuwane migdałki w Berkshire, i z pewnością niepokoiła się, kiedy podczas pobytu w Aiglon zostałam zawieziona w środku nocy do szpitala z powodu zapalenia wyrostka robaczkowego, ale wyparłam te wspomnienia. Nawet teraz robi zamieszanie z powodu zwykłego przeziębienia i dzwoni do mnie co rano, żeby się upewnić, że mam się dobrze. *Come ti senti oggi?* (Jak się dziś czujesz?), pyta zazwyczaj, zanim powie „cześć". Tak samo zachowywała się wobec mojego ojca. Natomiast w ogóle nie miała współczucia w przypadku chorób spowodowanych przez nas samych. Nie obchodziło ją, że ojciec i ja podróżowaliśmy między strefami czasowymi i często byliśmy wystawieni na działanie niekorzystnych czynników zewnętrznych. Któregoś roku ojciec zaczął cierpieć z powodu bezsenności. Na początku mama złościła się, ponieważ uważała, że jest sam sobie winny, bo za dużo lata samolotem. Zawsze był niespokojny, ale sypiał dobrze, zwłaszcza jak na kogoś, kto ma tyle spraw na głowie. Okazało się, że problemy ojca ze snem są poważniejsze, niż się to na początku wydawało. Matka – której to zagadnienie było nieobce – zaczęła go pouczać o konieczności głębokiego oddychania, co miało uspokoić umysł. Ta metoda nie zawsze działała. Dość szybko się zorientowała, że kiedy nad ranem w Palm Beach ojciec nie leży obok niej w łóżku, powinna narzucić coś na siebie i wyjść na dwór. Zastawała tam ojca podlewającego trawnik pod rozgwieżdżonym niebem.

– Aldo, co ty wyprawiasz?! – wołała.

– Wszystko w porządku, Bruno. Wracaj do łóżka, zaraz tam będę.

Nie wiedział, że często przyglądała się mu z ukrycia. Nie uchodziło jej uwagi, że pochłonięty własnymi myślami wiele minut spędzał w tym samym miejscu, zalewając ziemię i mocząc bose stopy.

Mama miała nadzieję, że to przejściowe problemy. Dobrze wiedziała, że kiedy chodzi o problemy w firmie, żadna liczba głębokich oddechów nie pomoże. Paolo nadal był cierniem w oku ojca, a jego wyczynom należało bacznie się przyglądać.

– Nigdy nic go nie zadowala – narzekał ojciec stłumionym głosem. – Zawsze chce więcej i więcej. A ci prawnicy, których zatrudnia! Są tacy irytujący. Dlaczego nie może zachowywać się jak jego bracia i po prostu pracować?

– A czy oni nie mogliby wybić mu tego z głowy? – pytała *mamma*.

– Próbowali. Nic z tego nie wyszło.

– Aldo, nie możesz się tak tym wszystkim przejmować – mówiła mu, choć wiedziała, że przy całym tym napięciu łatwiej było to powiedzieć, niż zrobić.

Przy mnie zachowywała się zupełnie inaczej.

– Paolo zrujnuje nas wszystkich! – mówiła, mając coraz więcej złych przeczuć. – Ciągle mu mało. Ojciec wychodzi z siebie.

Były też inne problemy. Rodolfo na przykład domagał się większego udziału w Gucci Parfums, firmie, którą ojciec powołał do życia z myślą o moich braciach, a która osiągnęła sukces przekraczający najśmielsze wyobrażenia. Z początku Rodolfo zgodził się podarować bratankom dwadzieścia procent udziałów w nowo powstającym przedsięwzięciu. Nie domagał się tego samego dla Maurizia, ponieważ nadal byli ze sobą skłóceni. Interes okazał się strzałem w dziesiątkę, więc Rodolfo chciał trzykrotnie zwiększyć swoje udziały. Ojciec się na to nie zgodził.

Stres zaczął poważnie zagrażać zdrowiu taty, choć do tego się nie przyznawał. Przez całe życie był w dobrej formie i niezwykle rzadko brał zwolnienie z powodu choroby. Ale latem 1981 roku, kiedy miał odpoczywać z nami na Florydzie, nabawił się okropnego kaszlu, który nie mijał.

– Powiem ci, jak do tego doprowadziłeś – drwiła z niego moja matka, przygotowując mu mleko z miodem. – To przez to twoje chodzenie po nocy. Nie wiesz, jakie niebezpieczne jest wchodzenie z upału do klimatyzowanego domu, i to z mokrymi stopami?

Martwiła się, że jego system odpornościowy, osłabiony bezsennością, mógł się załamać, dlatego przyrządziła swój cudowny rosół. Do tego ojciec upierał się, że musi polecieć na spotkanie do Miami, chociaż brakowało mu tchu.

– Nic mi nie będzie – odpowiedział gburowato na jej ostrzeżenia. – To przecież tylko kilka godzin.

– Nie, Aldo, nie możesz nigdzie lecieć! – upierała się i groziła mu placem. – Zabraniam!

Naciskała na niego tak bardzo, że postanowiłam interweniować, bo czułam narastającą w nim irytację. Chciałam nie dopuścić do kłótni.

– Och, daj mu spokój, mamo – powiedziałam. – Jest dorosły i może sam o sobie decydować.

Matka nie poddała się łatwo i zażądała drugiej opinii. Lekarz, którego sprowadziła, stwierdził grypę i zaproponował badania krwi.

– To zapalenie płuc. – Matka nie dawała za wygraną. – Musi iść do szpitala.

Ignorując opinię jedynego profesjonalisty w naszym gronie, kazała Stanleyowi, kierowcy ojca, natychmiast zawieźć go na ostry dyżur.

– Jedź z nim, Patricio – poprosiła. – Ja spakuję kilka jego rzeczy i dojadę.

Potulnie wypełniliśmy jej instrukcje.

Na tylnym siedzeniu samochodu mój sceptycyzm zmienił się w zmartwienie i zrozumiałam, że matka mogła mieć trochę racji. Ojciec nie musiał już udawać zdrowego. Poszarzał na twarzy i walczył o każdy oddech. W szpitalu pokornie oddał się pod opiekę lekarzy. I bardzo dobrze. *Mamma* się nie pomyliła. Zdiagnozowano u niego wirusowe zapalenie płuc. Okazało się, że jest uczulony na penicylinę, więc trzeba było czekać kilka decydujących godzin, zanim specjalny antybiotyk został sprowadzony samolotem.

Przerażona patrzyłam, jak szybko pogarszał się jego stan. W jednej chwili kłócił się z moją matką, w następnej był niemal nieprzytomny i gorączkował. Dla siedemdziesięcioszcioletniego człowieka są to okoliczności zagrażające życiu. Po raz pierwszy dotarło do mnie, że pewnego dnia stracimy ojca, i ta myśl mną wstrząsnęła. Często odwiedzałam go w szpitalu, ale moja matka nie opuszczała go na krok, czekając, aż leki w końcu zaczną działać. Żywiła się bananami i kawą, schudła pięć kilogramów w pięć dni. Zauważyła w pewnej chwili, że ojciec ściska w dłoni niewielką złotą ramkę z obrazkiem przedstawiającym Madonnę z Dzieciątkiem. Musiał wziąć ją z domu przed wyjazdem, co dowodziło, że zdawał sobie sprawę z ciężkiego stanu.

– Powinien pan podziękować żonie – powiedzieli mu lekarze, kiedy w końcu otworzył oczy. – Gdyby zwlekał pan jeszcze dzień, mogło być za późno.

Nie musieli mu tego mówić, ponieważ w stanie podobnym do śpiączki „dotknął zasłony", jak to ujął. Opisywał Brunie swoje doświadczenie bycia poza ciałem. Nie krył przy tym zachwytu i pokory.

– Poruszałem się w kierunku jasnego światła – mówił z łzami w oczach. – Doznawałem niezwykłego spokoju! Ani trochę się nie bałem.

Wyznał, że zmusił się do powrotu, ponieważ miał „niedokończone sprawy", którymi musiał się zająć. Nawet nieprzytomny cały czas czuł przy sobie obecność Bruny. Doświadczenie z pogranicza życia i śmierci pomogło mu uporządkować myśli i uświadomić sobie, że być może zostało mu niewiele czasu. Wszystko, co matka mówiła mu od tylu lat o życiu duchowym, nagle nabrało sensu. Przyznał jej rację. Wszyscy mamy wyższe cele i obowiązek postępować sprawiedliwie wobec osób, które nas kochają.

Pewnego dnia pocałował obrazek, który trzymał w dłoni, i z twarzą zmienioną przez silne emocje powiedział:

– Przysięgam na Madonnę, że jeśli wyjdę żywy z tego szpitala, uczynię cię moją żoną.

– Och, przestań – zganiła go matka. – Nie możesz składać takich przysiąg. Jesteś już żonaty!

Ale po chwili słuchała zdumiona, kiedy opowiadał jej, co odkrył – rzekomo niedawno – podczas wizyty w urzędzie ziemskim koło Rzymu. Z powodu niedopatrzenia z jego strony małżeństwo z Olwen, zawarte w 1927 roku w Anglii, najwyraźniej nie zostało zarejestrowane we Włoszech. Jeśli to prawda, wobec prawa włoskiego nadal był kawalerem.

O legalnym charakterze tego małżeństwa decydowała zatem jedynie ceremonia zaślubin w Shropshire. Taka pomyłka mogła być katastrofalna w skutkach dla jego synów.

Dom mojego ojca w Beverly Hills, około 1980 roku.

Bruna wysłuchała go, a następnie położyła dłoń na jego czole, kazała mu się położyć i zasnąć. Było jej miło, że podzielił się z nią tymi informacjami, ale wiedziała, że niczego nie zmieniały. Pozostawało faktem, że Olwen była jego żoną przez większość życia i urodziła mu trzech synów. Nigdy nie dałaby mu rozwodu i moja matka to doceniała. Chciała tylko zabrać Alda do domu.

Ojciec nie należał do osób lekko traktujących raz złożone obietnice. Nawet jeśli miałby to być jedynie symboliczny gest, chciał podziękować matce, że tak bardzo się o niego troszczyła. Doszedł do wniosku, że w jego życiu tylko dwie osoby naprawdę go kochały – mama i ja. Na nas zawsze mógł liczyć. „Miłość i lojalność to jedyne sprawy, które się w życiu liczą", zaczął powtarzać. Miłość i lojalność.

Uważał, że udało się mu przeżyć tylko dzięki trosce Bruny i wierze w Boga. Zamierzał dotrzymać obietnic im obojgu złożonych. Kiedy zadzwonił do nas i poprosił, żebyśmy razem z nim spędziły Święto Dziękczynienia w Los Angeles w 1981 roku, żadna z nas nie podejrzewała, że miał ukryty powód.

– Czeka na was niespodzianka – powiedział tylko.

Matka nienawidziła niespodzianek i obawiała się najgorszego.

– Co ty knujesz, Aldo?

– Jeśli ci powiem, to nie będzie niespodzianka, czyż nie?

Matka dotarła do domu w Beverly Hills kilka godzin przede mną. Ojciec nie mógł już dłużej utrzymać tajemnicy.

– Pobieramy się! Za dwa dni jedziemy do Ingleside Inn w Palm Springs, gdzie następnego ranka ksiądz udzieli nam ślubu. Wszystko zorganizowane!

Matka pokręciła głową, twierdząc, że to niemożliwe, ale ojciec wziął ją w ramiona, zapewniając, że będzie to kameralna uroczystość.

– Tylko my i specjalistka od reklamy Gucciego z Los Angeles, Gloria Luchenbill.

Cierpiąc z powodu zmiany stref czasowych i cały czas niedowierzając, Bruna zaczęła powoli rozumieć wagę jego słów. Do tej pory obiecał Brunie, że ją poślubi, jeśli Olwen umrze. W listach często zwracał się do niej jako *mia per sempre* (moja na zawsze). Wyglądało na to, że nie zamierzał czekać. Legalność ich małżeństwa będzie dyskusyjna. Ksiądz, który miał udzielić im ślubu, prawdopodobnie nie wiedział o całej sytuacji, podobnie jak ten, który ochrzcił mnie w Londynie. *Mamma* potraktowała oświadczyny ojca jako dowód wielkiego oddania. Nic więcej.

Zachwycona, że tego właśnie pragnął, zgodziła się.

– Dobrze, Aldo – powiedziała z uśmiechem. – Jeśli takie jest twoje życzenie, jestem gotowa je spełnić.

Gloria Luchenbill i jej zespół dostali polecenie, aby wszystko odbyło się w tajemnicy. Gdyby pozostali członkowie rodziny się o tym dowiedzieli, rozpętałoby się piekło. Zrządzeniem losu ceremonia zaślubin moich rodziców odbyła się dzień po tym, jak aktorka Natalie Wood utonęła u wybrzeża południowej Kalifornii, więc w gazetach nie drukowano pomniejszych plotek.

Dotarłam do domu w Beverly Hills. Rodzice pili szampana.

– Twoja matka i ja bierzemy ślub! – ojciec powitał mnie słowami, których nigdy nie spodziewałam się usłyszeć. Zaczął mi wszystko wyjaśniać... Zamarłam. Olwen nadal była jego żoną. Cała sprawa przedstawiała się absurdalnie.

Jako zbuntowana nastolatka uważałam, że małżeństwo w ich wieku jest bezsensowne i niepotrzebne. Nie zmieniłoby niczego także w moim życiu. Odkąd jako dziecko dowiedziałam się, że ojciec ma inną rodzinę, zrozumiałam, że on i mama nie są małżeństwem. Zaakceptowałam to, podobnie jak ona, i nigdy nie marzyłam o tym, żeby zostali mężem i żoną (chyba że dzięki temu *mamma* zyskałaby spokój). Nie miało to dla mnie znaczenia.

Tamtej nocy leżałam w łóżku, wiercąc się i przewracając z boku na bok, próbując oswoić się z tą sytuacją i walcząc z zalewem sprzecznych uczuć. Nie byłam pewna, czy miało to związek z tym, że robili coś nielegalnego. A może liczyłam na spokojne święta w ich towarzystwie, tymczasem po raz kolejny postawiono mnie przed faktem dokonanym i kazano mi go zaakceptować? Czułam się, jakbym z zewnątrz zaglądała do środka, porzucona i zagubiona. Obojętnie, jak bardzo się starałam, obojętnie, o ile wraz z wiekiem stawałam się mądrzejsza – nigdy nie mogłam pojąć natury związku swoich rodziców. Jedyne, co z tego rozumiałam, to to, że po raz kolejny stałam się świadkiem wydarzenia, które było możliwe jedynie w świecie wykreowanym przez Alda i Brunę.

Nic nie było w stanie zmącić ich szczęścia. Zasypiając, postanowiłam odłożyć na bok własne uczucia. Cieszyłam się ze względu na nich. Dawno temu widziałam matkę w tak doskonałej formie. O świcie poczułam się lepiej. Przed południem chętnie pojechałam z mamą do sklepu Neimana Marcusa kupić stroje na ślub, zaangażowałam się w to na dobre. *Mamma* wybrała śliczną, żółtą, szyfonową sukienkę w niebieskie kropki, a ja zdecydowałam się na kreację od Chloé w ciemnym odcieniu różu.

Wolna od zmartwień w ogóle nie brałam pod uwagę, że coś pokrzyżuje moje plany. Tymczasem następnego ranka nie mogłam ani wstać z łóżka, ani nawet się ruszyć. Mięśnie na karku były tak napięte, że niewyobrażalnie bolały. Nie wiem po dziś dzień, jaki był tego powód – czy zasnęłam w nienormalnej pozycji, czy była to reakcja psychosomatyczna. Niemniej jednak w tym stanie nie dałam rady przejść z sypialni do kuchni, nie mówiąc już o dwuipółgodzinnej jeździe samochodem. Nie chciałam jednak popsuć im tego dnia, więc zaproponowałam, żeby pojechali na pustynię beze mnie.

– Nie, Patricio, proszę! – mama błagała mnie jak nigdy w życiu. Przyłożyła mi zimny kompres i próbowała rozmasować przykurcz. Nic nie pomagało, więc zawiozła mnie do miejscowego szpitala. Zastrzyk z kortyzonu ulżył mojemu cierpieniu. Godzinę później ułożona na poduszkach na tylnym siedzeniu limuzyny zmierzałam do Palm Springs, aby uczestniczyć w sekretnym „ślubie" rodziców. Było to 30 listopada 1981 roku – dwadzieścia pięć lat po tym, jak się poznali.

Ingleside Inn, hotel przerobiony z hacjendy u podnóża gór San Jacinto, był miejscem idealnym. W dniach chwały gościł śmietankę hollywoodzką i zachował swój urok. Zgromadziliśmy się w pełnym słońca apartamencie moich rodziców, z którego roztaczał się widok na obsadzony palmami trawnik, aby uczestniczyć w krótkiej ceremonii.

Papà wyglądał niezwykle elegancko w granatowym garniturze z jasnożółtym kwiatem w butonierce. Nigdy nie widziałam go bardziej szczęśliwego, a jego radość była zaraźliwa. Mama uśmiechała się nieśmiało w ślicznej sukience i była nadzwyczaj spokojna. Promieniowali wzajemną miłością, co mnie zaskoczyło. Moje wspomnienia z nimi z ostatnich lat nie były zbyt radosne i z trudem zapominałam o burzliwych kłótniach. Ale w tamtym słonecznym pokoju, kiedy trzymali się za ręce, stali zwróceni do siebie twarzami i powtarzali za duchownym przysięgę, jej słowa poruszyły mnie do głębi. „Ślubuję dotrzymywać ci wierności od teraz i na wieczność, na dobre i na złe, w dostatku i w biedzie, w zdrowiu i w chorobie". Ojciec dodał: „Będę cię kochał i szanował do końca moich dni".

Nie mogłam oprzeć się ogarniającej mnie radości. W ciągu kilku chwil wszystkie moje wątpliwości się rozwiały. Prawda jest taka, że de facto byli mężem i żoną i nikt inny nie wie lepiej ode mnie, ile oboje musieli znosić, aby pozostać razem. *Mamma* poświęciła możliwość prowadzenia niczym nieskrępowanego i otwartego życia. Została zesłana do Londynu, kiedy zaszła w ciążę, później także musiała się ukrywać. Nawet w Berkshire, gdzie liczyła na powrót do normalności, nie powiodło się to.

Ojciec miał dużo łatwiej, swobodnie pojawiał się w naszym życiu i z niego znikał, ale to wpędziło moją matkę w depresję i stany lękowe. Nigdy nie miała stać się kobietą, jaką chciał w niej widzieć. Dwadzieścia lat wcześniej otwierał przed nią swoje serce w najbardziej wzruszającym liście miłosnym, zapewniając: „Wiem, że naszym przeznaczeniem jest być razem [...], kocham Cię beznadziejnie, podbiłaś moje serce i należę do Ciebie".

I w końcu tak się stało.

19

Bywa, że trudno sterować naszymi związkami. Te, które łączą nas z rodzicami, należą do najbardziej zawikłanych i często wymagają ustępstw, kiedy udaje się nam zrozumieć, że nie żyjemy w idealnym świecie, a ludzie, których kochamy, również mają wady.

Gdyby komunikacja między mną a moimi rodzicami przebiegała na innej płaszczyźnie, pewnie rozumiałabym ich lepiej, ale ponieważ nie miałam żadnej skali porównawczej, założyłam, że nasza rodzina była normalna. Od czasu do czasu, kiedy widziałam Bee z jej matką lub kiedy czytałam o szczęśliwych rodzinach, mogłam chcieć czegoś więcej, ale nigdy nie żywiłam wielkich oczekiwań i akceptowałam to, jak się sprawy mają.

Relacje mojego ojca z synami również trudno było zrozumieć. Aldo tak bardzo dał się ponieść wydarzeniom w Palm Springs, że nie zdawał sobie sprawy ze skutków swojego postępowania. Kiedy to nastąpiło, nastał kres jego euforii.

– Reszta rodziny wie – powiedziała mu przez telefon Ruby Hamra, jego nowojorska specjalistka od wizerunku, dwadzieścia cztery godziny po tym, jak wraz z Bruną wznosił toasty na cześć nowej drogi życia. – Wieści się rozeszły. Nie wiem jak. Przykro mi.

Ich miesiąc miodowy skończył się, zanim na dobre się zaczął. Mimo podjętych środków, aby zachować tajemnicę, przyrodni bracia dowiedzieli się o ceremonii, ponieważ jeden z pracowników sklepu na Rodeo Drive się wygadał. *Mamma* poczuła się bardzo źle. Podobnie jak w przypadku anonimowych listów, koniecznie chciała się dowiedzieć, kto był źródłem przecieku.

Ojcu zdecydowanie bardziej zależało na tym, żeby ustalić, jakie będą tego konsekwencje, choć nie wydaje mi się, żeby zastanawiał się, co powie swoim synom. Na szczęście miał Ruby, która usiłowała zbić ich z tropu, mówiąc, że zostali wprowadzeni w błąd. Uparcie twierdziła, że Aldo i Bruna pojechali do Palm Springs, aby uczcić dwudziestą piątą rocznicę poznania się.

– Tylko tyle. Nie ma w tym nic więcej – zapewniała braci.

Nikt w okolicy nie miał potrzeby, aby przekazać prasie takiego newsa, było więc mało prawdopodobne, żeby informację o tym wydarzeniu upubliczniono. Zła wiadomość była taka, że moi oburzeni bracia udali się do urzędu stanu cywilnego, aby odszukać świadectwo ślubu ich rodziców i potwierdzić jedyny legalny związek Alda. Tam odkryli to, co mój ojciec wiedział, czyli że stan cywilny ich matki nie był oczywisty. Dopóki angielskie małżeństwo nie zostało zarejestrowane, dopóty zgodnie z włoskim prawem ich ojciec był wolny i swobodny.

Żeby to naprawić, któryś z nich udał się do Anglii po kopię certyfikatu zawartego ponad pięćdziesiąt lat wcześniej małżeństwa. Następnie zawieźli kruchą siedemdziesięciotrzyletnią Olwen do urzędu stanu cywilnego w Rzymie, aby oficjalnie zatwierdzić dokument. Małżeństwo Olwen i Alda zostało w końcu uznane w świetle prawa.

Ojciec był wściekły, że wtrącili się w jego sprawy.

– Nie mieli prawa. To sprawa między ich matką a mną. Wiedzieli, że zawsze bym się nią opiekował.

Mama doświadczała koszmarnego déjà vu. Ja byłam zaledwie niemowlęciem, kiedy wysłanniczka Olwen zapukała do drzwi matki, żądając, aby zostawiła Alda w spokoju. Od tamtego czasu wszyscy zaczęli się nawzajem szanować i akceptować istniejący stan rzeczy. Miała nadzieję, że weekend w Palm Springs nie wyjdzie na jaw, ale skoro zawarcie małżeństwa się wydało, ta uroczystość straciła swój urok.

Nie musiała się martwić. Chociaż nic się w zasadzie nie zmieniło, nigdy nie przypuszczałaby, że Aldo mógłby tak się zmienić, jak to nastąpiło po przeżytym zapaleniu płuc, co przypieczętował złożeniem jej ślubów. Określała to jako *un miracolo*. Niemal w ciągu jednej nocy stał się znacznie uważniejszy i troskliwszy, od tej pory zawsze odbierał jej telefony i chciał, żeby była blisko, jak również zasięgał je rady. Mimo wielu wspólnie spędzonych lat naprawdę czuli się jak nowożeńcy.

Bruna współczuła jego prawowitej żonie. Wiedziała, że Olwen jest schorowana, i podejrzewała, że wieści o ślubie w Palm Springs musiały być dla niej równie nieprzyjemne, jak dla jej synów. *Mamma* upewniała się, że tata sprawdzał, co się dzieje z Olwen, przynajmniej od czasu do czasu, zwłaszcza w niedziele. „Nie zaniedbuj jej", napominała go. Kiedy na któreś Boże Narodzenie podarował jej złotą bransoletkę, zasugerowała, żeby dał ją Olwen. Dobrze wiedziała, co czuje kobieta zostawiona sama w domu. „Zanieś jej prezent. Spędź z nią popołudnie, napijcie się herbaty", naciskała delikatnie. Posłusznie odbywał trzydziestominutowy spacer do Villi Camilluccia, podczas którego na pewno zastanawiał się nad złożoną naturą kobiet. Był miły dla prawowitej żony, aby zadowolić drugą.

Po każdej z takich wizyt mówił:

— Bruno, nie wyobrażasz sobie, jak bardzo Olwen się postarzała! Niemal mnie nie słyszy i prawie nie rozumie tego, co się do niej mówi. To nie potrwa długo!

Moja matka się śmiała.

— Aldo, zwariowałeś. Mówię ci, ta kobieta cię przeżyje. Odejdziesz stąd przed nią, wierz mi.

Aby ułagodzić resztę rodziny, ojciec zdecydował się na nieoczekiwany krok. Minął prawie rok, odkąd po raz ostatni rozma-

Jedno z moich ulubionych zdjęć ojca.

wiał z Paolem, dlatego zaprosił go do Palm Beach, aby zawrzeć rozejm. Nowojorski sędzia odrzucił co prawda próbę zarejestrowania nowego znaku handlowego, ale Paolo nadal domagał się zrealizowania pomysłu Gucci Plus. Ojciec był tym zmęczony, ale też mu zależało, żeby przed końcem roku zażegnać spór. Pod presją zgodził się na większość żądań syna. Następnie swoją uwagę przeniósł na kolejną nadwątloną relację. Rodolfo, ostrząc sobie zęby na większe zyski z firmy, wynajął prawników, którzy znaleźliby podstawy prawne do zakwestionowania struktury firmy i podziału dywidend. *Papà* zażegnał problem: przeprowadził restrukturyzację firmy, przyłączył Gucci Parfums i zezwolił na emisję akcji na włoskiej giełdzie. Nowa firma nazywała się Guccio Gucci SpA (Società per Azioni, spółka akcyjna).

Dzięki temu zwrotowi Rodolfo zyskał kontrolę nad połową udziałów i ściągnął ponownie do Włoch Maurizia, aby pomógł mu nadzorować operacje. Mojemu ojcu zostało czterdzieści procent, bracia dzielili między sobą dziesięć procent. *Papà* podarował im też jedenaście procent amerykańskich udziałów i przyznał im głos w radzie nadzorczej.

Podczas reorganizacji firmy moje imię nie padło ani razu. Nie oczekiwałam tego. Od czasów, kiedy ciotka Grimalda nie odziedziczyła udziałów w rodzinnej firmie, która tyle jej zawdzięczała, niewiele się zmieniło w kwestii równouprawnienia kobiet.

Chociaż ojciec zatrudniał kobiety na wysokich stanowiskach, tę tradycję kultywowano. Nie miałam też wówczas ambicji podjęcia pracy w rodzinnej firmie, byłam zbyt zajęta pogonią za karierą aktorską. Pasja do występów narodziła się we mnie, kiedy razem z Bee wymyślałyśmy małe przedstawienia w Berkshire, a później podsycałam ją w Hurst Logde i Aiglon, gdzie zaangażowałam się w produkcję musicalu *The Boy Friend*. W 1981 roku przeprowadziłam się do Nowego Jorku z zamiarem dostania się do Juilliard, prestiżowej akademii tańca, gry aktorskiej i muzyki.

Nigdy nie zrealizowałam tego marzenia. Czułam, że mam talent, ale kiedy w dniu przesłuchania stanęłam twarzą w twarz z nauczycielami i innymi studentami, stwierdziłam, że to za duże wyzwanie. Przygotowałam monolog z *Ifigenii w Aulidzie* Eurypidesa i podczas prób powtarzałam linijki tekstu, rozpaczliwie próbując zidentyfikować się z Ifigenią, która błaga ojca, żeby jej nie poświęcał, przypominając mu o jego „uśmiechach i pocałunkach" oraz czasach, kiedy siadywała mu na kolanach.

Miałam problemy, aby wzbudzić w sobie emocje, więc mój nauczyciel poradził mi, żebym czerpała z własnego doświadczenia, zwłaszcza z relacji z ojcem.

– Wyobraź to sobie! – zachęcał. – Twój ojciec stoi nad tobą z nożem. Co byś mu powiedziała?

Nie mogłam sobie wyobrazić, że tak mogłabym powiedzieć do ojca. Przeczytanie sto razy tragedii greckiej nic by mi nie pomogło. W mojej rodzinie tak się nie zachowywaliśmy lub przynajmniej ojciec nie zachowywał się tak w stosunku do mnie. Z powodu dużej różnicy wieku był raczej jak dziadek, co oznaczało, że z trudem identyfikował się z moim życiem. Prawda jest też taka, że mężczyźni z jego pokolenia nie mówili o miłości, stracie ani marzeniach. Wtedy dotarło do mnie, że nigdy nie słyszałam, żeby mówił cokolwiek o matce lub ojcu, o swoim dzieciństwie albo o dzieciństwie swoich synów.

Byłam uzależniona od człowieka, który żył w ciągłym biegu, pochłonięty pracą i rzadko zatrzymywał się, aby omawiać bardziej przyziemne sprawy. Chociaż zawsze był dla mnie miły, moje relacje z nim były płytkie i powierzchowne. Moi bracia mieli inne doświadczenia. Matka opowiadała mi, że Aldo wychowywał ich jak tyran, nie dopuszczał żadnej dyskusji, więc zastanawiałam się, czy w tym tkwi powód silnej niechęci i stałej niezgody między nimi. Tyle pytań pozostaje bez odpowiedzi.

Uważałam, że miałam dobre kontakty z ojcem, kiedy więc zaczęłam kwestionować to założenie, przez jakiś czas odnosiłam wrażenie, że nie znałam go ani trochę. Siebie zresztą również. Odkrycie tego rozziewu w moim życiu emocjonalnym potraktowałam jak oświecenie, które niosło ze sobą mnóstwo psychologicznych konotacji.

Mimo że zawaliłam przesłuchanie do Juilliard, nadal byłam zdeterminowana, żeby uczyć się aktorstwa, mimo że mój ojciec wyznaczył mnie na swoją przedstawicielkę podczas kilku powiązanych z firmą Gucci wydarzeń towarzyskich. Zapisałam się na lekcje aktorstwa trzy razy w tygodniu do słynnego Studia Herbert Berghof, ale wkrótce zorientowałam się, że – choć uwielbiałam teatr – to było na nic. Moi koledzy z zajęć zdawali się żywić i oddychać aktorstwem, a ja, prawdę powiedziawszy – nie. Nie miałam do tego głowy ani czasu, żeby poświęcić się doskonaleniu swojej sztuki z niezachwianym oddaniem, jakiego wymagała.

Zamiast tego stałam się biegła w nowej roli, czyli przedstawicielki ojca podczas różnych ważnych przyjęć. Dojrzała nad wiek z łatwością odnajdywałam się w towarzystwie partnerów biznesowych ojca, jak również gwiazd kinowych, takich jak Cary Grant czy Gregory Peck, którzy sprawiali, że czułam się przy nich swobodnie. Tylko raz moja młodość niemal mnie pogrążyła. Z okazji otwarcia wystawy *Kolekcja watykańska: papiestwo i sztuka*, na której pokazywano 237 rzeźb, obrazów i arrasów wypożyczonych z Muzeum Watykańskiego, odbyła się wieczorowa gala w nowojorskim Metropolitan Museum of Art. Wśród nich znajdował się niesamowity obraz olejny Caravaggia *Zdjęcie z krzyża*. Jako osobę towarzyszącą zaprosiłam mojego szkolnego kolegę Enrica, z którym wypiliśmy zdecydowanie za dużo szampana. Na szczęście udało się nam doprowadzić do lepszego stanu, zanim zostaliśmy przedstawieni Nancy Reagan, jednej z najbardziej wpływowych kobiet na świecie. Chociaż pierwsza dama była niezwykle drobna, wręcz emanowała władczością.

Kolejną osobą, która wywarła na mnie wrażenie, był książę Karol. Miałam okazję poznać go podczas sponsorowanego przez

Wręczam księciu Karolowi nagrodę na turnieju polo w Windsorze, 1982 rok.

firmę Gucci turnieju polo w Windsor Great Park. Książę uczestniczył w grze, a kiedy jego drużyna odniosła zwycięstwo, wręczyłam mu puchar. Posłał mi taki uśmiech, że niemal oblałam się rumieńcem. „Miło cię poznać", powiedział niezwykle melodyjnym głosem, a następnie rozmawiał ze mną w taki sposób, że czułam się, jakbym przez kilka chwil znajdowała się w centrum jego zainteresowania. Było to odrobinę odrealnione doznanie.

Im więcej lekcji aktorstwa w Nowym Jorku przepadało mi z powodu zobowiązań firmowych, tym bardziej topniała moja ambicja. Doszłam w końcu do przekonania, że jeśli mam się stać częścią rodzinnej firmy w taki sposób, jaki wyobrażał to sobie mój ojciec, będę musiała poświęcić moją miłość do teatru. To były dwa różne światy. Aktorstwo oznaczało niepewność i odrzucenie, podczas gdy mój ojciec oferował nieograniczone wsparcie i jasno wytyczoną ścieżkę kariery i mnóstwo możliwości. Zorientowałam się, że wszystko potoczyło się tak szybko, że w zasadzie pozwoliłam mu zdecydować za siebie. Chociaż chętnie zdobyłabym wyższe wykształcenie, nigdy mnie do tego nie zachęcał. Chociaż do pewnego stopnia praca u jego boku wynagrodziła mi decyzję o niekontynuowaniu edukacji. Po raz pierwszy w życiu zetknęłam się z kimś, kto motywował mnie pozytywnie. *„Brava*, Patricia!",* mówił, a im bardziej dumny był ze mnie, tym pewniej się czułam.

Chociaż moja przygoda z aktorstwem się skończyła, nie żałowałam przeprowadzki do Nowego Jorku, gdzie miałam przyjaciół, niektórzy z nich również przeprowadzili się z Europy – Maria mieszkała w SoHo, a Andrea i Enrico przyjeżdżali w odwiedziny z Bostonu. W tamtych czasach istniał wyraźny podział na Górny i Dolny Manhattan. Dni spędzałam w królestwie mojego ojca na Górnym Manhattanie, ale poza tym zawsze urzędowałam w tej drugiej części wyspy, gdzie czułam się u siebie. Dolny Manhattan sprawiał wrażenie wioski, ponieważ na ulicach spotykało się wielu różnych ludzi. Następował rozkwit sceny gejowskiej, wolność ekspresji wydawała się wręcz rewolucyjna. Było to doświadczenie radykalnie inne od wszystkiego, co którekolwiek z nas znało, i mogliśmy się stać, kimkolwiek chcieliśmy. Lubiłam ubierać się w stylu japońskim lub nosić ekscentryczne stroje znajdowane w sklepach z odzieżą używaną. Do nich wkładałam sztuczną biżuterię i jeśli naszła mnie chęć, perukę. „Wyzywam cię, żebyś to włożyła", powiedział pewnego dnia Enrico, kiedy zauważył w sex shopie zaciski na sutki. Kilka wieczorów później zjawiłam się na eleganckim przyjęciu w jakimś szalonym stroju, do którego dołączyłam zaciski przypięte na zewnątrz.

Podczas nużącego balu debiutantek na Upper East Side zebrałam kilka osób i zaproponowałam: „Chodźmy do Area albo Danceterii przy Dwudziestej Pierwszej. Obiecuję, że się wam spodoba!". I poszliśmy – dziewczyny nadal w eleganckich sukniach, chłopcy w smokingach. Oczywiście w tych klubach, do których uczęszczały zarówno dziewczyny wystylizowane na Madonnę, jak i ludzie tacy jak my, nikt nie zwrócił uwagi na nasze stroje. Nie ma na świecie niczego choćby porównywalnego z Nowym Jorkiem z lat osiemdziesiątych.

Drugą, poza nocnym życiem, największą korzyścią mieszkania w Nowym Jorku było to, że mogłam więcej czasu spędzać z ojcem. Nadal mieliśmy tę samą niespokojną energię, więc mama często mówiła: „Przez was oboje aż kręci mi się w głowie". *Papà* był niezmordowany, z trudem dotrzymywałam mu kroku. Siedziałam w jego biurze i zachodziłam w głowę, jak on mógł cały czas chodzić na spotkania, między spotkaniami odbierać telefony i nie zwalniać tempa. W wolnej chwili schodziliśmy razem do sklepu i wspólnie robiliśmy obchód poszczególnych działów, a tam zwracał mi uwagę na problemy z prezentacją produktów. Byłam zafascynowana, mogąc śledzić, jak działa jego umysł, a instynkt podpowiada mu, co wygląda dobrze. Miał też potrzebę bycia moim mentorem. Chciał przekazać mi całą swoją wiedzę. Przebywanie w jego obecności pochłaniało moją uwagę, a każdy dzień był pouczającym doświadczeniem.

Im bardziej ojciec angażował mnie w działania firmy, tym lepiej zaczynałam rozumieć, znaczenie mojego nazwiska. W Londynie nikt nie zwracał na to uwagi, ale na Manhattanie, kiedy ktoś odkrywał moje powiązanie z firmą Gucci, zaczynał patrzyć na nie inaczej. Niemal przeszywał mnie wzrokiem, co sprawiało, że czułam się nieswojo. Doszło w końcu do tego, że zawsze mówiłam ludziom, kim jestem. Oczywiście nie ukrywałam swojej tożsamości – w końcu nie miałam innej – ale choć nazwisko otwierało wiele drzwi, czasem działało na moją niekorzyść.

Zalet było jednak znacznie więcej. Jako córka *il dottore* zostałam zaproszona do udziału w kilku następnych sponsorowanych wydarzeniach, między innymi w koncercie w Radio City Music Hall, którego gwiazdami byli Frank Sinatra i Luciano Pavarotti. Innym wydarzeniem był odbywający się co dwa lata bal Carousel of Hope organizowany przez Children's Diabetes Foundation. Marvin Davis, przemysłowiec i filantrop, wpadł na pomysł „florenckiej fantazji" – przyjęcia tematycznego połączonego z pokazem mody, na którym modelki ubrane w czarne body prezentowały kreacje i biżuterię marki Gucci.

Jakieś sprawy zatrzymały mojego ojca w Rzymie, musiałam więc go zastąpić. Po zakończeniu kolacji weszłam na scenę, aby wygłosić kilka zdań: „W imieniu mojego ojca, doktora Alda Gucciego, który niestety nie mógł być dzisiaj z nami, pragnę powiedzieć kilka słów. Bardzo się cieszę, że możemy wspierać tak szczytny cel. Mam nadzieję, że wszyscy znakomicie się bawią i pokaz się podobał". Podczas finału wystąpiłam ponownie, tym razem ubrana w długie białe futro z lisa oraz ręcznie robiony naszyjnik z okazałym akwamarynem. Chociaż mogło wydawać się to dziwne w przypadku kogoś tak młodego, podeszłam do tego spokojnie. Nie widziałam większej różnicy od występów na scenie podczas zajęć teatralnych w szkole. To nie byłam ja – grałam powierzoną mi rolę. Jeśli kiedykolwiek czymś się denerwowałam, to tylko tym, czy nie przyniosę ojcu wstydu.

Na początku zawsze towarzyszyła mi Ruby Hamra – moja mentorka, która uczyła mnie, co powiedzieć prasie lub podczas publicznych wystąpień. „Powiedz, co o tym sądzisz", mówiła, pokazując przemówienie, które napisała dla mnie. Jeśli czasem się denerwowałam, pocieszała mnie, żebym się nie

Nowa twarz Gucci, czyli kolej na mnie. „Society Magazine", 1983 rok.

martwiła, bo z moim angielskim akcentem wszystko ujdzie mi na sucho.

Nadal byłam bardzo młoda, ale zaczynałam przyzwyczajać się do pracy, która polegała na wystąpieniach publicznych. Sądzę, że mój ojciec po cichu pytał mnie, czy chcę to robić, w żaden sposób jednak na mnie nie naciskając. Sprawdzał, jak sobie poradzę, pozwalając mi pokazywać się i bawić. Na szczęście nigdy się nie pogubiłam ani nie uwiodła mnie sława. Prawda jest taka, że nawet najbardziej znani ludzie mogą być albo fascynujący, albo zupełnie nudni, jak każdy inny człowiek. Ale zdawałam sobie sprawę, że dano mi doświadczyć czegoś niezwykłego, i czułam się zaszczycona, mogąc w tym uczestniczyć.

Ojciec też wydawał si ze mnie zadowolony, ponieważ zaczął mi wyznaczać nowe zadania. Najcudowniejsze było to, że kiedy zasugerowałam kilka pomysłów na wystawę okienną naszego sklepu przy Piątej Alei, dał mi praktycznie wolną rękę z paroma tylko wskazówkami, jak wyeksponować produkty. Każde okno traktowałam jak scenę, wykorzystując abstrakcyjne prace wschodzących artystów, których znałam, i zestawiając je z różnymi rekwizytami i materiałami, aby całość wpadała w oko i zawierała element zabawy. Mieszałam rzeczy ze sobą – zamiast zestawiać buty z pasującymi do nich rękawiczkami i torebką, jak to zawsze robiono w Guccim – dodawałam coś nieoczekiwanego, na przykład torebkę w jaskrawych kolorach lub zawadiacki kapelusz, lub przyciągającą wzrok apaszkę.

Kreatywność przychodziła mi łatwo, a odbiór był tak dobry, że w końcu zostałam odpowiedzialna za wszystkie wystawy sklepowe firmy w Nowym Jorku, Chicago, Palm Beach, Beverly Hills oraz w salonach franczyzowych w całej Ameryce Północnej.

Jak zawsze spełniałam pokładane we mnie nadzieje zachwycona tym, że *papà* był skłonny zaryzykować i obarczyć mnie większą odpowiedzialnością. Moja nowa rola oznaczała, że mieliśmy teraz wspólne tematy i coraz bardziej stawałam się częścią jego świata w sposób, który był dla mnie w dzieciństwie niedostępny. Oczywiście, nigdy nie prowadziliśmy jakichś głębokich rozmów. Staraliśmy się, aby nasze relacje były pogodne, a on nadal potrafił rozśmieszyć mnie w restauracji tak bardzo, że niemal się dławiłam, zwłaszcza kiedy wyławiał z tłumu zupełnie obce osoby i je charakteryzował.

– Widzisz tamtą młodą kobietę ze starszym mężczyzną? To jego sekretarka, nie żona.

Mama zawsze powtarzała, że nie istnieje ktoś, kogo ojciec nie potrafiłby rozszyfrować.

– Wszystko sobie zaszufladkował.

Mnie jego umiejętność odczytywania związków innych ludzi fascynowała, zwłaszcza że ze swoimi nie zawsze radził sobie równie dobrze. Za każdym razem, kiedy wracaliśmy do swoich spraw, z westchnieniem uświadamiałam sobie, że choć byliśmy sobie bliżsi i czuliśmy się swobodniej ze sobą, tak naprawdę niewiele się zmieniło. Po zwyczajowym cmoknięciu w policzek i szybkim uścisku trafiałam z powrotem do swoich obowiązków, nieodmiennie czując, że niczego o nim ani o jego życiu się nie dowiedziałam, i wątpiłam, żeby kiedykolwiek miało się to zmienić.

20

Czuję się uprawniona do tego, by mówić na temat miłości. Chociaż brakowało mi jej w dzieciństwie, ale nauczona doświadczeniem, uważam się za swego rodzaju specjalistkę. Nie zawsze tak było. Jako młoda dziewczyna wchodząca w pierwsze związki wybierałam nieodpowiednich partnerów i często kończyłam zapłakana.

Nieoczekiwanym skutkiem moich licznych zawodów miłosnych było to, że zbliżyłam się do matki. Nadal się spierałyśmy, ale powoli stawałyśmy się sojuszniczkami, nawzajem prosiłyśmy się o radę i zasięgałyśmy opinii. Z czasem zaczęłam się jej zwierzać, zwłaszcza z życia miłosnego, ponieważ nigdy nie mogłam rozmawiać o tym z ojcem. Jak większość ojców córek był zaborczy, raz nawet przerwał komuś, kto chciał zapytać, czy zamierzam wyjść za mąż, i wrzasnął: „Nie dopuszczę do tego!". Dodał również, że stara się, abym była „zbyt zajęta" na kontakty z chłopakami.

Mamma wiedziała o wszystkim. Przechodziła ze mną przez te wszystkie epizody: kiedy zakochiwałam się bez pamięci tylko po to, żeby w końcu zrozumieć, że żaden z tych mężczyzn nie jest dla mnie odpowiedni. Jako obserwatorka związku swoich rodziców przysięgłam sobie z zasady unikać Włochów.

– Oni wszyscy zdradzają – mówiła *mamma*. – Każdy zachowuje się tak samo, ten styl mnie nudzi. Są tacy przewidywalni, zwłaszcza jeśli chodzi o traktowanie kobiet.

Jako modelka w kostiumie kąpielowym w Gucci Galleria
dla magazynu „Town & Country", 1982 rok.

Gustowałam raczej w typach nordyckich i anglosaskich – wysokich, przystojnych i zróżnicowanych. Chociaż z moich romansów nigdy nic nie wychodziło, mama żyła moim życiem i była zachwycona każdym szczegółem.

Do dziewiętnastych urodzin naprawdę nie miałam czasu na poważny związek, ponieważ coraz bardziej angażowałam się w firmę. Gloria Luchenbill przysłała mojemu ojcu wiadomość następującej treści: „Sądzę, że najwyższy czas, abyśmy potraktowali stylowy i wysmakowany wizerunek Patricii jako nasz wielki atut, który pozwoli nam zaistnieć na lukratywnym rynku nastolatków". W dalszej części pisała, że firmie nie zaszkodziłoby związanie się z kolejnym pokoleniem klientów, pomogłoby jej nawet częściowo pozbyć się reputacji poważnej i klasycznej, jaką zyskała.

– Co o tym myślisz, Patricio? – zapytał ojciec, pokazując mi tę wiadomość.

– Co miałabym robić?

– Stworzylibyśmy kampanię reklamową wokół twojej osoby. Prezentowałabyś najnowszą kolekcję.

– Czy miałabym wpływ na stylizacje?

– Oczywiście!

Wszystko potoczyło się szybko. Nie mogłam się oprzeć wrażeniu, że ojciec od dawna to zaplanował. Z dnia na dzień porzuciłam pracę za kulisami i stałam się twarzą marki Gucci na rozkładanych pięciostronicowych reklamach w magazynach. Sam wiek sprawiał, że w naszych ubraniach wyglądałam inaczej niż starsze ode mnie modelki. Zdjęcia robiono w Gucci Galleria. Przebierano mnie w suknie wieczorowe, swobodniejsze codzienne ubrania, a nawet w stroje plażowe. Miałam profesjonalny makijaż, a fryzjerka natapirowała mi włosy.

Następnie ojciec wykonał kolejny zaskakujący krok. Pewnego dnia pokazał mi memorandum. Kiedy zapytałam, czego ono dotyczy, odparł:

– Och. Informuje o tym, że będziesz członkiem rady.

Prawdopodobnie dowiedziałam się o tym ostatnia.

– Co to oznacza?

– Że musisz uczestniczyć w zebraniach, dzięki którym dowiesz się, jak firma funkcjonuje wewnątrz.

W ten zwyczajny sposób weszłam w skład rady Gucci America. Nie tylko zyskałam większą swobodę w codziennych działaniach, ale też stałam się członkiem rady wykonawczej.

– Chcę powierzyć ci bardziej odpowiedzialne stanowisko – oznajmił ojciec.

Nie wspomniał przy tym o prawdziwej przyczynie niespodziewanego awansu. Dzięki mojej obecności zyskiwał sojusznika w radzie, choć jestem przekonana, że nie zdecydowałby się na to posunięcie, gdyby nie uważał, że może liczyć na mój wartościowy wkład w jej działalność.

Ponieważ nie miałam nawet dwudziestu lat, nie potrafiłam w pełni docenić tego, że zostałam pierwszą kobietą zasiadającą w radzie rodzinnej firmy. Kiedy wystrojona od stóp do głów w ubrania z logo Gucci przyszłam na pierwsze zebranie i zajęłam miejsce przy owalnym mahoniowym stole obok Giorgia, poczułam, że wszystkie spojrzenia skierowały się na mnie. Nie tracąc opanowania, skinęłam głową i się uśmiechnęłam.

Jedynym powodem istnienia rady było popieranie Alda, mimo to ceniłam sobie zasiadanie w niej. Jak urzeczona obserwowałam dynamikę dyskusji między ojcem a moimi braćmi przyrodnimi podczas spotkań, którym przewodniczył. Jego ulubiony syn, Roberto, rzadko bywał w Stanach, ale kiedy się zjawiał, zdaniem mojego ojca wszystko robił dobrze. Giorgio również nie przychodził zbyt często, ale kiedy tylko ośmielił się zabrać głos, ojciec ostro go krytykował. Przez cały czas, gdy byłam w Nowym Jorku, Paolo nie wziął udziału w żadnym posiedzeniu rady. Między nim a ojcem dochodziło do ciągłych spięć i w tym okresie Paolo przebywał przede wszystkim we Włoszech, pracując nad Gucci Plus. Z kolei mój kuzyn Maurizio nie opuścił ani jednego posiedzenia i wsłuchiwał się w każde słowo Alda.

Nowa kampania reklamowa wystartowała. Prasa od razu nadała mi przydomek „Gucci Girl", a dział stylu w „New York Timesie" nazwał mnie „najlepszą partią na świecie" i opisał jako „włoską piękność z angielskim akcentem urodzoną w zdominowanym przez mężczyzn rodzie". Inni widzieli we mnie następczynię Alda Gucciego. Sama myśl o byciu dziedziczką przerażała mnie, i jeśli ktoś zadawał mi pytanie na ten temat, odpowiadałam: „Nawet o tym nie śnię". Nadal się uczyłam, a Gucci było ogromną firmą, nie jakąś małą drogerią. Mogłam sobie tylko wyobrażać, co myślą

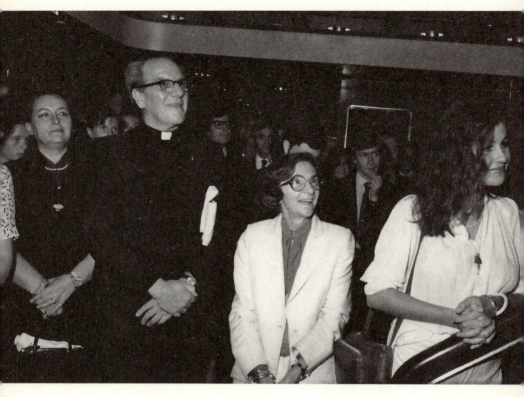

Z Ruby Hamrą podczas otwarcia kolejnego nowojorskiego
butiku w 1980 roku.

o tym moi bracia. Nie musiałam długo czekać, żeby się o tym
dowiedzieć. Paolo, który nadal walczył o miejsce w firmie, stwierdził, że bez ojca nie przetrwałabym ani dnia, choć przyznał, że
jestem mądrzejsza niż „cała reszta razem wzięta".

Zgodnie ze strategią jeździłam po całym kraju, aby przecinać
wstęgę podczas otwierania nowych sklepów. Nosiłam wtedy ka-
melowe skórzane spodnie lub zamszową spódnicę w kolorze wiel-
błądziej wełny i długą jedwabną bluzkę – oczywiście z obowiąz-
kowymi akcesoriami Gucciego. Miałam za zadanie prezentować
nasze ubrania na młodszych, bardziej nowoczesnych osobach.

– Nikomu z mojego pokolenia nie przyszłoby do głowy kupować cokolwiek z logo GG – wyznałam Ruby Hamrze w drodze na kolejne spotkanie. – Nasz wizerunek jest zbyt poważny. Chciałabym wprowadzić tu trochę świeżej energii i element zabawy.

Ojciec miał pewne obiekcje, ale pamiętał, jak dobrze poradziłam sobie z wystawami, i wiedział, że mam wszystko, aby odnieść sukces.

– Pamiętaj, że jesteś Gucci – napominał mnie. – Musisz być zawsze elegancka i szykowna.

Ojciec, oprócz swojego uznania, dał mi także głos, a to było najważniejsze. Poczułam się częścią firmy, planowałam przyszłość, w której uzyskałabym swobodę twórczą, tak bardzo przeze mnie upragnioną. Myślałam, że może mimo wszystko znajdę długoterminowe zajęcie w firmie.

Z kolei Paolo nie mógł być pewien swojej posady. Decydując się na powrót, myślał, że zyska większą niezależność, zwłaszcza jeśli chodzi o swoje projekty w ramach Gucci Plus. Szybko się przekonał, że musi się starać o zaakceptowanie każdego rysunku. I co gorsza, najczęściej akceptacji nie dostawał. Członkowie rady zarzucali mu, że jego pomysły kłócą się z wizerunkiem firmy. Paolo uważał to za skutek spisku uknutego przez ojca i Rodolfa, skarżył się na niesprawiedliwe traktowanie. W końcu doszło do tego, że w czerwcu 1982 roku ojciec zawiesił go aż do lipcowego spotkania rady we Florencji.

Nie wzięłam udziału w tym spotkaniu, ale słyszałam, że było gorąco. Rada nie mogła procedować, ponieważ Paolo cały czas się wtrącał i wyrzucał z siebie wszystkie swoje żale i pretensje. Wypytywał też ojca o rzekome transfery funduszy do zagranicznych holdingów, co ponoć niedawno odkrył. Kiedy zapanował chaos, ojciec próbował przywrócić porządek i polecił sekretarce, żeby przestała protokołować. Zapadła niezręczna cisza, w której dało się słyszeć podejrzane tykanie.

– Co to za dźwięk? – zapytał ojciec.

Wszyscy najpierw nastawili uszu, a następnie zwrócili się w kierunku Paola. Tykanie dochodziło z magnetofonu, który miał schowany pod marynarką. Paolo zrozumiał, że wpadł, więc wyciągnął magnetofon i wyzywającym gestem położył na stole.

– Nagrał wszystko! – zawołał ktoś i zgromadzonym aż dech zaparło z powodu tak rażącego naruszenia zaufania.

Według relacji ojca awantura wybuchła na dobre, kiedy Giorgio i Maurizio próbowali odebrać magnetofon rozhisteryzowanemu Paolowi. Ojciec z niedowierzaniem patrzył, jak jego synowie i bratanek się szamoczą. Niespodziewanie Paolo wyrwał się i uciekł z magnetofonem, wrzeszcząc, że go napadnięto. Z powodu kilku zadrapań na twarzy złożył pozew o odszkodowanie w wysokości 13,3 miliona dolarów. Jako powód podał naruszenie umowy. Oskarżył też krewnych o pobicie pięściami i „przy użyciu różnych przedmiotów".

Wieści o bójce przedostały się do prasy. Sensacyjne nagłówki krzyczały: „Spór rodzinny, który zatrząsł domem Guccich". Dziennikarze porównywali nasze przepychanki z kłopotami Borgiów. Ojciec jak zawsze zachował się dyplomatycznie. Wzruszył ramionami i powiedział: „Paolo lubi przesadzać". W domowym zaciszu trząsł się jednak ze złości. „Ten chłopak dla nikogo nie ma szacunku!" – skarżył się.

Papà zwolnił Paola ze stanowiska dyrektora, zostawił mu tylko udziały w firmie. Wiedzieliśmy, że Paolo nie odejdzie po cichu, więc z zapartym tchem wyczekiwaliśmy jego ruchu. Wkrótce dowiedzieliśmy się, że zawarł umowę na użyczenie swojego nazwiska firmie produkującej meble. Nawet bezprawnie otworzył w Nowym Jorku sklep „Paolo Gucci". Nie tylko ja i matka martwiłyśmy się, dokąd to wszystko prowadzi. Ojciec dźwigał na swoich barkach problemy, od których na tym etapie życia powinien być wolny.

Nadciągały kolejne złe wiadomości: u stryja Rodolfa wykryto raka prostaty. Radioterapia przykuła go do wózka inwalidzkiego, więc wycofał się do St. Moritz, aby wydobrzeć. W ciągu zaledwie

Podczas składania mamie życzeń urodzinowych w moim
nowojorskim mieszkaniu w 1983 roku.

kilku dni Maurizio przejął kontrolę nad operacjami w Mediolanie. W jednym z włoskich pism pojawił się poświęcony mu artykuł znacznie wyolbrzymiający jego dokonania. Ojciec był przerażony, że Maurizio przedstawiał się jako przyszły wizjoner marki Gucci. Matka odgadła, kto się krył za tą publikacją, i przestrzegła ojca – jak się okazało – proroczo: „Żona Maurizia doprowadzi tę firmę do upadku!".

Starałam się nie sprawiać żadnych kłopotów. Do dwudziestych urodzin w 1983 roku byłam pełnoetatowym koordynatorem do spraw mody i podróżującym ambasadorem marki. Miałam własne biuro i chodziłam za ojcem krok w krok podczas jego wizyt w sklepach, spotkań i kontaktów z personelem – tego doświadczenia nie sposób przecenić.

– Najważniejsze jest wyczulenie na szczegół – przypominał mi, zatrzymując się, podobnie jak jego ojciec, jeśli szklane gabloty nie były idealnie wypolerowane. – Nie można rezygnować z jakości – tłumaczył, sprawdzając, czy na torebce nie ma zadrapań. Nauczyłam się na pamięć każdej z tych maksym i cieszyłam się z faktu, że mogłam korzystać z jego doświadczenia i mądrości.

Uczyłam się chętnie i chciałam rozwijać swoją działalność w firmie, choć wiedziałam, że wymaga to ciężkiej pracy i oznacza grafik wypełniony równie szczelnie jak ojca. Ani trochę mi to nie przeszkadzało. Dobrze się bawiłam i po raz pierwszy w życiu zarabiałam pieniądze.

Ojciec nadal podróżował po całym świecie, by kontrolować pracę firmy, podczas gdy matka większość czasu wciąż spędzała w Rzymie. W tamtym okresie nie utrzymywałyśmy bliskich kontaktów, a ona nigdy nie komentowała mojego zaangażowania w sprawy firmy, która znajdowała się na obrzeżach jej prywatnego świata. Kiedy dowiedziałam się, że samotnie spędzi urodziny w Nowym Jorku, postanowiłam urządzić jej przyjęcie w moim mieszkaniu, które znajdowało się po drugiej stronie korytarza, naprzeciwko mieszkania ojca. Tamtego wieczoru ktoś zrobił jej zdjęcie, które należy do moich ulubionych. Miała czterdzieści kilka lat i wyglądała wspaniale w różowym swetrze z angory i czarnych skórzanych spodniach. Moi przyjaciele cały czas dolewali jej szampana i traktowali ją z wyjątkową atencją. W pewnym momencie ktoś przygasił światło, a ja wniosłam tort z płonącymi świeczkami przy wtórze *Happy Birthday*.

– *Buon compleanno, Mamma!* – zawołałam.

Zdmuchnęła świeczki i przynajmniej tym razem wyglądała na zadowoloną z tego, że znalazła się w centrum uwagi jako *la festeggiata*, czyli jubilatka. Mimo że nadal nie we wszystkim się zgadzałyśmy, coraz lepiej czułyśmy się w swoim towarzystwie. Bardzo się cieszyłam, widząc ją taką beztroską. Modliłam się, żeby to trwało i trwało.

Następnej wiosny ojciec i ja polecieliśmy do Mediolanu rzekomo po to, aby otworzyć sklep naprzeciw miejsca, w którym Rodolfo miał butik zaraz po wojnie. Prace nadzorował Maurizio; *papà* czuł się dziwnie, bo po raz pierwszy nie było przy nim brata. Wszyscy domyślali się prawdziwego celu jego podróży: Rodolfo umierał, a on przyjechał się z nim pożegnać.

Aż do tamtego pobytu w Mediolanie nigdy nie miałam okazji poznać Maurizia. Widywałam go na spotkaniach rady, na których się nie wychylał. Widziałam go jeszcze na jakimś przyjęciu z Patrizią, ale nie rozmawialiśmy. Dowiedziawszy się, że wbrew życzeniu mojego ojca Maurizio domaga się, aby towarzyszyć mu podczas ostatniej wizyty u Rodolfa, zrozumiałam, że ma on niepokojące cechy, których istnienia się nie domyślałam. Maurizio nadzorował wszystkie podobne wizyty u swojego ojca do tego stopnia, że według przyrodniego brata Roberta wyglądało to, jakby pilnował więźnia.

Ojciec był wstrząśnięty stanem zdrowia swojego brata. Rozmawiali tylko chwilę przy Mauriziu, po czym Rodolfo kazał synowi wyjść, aby mógł zamienić z Aldem „słowo na osobności". Podczas tej krótkiej chwili, którą spędzili sam na sam, Rodolfo przywołał

Moi bracia Roberto i Giorgio oraz kuzyn Maurizio pozują
przed sklepem firmowym w Mediolanie.

ojca bliżej do siebie i kazał mu przysiąc, że będzie bacznie obserwował Maurizia i nigdy nie dopuści do tego, żeby jego żona Patrizia miała cokolwiek wspólnego z akcjami firmy. Ojciec zapewnił go, że spełni jego życzenie, posiedział z nim trochę, a następnie ucałował go w czoło na pożegnanie.

Rodolfo zmarł w maju 1983 roku i został pochowany w rodzinnym grobowcu w Soffiano pod Florencją. Ojciec, najstarszy syn Guccia, został ostatnim żyjącym z trzech braci. Był to koniec pewnej epoki i początek nowego rozdziału w historii firmy. Pytanie, kto odziedziczy jego połowę udziałów, pozostawało bez odpowiedzi.

Pochłonięta pracą właściwie nie zdawałam sobie sprawy ze sporów między ojcem a resztą rodziny. Rzadko poruszał ze mną takie tematy, poza tym wtedy właśnie zakochałam się po uszy. Złamałam daną sobie przysięgę, że nigdy nie zakocham się we Włochu, i zaczęłam się spotykać z handlarzem winem z Vicenzy na północy Włoch. Nazywał się Santino. Poznaliśmy się latem – dosłownie wpadłam mu w ramiona podczas przyjęcia w Newport na Rhode Island. Gospodarzem imprezy był Aga Khan, a sponsorem Cinzano. Impreza została zorganizowana dla uczczenia wejścia włoskiego jachtu „Azzurra" do American Cup. Szłam po trawniku w czarnej wyszywanej cekinami koktajlowej sukience od Gucciego. Obcas zapadł się w miękkim podłożu i straciłam równowagę.

– Mam cię – powiedział Santino i objął mnie, żebym nie upadła.

Spojrzałam do góry w jego zielone oczy i przepadłam z kretesem. Był niezwykle przystojny, przypominał młodego Franka Sinatrę, a przy tym spontaniczny, niesforny i nieprzewidywalny. Coś w nim przyprawiało mnie o dreszcze. Między nami natychmiast zaiskrzyło. Dowiedziałam się, że zna jednego z moich przyjaciół z Nowego Jorku. Dopilnowałam zatem, żeby został zaproszony na wydawane przeze mnie kilka tygodni później wieczorne przyjęcie w moim mieszkaniu. Przyszedł i zaprosił mnie na następny weekend do siebie do Greenwich Village na oglądanie pierwszej w historii parady równości Gay Pride. Od tamtego dnia niemal nie wychodziłam z jego mieszkania, ponieważ po raz pierwszy w życiu spotkałam mężczyznę, który mnie uwielbiał i był gotów na wszystko.

– Wiem, co myślisz, ale tym razem jest inaczej! – oznajmiłam matce, która nie potrafiła ukryć sceptycyzmu. – Dzięki niemu czuję się absolutnie wyjątkowa.

Nie powiedziałam jej jednak, że dostrzegam w Santinie coś dzikiego i to coś tak mnie do niego przyciąga. Byłam kompletnie zauroczona.

Niedługo później Santino zaproponował, żebyśmy polecieli na kilka dni na Jamajkę. Pobiegłam do mamy podzielić się z nią nowinami.

– Muszę lecieć, mamo! Będziesz mnie kryła?

Matka jak nikt inny była przyzwyczajona do tajemnic, zgodziła się więc nie mówić ojcu nic ponad konieczne minimum. Nie chodziło o to, że bałam się ojca, ale nie chciałam mu zawracać głowy znajomością, która ledwie się zaczęła.

Na Jamajce, nurkując w zimnej wodzie Blue Hole, tańcząc do świtu na festiwalu reggae lub leżąc w hamaku pod palmą, czułam się szczęśliwa jak nigdy. Wszystko było dla mnie nowe i ekscytujące, zwłaszcza że moje życie zaczęło harmonijnie się układać. Ojciec powierzył mi bardziej odpowiedzialne stanowisko w firmie, matka miała dobry humor, a ja znalazłam sobie kogoś, kto sprawiał, że czułam się, jakbym była jedyną kobietą na świecie.

Co mogło pójść nie tak?

21

Choć wiele osób uważa, że moja rodzina miała szczęście, ani ja, ani mój ojciec byśmy się z tym nie zgodzili. On nigdy nie był przesądny i nie wierzył w szczęście, ja również nie. Podzielaliśmy opinię, że ludzie są kowalami swojego losu i starannie przemyślanymi decyzjami zmieniają życie na lepsze.

Guccio Gucci nie pojechał do Londynu, aby zatrudnić się w Savoyu pod wpływem zachcianki – miał plan. Nie zawdzięczał tego losowi. Mój ojciec przejął niewielki florencki interes i przekształcił go w globalne imperium dzięki wizji i ciężkiej pracy, a nie dzięki pomyślnemu zbiegowi okoliczności. Mama, szukając pracy, trafiła do butiku Gucciego, choć ona akurat upierałaby się, że było to zapisane w gwiazdach.

Później ojciec miał wszelkie powody ku temu, żeby zacząć wierzyć w pecha, kiedy seria niepowodzeń zaburzyła równowagę jego precyzyjnie skonstruowanego planu. Przepowiednie babci i prorocze sny matki powinny były nas przygotować na to, co nas czekało.

Teraz *mamma* twierdzi, że wąż, którego zobaczyła w kuchni na Florydzie, miał dużo większe znaczenie, niż wówczas przypuszczała, choć wiedziała, że zwiastował nieszczęście, które czyhało na głowę domu.

Wszystko zaczęło się pewnego letniego poranka w 1983 roku, kiedy ojciec wchodził do biura przy Piątej Alei. Niespodziewanie podszedł do niego nieznajomy i wręczył mu dokumenty prawne. Okazało się, że był to przedstawiciel Internal Revenue Service (IRS, agencja rządowa zajmująca się ściąganiem podatków). W dokumentach żądano, aby przedstawił dokumentację finansową – zarówno swoją, jak i Gucci America – za lata 1979–1981. Był to wynik jednego z pozwów wniesionych przez Paola, w których twierdził on, że firma uchylała się od płacenia podatków i przelewała środki na konta zagraniczne. Chociaż sprawa została odrzucona przez sąd, oskarżenia nie uszły uwagi Wydziału Ścigania Przestępstw IRS.

Niedawno relacje między ojcem a Paolem sięgnęły dna. Po wyrzuceniu go z pracy prawnicy firmy Gucci nadal blokowali każdy jego ruch, więc Paolo zadzwonił do ojca w Palm Beach, aby błagać o pomoc. Twierdził, że jest na skraju nędzy, ponieważ po rozwodzie musi utrzymywać dwie rodziny, a niedługo przyjdzie na świat kolejne dziecko. *Mamma* obserwowało ojca podczas tej rozmowy. Z gestów wywnioskowała, że rozmowa nie szła po jego myśli. Po raz kolejny Paolo chciał wrócić do koncepcji Gucci Plus, ale ojciec od razu mu odmówił. Pamiętał incydent podczas spotkania rady i to, że Paolo przedsięwziął kroki prawne przeciw własnej rodzinie.

W końcu ojciec nie wytrzymał. Zerwał się i zaczął krzyczeć do słuchawki:

– Nie, Paolo! Nie mogę ci pomóc! Już raz pozwoliliśmy ci wrócić do firmy i patrz, co narobiłeś! Jak śmiesz? Sam ściągnąłeś sobie kłopoty na głowę!

Z trzaskiem odłożył słuchawkę, przeklął dzień, w którym jego syn się urodził, nazwał go *un idiota* i wybiegł z pokoju. Matka aż zaniemówiła z wrażenia. Ojciec nie zdawał sobie jednak sprawy, jak daleko Paolo był gotów się posunąć. W oczach ojca z „idioty" stał się *maledetto* (przeklętym), kiedy okazało się, że poszedł na współpracę z IRS. Agencja uzyskała teraz wgląd w poufne dokumenty, które wcześniej znajdowały się w prywatnym archiwum ojca.

Pod gniewem ojca skrywało się coś znacznie poważniejsze-
go – gorzkie rozczarowanie synem, który go sprzedał. Ta zdrada
złamała mu serce, co widać było gołym okiem. *Mamma* zadzwoniła do mnie, żeby mi to opowiedzieć. Myślałam, że grozi jej załamanie nerwowe.

– Co się stało?

– Chodzi o twojego ojca. Jest w takim stanie, że nie mogę na
niego patrzeć. Siedzi i w ogóle się nie odzywa. To przez Paola,
tego nikczemnika! Nie wiem, co robić.

Najnowsze wieści z Nowego Jorku nas dobiły. Zaopatrzeni
w nakazy przeszukania agenci federalni wpadli do biura firmy
Gucci i zajęli dokumenty oraz wyciągi bankowe. Finansiści aż po
Hongkong zostali poinstruowani, by pomagać w dochodzeniu.
Było to poważne śledztwo międzynarodowe i nie mogło rozejść
się po kościach. Jako dyrektor generalny mój ojciec wiedział, że
będzie musiał wziąć na siebie całą odpowiedzialność, zwłaszcza
odkąd informacje przeciekły do prasy.

Mama i ja bardzo się o niego martwiłyśmy. On z kolei starał się nas uspokoić. Twierdził, że wszystko jest w rękach jego
prawników i księgowych. To oni zlecali przelewy zagraniczne, aby
finansować przedsięwzięcia na Dalekim Wschodzie, i to oni muszą teraz wyciągnąć nas z tego bagna. Starał się robić wrażenie, że
wszystko toczy się normalnie, więc jak co dzień pojechał do pracy.

Wiem, że czuł się osaczony przez kilka miesięcy. Nie było już
Vasca ani Rodolfa, Maurizio nie zasługiwał na zaufanie, natomiast księgowy ojca, główny pomysłodawca kontrowersyjnych
transakcji, zmarł. Giorgio i Roberto byli tak przerażeni ostatnimi
wydarzeniami oraz ich możliwymi skutkami dla siebie i dla ich
rodzin, że dniem i nocą bombardowali ojca telefonami z Włoch.

Im głębiej IRS wnikał w interesy firmy, tym więcej niepoko-
jących wiadomości się pojawiało. Księgowi twierdzili, że roczny
przychód ojca wynosił jedynie sto tysięcy dolarów, ale agenci IRS
odkryli, że jego domy w Palm Beach i Beverly Hills zostały nabyte

przez zagraniczną firmę. To sprawiło, że baczniej przyjrzeli się innym wydatkom, których kwota urosła do milionów.

Prawnicy ojca szli na rękę władzy, stosowali taktykę otwartości i współpracy. „Firma stosowała standardowe praktyki biznesowe i nigdy nie nosiła się z zamiarem oszukania rządu Stanów Zjednoczonych", zapewnił mój ojciec.

Mamma i ja nie potrzebowałyśmy zapewnień, że wszystko zrobił za radą księgowych, sam nigdy nie naraziłby firmy na takie ryzyko. Z kolei jego prawnicy zapewniali go, że jeśli nawet są jakieś „nieciągłości" czy niezapłacone podatki, po prostu się je ureguluje wraz z karą i będzie po wszystkim. Byli przekonani, że ojciec zdoła uniknąć więzienia, choć jego sprawę jako priorytetową prowadził młody, ambitny prokurator Rudolph Giuliani. Ojciec musiał wziąć na siebie pełną odpowiedzialność i stawić się na procesie.

– Zawrzemy ugodę. Będzie dobrze. – Słyszałam uspokojenia prawników.

Zgadzał się na wszystko, co proponowali. Kochał Amerykę i nie chciał uciekać do Włoch jak przestępca, chociaż o to właśnie błagała go matka.

– Wracajmy do Rzymu, Aldo! – prosiła.

– Nie, Bruno – odpowiadał z uśmiechem. – To wykluczone.

Poza tym miał jeszcze tyle do zrobienia zarówno w Ameryce, jak i na świecie. Nawet jeśli rozważał możliwość ucieczki, wiedział, że decyzja, by pozostać w Stanach i poddać się karze, jest słuszna.

Jeden z doradców ojca najwyraźniej uważał inaczej, ponieważ podczas jakiejś kolacji postanowił przestrzec moją matkę, że *dottore* Gucci może trafić do więzienia. Tak bardzo się zdenerwowała, że ojciec musiał zakończyć wizytę i zabrać ją do domu. W domu matce puściły nerwy.

– Więzienie, Aldo? Przecież ty masz prawie osiemdziesiąt lat! Nie mogą cię zamknąć, prawda?

Trzymając ją w ramionach, zapewniał, że nic takiego nigdy się nie wydarzy.

– Nie martw się, wszystko się ułoży.

Matka powiedziała mi o tym wszystkim. Poczułam mdłości.

– Do więzienia? – powtórzyłam niczym echo.

Nie mogłam sobie tego wyobrazić. Mój ojciec był niezwyciężony: ufał swojemu doświadczeniu, potrafił nadawać sprawom właściwy bieg i trzymał wszystko w garści. To się nie mogło zdarzyć.

Po raz pierwszy, odkąd ojciec umieścił mnie w radzie nadzorczej, zrozumiałam, jakie niesie to ze sobą korzyści. Moja rola polegała na tym, żeby popierać w niej ojca i zgadzać się z jego propozycjami. Mogło to dotyczyć zatwierdzania budżetu nowego sklepu lub wyznaczenia pułapów sprzedaży na najbliższy kwartał. Chociaż nie zawsze wszystko rozumiałam, a czasem gubiłam wątek podczas dyskusji technicznych lub finansowych (liczby nigdy nie były moją mocną stroną), ojciec nigdy nie potrzebował sojuszników tak bardzo jak w tamtym czasie. Wiedział, że może liczyć na moje wsparcie w radzie, ale nie zmieniło to faktu, że działał pod ogromną presją.

W domu przed mamą i przede mną zachowywał pozory, ale podczas spotkań rady widziałam czasem to jego oblicze, o którym tylko słyszałam. Giorgio niechcący sprowokował najgorszą tyradę, jaką w życiu słyszałam. Nie pamiętam nawet, co spowodowało, że ojciec wybuchł, ale nagle zerwał się na równe nogi i zaczął wrzeszczeć na syna. Był niczym żywioł, jego wściekłość mną wstrząsnęła. Przez całe życie wydawał mi się zrównoważony i rozsądny. Widok pulsujących żył na szyi i czerwonej twarzy, kiedy miotał setki wyzwisk, nie należał do przyjemnych. Chciałam, żeby przestał.

Biedny Giorgio wyglądał jak królik oślepiony reflektorami samochodu. Nie widziałam jeszcze nikogo obrażanego w ten sposób i do tego publicznie, więc odwróciłam wzrok. Jestem pewna, że w tamtym momencie byłam ostatnią osobą, którą chciał widzieć. Było mi przykro z jego powodu i wstydziłam się za nieusprawiedliwiony wybuch ojca. Kiedy w końcu się wykrzyczał, usiadł ciężko i bez tchu. W sali zapanowała taka cisza, że usłyszelibyśmy spadającą pineskę.

W tamtym momencie zrozumiałam, że atak wściekłości ojca nie miał nic wspólnego z jakimś postępkiem Giorgia. Wywołała go głęboka frustracja związana z oczekiwaniem na katastrofę. Ojciec zdał sobie sprawę, że znalazł się w poważnych tarapatach. Moja matka też to czuła. Przerażona tym, co się może wydarzyć, zaczęła popadać w depresję. Pewnego dnia znalazłam ją w nowojorskim mieszkaniu samą, tonącą we łzach. Ojciec poleciał na konsultacje z doradcami finansowymi we Włoszech, ponieważ wówczas jeszcze mu na to pozwalano. Prawdopodobieństwo, że ojciec trafi do więzienia, do głębi poruszyło matkę i wywołało przekonanie, że jeśli tak się stanie, on nie wyjdzie stamtąd żywy. Próbowałam ją pocieszać – bez skutku. Sprawy przyjęły tak zły obrót, że wróciły do mnie nieprzyjemne wspomnienia z dzieciństwa związane z jej depresją. Musiałam poprosić ojca, żeby natychmiast wracał. Oboje doszliśmy do wniosku, że będzie lepiej, jeśli mama poleci do Włoch i pozostanie z dala od tego, co dzieje się w Stanach.

Martwiłam się o mamę, ale przede wszystkim koncentrowałam się na ojcu – zwłaszcza od dnia, w którym mama poleciała do domu. To, że musiał być silny dla niej, pomagało i jemu. Przez całe życie uważałam, że matka całkowicie uzależniła się od ojca. Dopiero ta sprawa uświadomiła mi, że ich zależność była obopólna.

Czułam na sobie ciężar odpowiedzialności. Starałam się zatem wspierać ojca i odwracać jego uwagę od problemów. W tym czasie pracowałam nad jednym z moich najambitniejszych projektów – przygotowywałam pokaz naszej najnowszej kolekcji ubrań na sezon wiosna-lato, na który zaproszono trzynaścioro specjalnych gości i przedstawicieli mediów w Cotillion Room hotelu Pierre w Nowym Jorku. W razie powodzenia pokaz miał zostać powtórzony w Chicago, Palm Beach i Los Angeles. Bycie reżyserem, choreografem i producentem pokazu skutecznie odciągało mnie od zmartwień. Zainspirowana aranżacją przestrzeni podczas naszego ostatniego pokazu w Mediolanie, podczas którego użyto podwyższonego wybiegu, spędziłam tygodnie, wybierając modelki i muzykę, stylizując kreacje i układając choreografię. Na ścieżkę dźwiękową złożyła się zróżnicowana muzyka: od bossa novy po reggae i R&B. Tonęłam pod listami rzeczy do zrobienia, ponieważ wiedziałam, że oczy wszystkich będą skierowane na mnie, co stanowiło większe wyzwanie niż zasiadanie w radzie. W finale modelki, które wybrałam po obejrzeniu setek portfolio, miały się zaprezentować w obcisłych czarnych kombinezonach i najnowszej biżuterii z kolekcji Oro Coccodrillo.

Ku mojemu zaskoczeniu ojciec zjawił się wcześniej. Popatrzył na mnie, ucałował mnie w policzki i zapytał:

– Co? Nie mogę już nawet życzyć powodzenia własnej córce?

Po czym wrócił na swoje miejsce, aby oglądać pokaz. Tamtego wieczoru byłam bardzo zdenerwowana i modliłam się, żeby wszystko poszło zgodnie z planem. Pokaz przebiegł zgodnie z planem. Wybuchły oklaski. Wyraz twarzy ojca mówił mi, że dałam mu cenną godzinę wytchnienia od zmartwień – i to by mi w zupełności wystarczyło. Stał, krzyczał *Brava!* i klaskał wraz ze wszystkimi zgromadzonymi. Darowałam mu, że nie przyjechał na moje przedstawienie do Aiglon.

– Patricio, jestem z ciebie taki dumny – powiedział mi później za kulisami, wznosząc kieliszek szampana w geście wyrażającym uznanie. To moment radości, który na zawsze zachowam w sercu. Nieważne, co miało nas spotkać dobrego czy złego, wiedziałam, że nikt mi tego nie odbierze.

22

Wielokrotnie słyszałam, że najgorzej jest zostać zdradzonym przez najbliższych. A taka zdrada dotknęła mojego ojca. Każdy z nas został kiedyś w jakiś sposób zdradzony – po raz pierwszy zapewne za sprawą nieuchronnego rozpadu dziecięcej przyjaźni. W dorosłym życiu każda kolejna nielojalność ma coraz poważniejsze, czasem nawet katastrofalne skutki.

Zaufanie mojej matki zawiodła osoba, którą uważała za przyjaciółkę. To ona napisała anonimy do Giorgia. *Papà* również doświadczył wielu zdrad, najgorsza z nich miała dopiero przyjść. Kolejne zebranie rady Gucci zostało wyznaczone na wrzesień 1984 roku w biurze na Manhattanie, lecz ojciec był zbyt zajęty, aby w nim uczestniczyć. IRS ogłosiło termin posiedzenia ławy przysięgłych w jego sprawie, więc cały czas spędzał z prawnikami. Mimo że oba spotkania odbywały się w tym samym budynku, ojciec wysłał na posiedzenie rady swojego zastępcę, Roberta Berry'ego. Tego samego ranka Robert bez tchu wpadł do jego biura. Ojciec spojrzał na niego zaskoczony i przygotował się na kolejne złe wieści. Czy wydarzyło się coś nowego w jego sprawie? Czy Paolo znów coś wymyślił? Nie spodziewał się jednak tego, co usłyszał z ust Roberta. W szokującym posunięciu Maurizio – który odziedziczył połowę udziałów Rodolfa – zgłosił wniosek o rozwiązanie rady, odwołanie mojego ojca i utworzenie nowej rady nadzorczej z nim na czele. Oburzający przewrót zaplanowany z wojskową precyzją. Później ojciec odkrył, że Maurizio nie działał sam. Paolo zgodził się odsprzedać mu swoje udziały w firmie i tym samym dać mu pełną kontrolę.

Słysząc te hiobowe wieści, ojciec nawet nie podniósł się z krzesła. Nie było sensu. Wniosek został przyjęty. Kilka pięter niżej jego bratanek, którego wziął pod swoje skrzydła i wszystkiego nauczył, uknuł diabelski plan, aby zrzucić go z tronu.

Wróciłam do Nowego Jorku. Od razu zauważyłam, że *papà* jest załamany. Zastałam go o zmierzchu siedzącego samotnie w mieszkaniu, ze wzrokiem utkwionym w dal.

— Może coś zjemy? — zapytałam delikatnie.

— Nie jestem głodny. Idź, nic mi nie będzie.

Moja matka przyleciała do Nowego Jorku, aby być u jego boku, podczas gdy on pracował nad swoją obroną. Czuła się lepiej niż w ostatnich miesiącach, ale nadal się zamartwiała. Pewnego dnia postanowiłam powiedzieć jej coś, czym miałam nadzieję ją uszczęśliwić i wyciągnąć z psychicznego dołka.

— Jestem w ciąży.

Wypowiedziałam te słowa na głos i w tym momencie moja sytuacja nabrała realnych kształtów. Ponieważ czarne chmury stale wisiały nad naszymi głowami, nie mogłam znaleźć odpowiedniej chwili, aby podzielić się tym, co sama niedawno odkryłam. Kochałam Santina i pragnęłam tego dziecka. Jednocześnie bardzo się bałam stwierdzenia rodziców, że jestem za młoda na bycie matką.

— Wiedziałam — powiedziała matka zrezygnowanym głosem. — Śniła mi się mała dziewczynka w letniej sukience. Będziesz miała córkę.

Ile razy matka mówiła coś takiego, okazywało się to prawdą. Ogromnie się cieszyłam, ale musiałam przyznać, że zawsze marzyłam o synku. Następnie wyjawiłam jej coś jeszcze:

— Santino i ja bierzemy ślub.

Jej reakcja nie należała do takich, jakich córka zazwyczaj spodziewa się po matce. Zaczerpnęła głęboko powietrza i zaproponowała:

– Okej, ale na razie nie mówmy nic twojemu ojcu. Tyle ma na głowie i nie potrzebuje kolejnego wstrząsu.

Ojciec dopiero niedawno poznał Santina i nie oczekiwał takich deklaracji z naszej strony. Chociaż jestem pewna, że nie sprzeciwiłby się naszej decyzji, nie byłby nią również zachwycony. Miałam tylko nadzieję, że w odpowiednim czasie ucieszy się razem ze mną.

– Czy naprawdę musisz wychodzić za mąż? – upewniła się matka.

Te słowa mnie zaskoczyły.

– Chcę umożliwić mojemu dziecku najlepszy start w życiu – tłumaczyłam to, co uważałam za oczywiste. – Z mamą i tatą, którzy są małżeństwem jak w normalnej rodzinie. Tak jak i ty byś dla mnie chciała, gdyby okoliczności były inne. – Nie wyglądała na przekonaną. – Nie martw się, to będzie kameralna uroczystość: tylko my, rodzina Santina i kilkoro przyjaciół – dodałam.

Zgodnie z radą mojej matki Santino zgodził się, żebyśmy poczekali do świąt Bożego Narodzenia i dopiero w Palm Beach powiedzieli tacie o swoich planach. Tam zawsze był bardziej zrelaksowany i mniej spraw go rozpraszało. Wybrałam odpowiedni moment kilka dni po naszym przyjeździe. Usiadłam obok niego i przeciągnęłam palcami po brzuchu.

– Jest coś, o czym chcę ci powiedzieć. Będę miała dziecko.

Spojrzał na mnie, jego twarz nie zmieniła wyrazu.

– Cieszę się twoim szczęściem – powiedział w końcu matowym głosem.

Szybko, jakbym chciała wyprzedzić jego myśli i nie dać mu szansy powiedzenia czegoś jeszcze, rozpoczęłam wyjaśnienia.

– Nie planowaliśmy tego i wiem, że nie tego byś sobie życzył w tym momencie, ale Santino i ja bierzemy ślub na Jamajce.

Odwrócił się ode mnie i zamknął oczy. Dodał chyba kolejny punkt do listy spraw, nad którymi miał się zastanowić. W końcu odezwał się.

– Będziemy musieli przedsięwziąć pewne kroki, żeby chronić twój interes. Nie zamierzam ryzykować. – Odwrócił się do mnie i dodał łagodnie. – Zorganizuj sobie miły ślub, cokolwiek zechcesz.

Opowiedziałam mu, co już zaplanowałam. Tylko skinął głową z uśmiechem. Nie tego dla mnie chciał, ale byłam na to przygotowana.

Jak każdy mężczyzna, który ma poprosić ojca ukochanej o jej rękę, Santino się denerwował. Wyrzucił z siebie to pytanie pierwszego dnia świąt, kiedy ojciec kroił indyka. Z trzydziestocentymetrowym nożem w jednej dłoni i widelcem w drugiej *papà* rzucił nieprzyjemne spojrzenie przyszłemu zięciowi, po czym odłożył sztućce i podał mu rękę, wyrażając zgodę.

Ślub zaplanowaliśmy trzy tygodnie później, 19 stycznia 1985 roku. Rodzina i przyjaciele, łącznie dwadzieścia pięć osób, mieli nam towarzyszyć podczas ceremonii w uroczym szesnastowiecznym kościółku wybudowanym przez katolickich misjonarzy w Zatoce Świętej Anny na północy Jamajki. Obecni byli rodzice Santina i jego dwaj bracia, z rodziny mojego ojca przyjechała tylko jedna osoba: trzeci syn Roberta, Uberto, który akurat był przelotem w Nowym Jorku i zdecydował się w ostatniej chwili.

Dopisali przyjaciele: Maria z chłopakiem, Andrea – jako moja druhna – i jeszcze kilka osób z Nowego Jorku. Zalecenia dotyczące stroju dla mężczyzn po zaślubinach nakazywały im ubrać się na biało, ale ojciec i bracia Santina zignorowali naszą prośbę i przyszli w czarnych garniturach. Po ceremonii goście mieli się udać na wesele do willi z widokiem na ocean, którą wynajmowaliśmy podczas naszego pobytu na wyspie.

Nieco wcześniej w zatoce Montego złożył nam wizytę adwokat ojca z intercyzą do podpisania. Santino uczynił to z chęcią.

Ranek dnia mojego ślubu minął w zamieszaniu, w ostatniej chwili wynikło wiele problemów, które musiałam sama rozwiązywać, ponieważ moja matka nie brała udziału w przygotowaniach. Na szczęście ze wszystkim sobie poradziłam. Włożyłam ubranie – *salawar kamiz*, czyli spodnie i długą kremową jedwabną koszulę, która zakryła mój rosnący brzuch. Był to prezent ślubny od afroamerykańskiego projektanta Williego Smitha, od którego wynajmowałam mieszkanie w Tribece.

Razem z Andreą poszłyśmy do kościoła, gdzie mój ojciec zaprowadził mnie do ołtarza. Chociaż żadne z nas nie wyobrażało sobie, żeby mogło być inaczej, wiele dla mnie znaczyło, że znalazł czas w swoim zapełnionym grafiku, zwłaszcza że zbliżał się proces. Wyglądał niezwykle dystyngowanie w niebieskiej koszuli i kremowym lnianym garniturze, czekając na mnie przy ścieżce prowadzącej do kościoła.

– *Sei bellissima!* – powiedział z uśmiechem i podał mi ramię. – To jest twój dzień, Patricio. Nic go nie popsuje.

Zaczęłam się denerwować, idąc w kierunku pana młodego ubranego oczywiście na biało. Jak każda panna młoda zastanawiałam się, czy postępuję słusznie. Poczułam, że dłoń ojca zaciska się wokół mojej... Stanęliśmy przed uśmiechniętym księdzem.

Matka z beznamiętnym wyrazem twarzy stała w pierwszym rzędzie, ale wiedziałam, że moja decyzja nadal budziła jej wątpliwości. „Nie jestem pewna, czy to właściwy mężczyzna dla ciebie", mówiła. Pochodziliśmy z dwóch różnych światów, co moi rodzice natychmiast wytknęli. Matka wiedziała, że takie niedopasowanie w połączeniu z dzieckiem urodzonym w tak wczesnym wieku obróci się na naszą niekorzyść. Wiedziała również, że jestem silna, i życzyła nam jak najlepiej.

Wzięłam jeszcze głęboki oddech i stanęłam koło Santina twarzą do księdza, który ze złożonymi dłońmi czekał, aż wszyscy zajmą miejsca. Chciałam wysunąć rękę spod ramienia ojca, ale on mnie nie puszczał, a nawet przycisnął jeszcze mocniej.

– Bardzo śmieszne, tato – wyszeptałam.

On nadal nie puszczał, wpatrywał się przed siebie z dziwnym wyrazem twarzy. Po dość niezręcznej chwili wyszarpnęłam rękę, ale on na oczach wszystkich złapał mnie za nadgarstek. Odwrócił się do mnie ze łzami w oczach i w końcu mnie puścił, ścisnąwszy moją dłoń po raz ostatni. Myślałam, że coś powie. Cóż, żadne słowa nie były potrzebne.

Wziął się w garść i nawet usiłował się uśmiechnąć, po czym zajął miejsce obok Bruny. Mrugałam, aby się nie rozpłakać. Zwalczyłam chęć uściśnięcia go i powiedzenia, że zrozumiałam jego zachowanie. To, że mnie kochał, zawsze było dla mnie oczywiste, choć niewypowiedzianym faktem – ojciec chciał, żebym to wiedziała. W tym starym kościele dostałam od niego największy dar, jaki dziecko może otrzymać od rodzica – bezwarunkową miłość, która nie wymaga słów. A dzięki temu, że postanowił mi ją okazać, zyskałam najpiękniejsze wspomnienie z nim związane.

Jakiś czas po ceremonii zgromadziliśmy się na trawniku przed naszą willą, gdzie serwowano tradycyjną jamajską pieczoną kozę, podczas gdy zespół kalipso grał melodie Harry'ego Belafonte, co wprawiło wszystkich w wyspiarski nastrój. Ojciec Santina tak napełniał kieliszek mojej matki, że się całkiem wstawiła – nie widziałam jej nigdy w takim stanie, nigdy później też nie śmiała się tak dużo. Cały dzień był interesujący i doskonały, taki jak sobie to wymarzyłam.

Na trzy dni i trzy noce staliśmy się normalną, szczęśliwą rodziną. Nikt nie podejrzewałby, że ojciec znajdował się w środku kryzysu. Odkąd przyjechał, wyglądał tak, jakby wszystkie zmartwienia go opuściły. Chociaż nie dało się ukryć, że ma jakieś sprawy na głowie, zdjął marynarkę i starał się bawić zdeterminowany, żeby nic nie popsuło nam tych kilku wspólnych dni – jestem mu za to dozgonnie wdzięczna.

Po powrocie do Ameryki zabrakło powodów do radości. Maurizio, samozwańczy „rozjemca", twierdząc, że „naprawi" szkody, dzięki swoim zabiegom objął również stanowisko prezesa Guccio Gucci SpA. Ustanowił mojego ojca „honorowym prezesem" włoskiej części firmy, ale za tym tytułem nie stały żadne uprawnienia. Następnie Maurizio, przynajmniej zdaniem ojca, wydarł firmie duszę, ponieważ przeniósł jej główne biuro z Florencji do luksusowego nowego budynku w Mediolanie, niedaleko swojego domu. I zaczął roztrwaniać miliony w bezwstydnym szaleństwie zakupów.

Po zakupie odrzutowca, co utrwaliło tylko opinię o nim jako rozrzutniku, prasa nazwała go „rozpasanym dziedzicem", ale on nie zwracał na to uwagi i nadal pogrążał firmę. Nie okazywał szacunku lojalnym i doświadczonym pracownikom, zwolnił tych z najdłuższym stażem, w tym Ruby Hamrę. Następnie zredukował operacje franczyzowe i „odchudził" firmę, która w poprzednim roku miała przynieść rekordowy obrót w wysokości 63 milionów dolarów. Zniszczył błyskawicznie to, co mój ojciec budował przez dziesięciolecia.

Papà bezradnie przyglądał się systematycznemu niszczeniu firmy – swojej firmy. Maurizio, który zdaniem ojca cierpiał na „katastrofalną megalomanię", nie dotrzymał słowa danego Paolowi: w zamian za udziały pozwolił mu na realizowanie własnych projektów. Rozpoczęły się kolejne potyczki prawne. Ojciec był załamany. Obiecał umierającemu Rodolfowi, że będzie pilnował jego jedynego syna i nie dopuści Patrizii do rodzinnych milionów. Teraz dział *public relations* firmy okrzyknął ją „królową Gucci". Aldo czuł, że zawiódł Foffa.

Rodolfa ucieszyłby z pewnością nieoczekiwany rozpad małżeństwa Maurizia. Rozstawszy się z Patrizią – matką jego dwóch córek – wymienił zamki w jednym z ich domów, czym publicznie ją poniżył. Niewiele osób współczuło Patrizii, ale nikt nie sądził, że odejdzie bez walki.

Byłam zbyt zajęta swoimi problemami, żeby martwić się tym, co się działo we Włoszech. Na moim małżeństwie zaczęły pojawiać się pierwsze rysy. Zanim w nowojorskim szpitalu Mount Sinai 2 lipca 1985 roku po długim i trudnym porodzie przyszła na świat moja pierwsza córka Alexandra, wiedziałam, że między mną a Santinem się nie układa. Andrea przyleciała do mnie ze swoją siostrą, przyleciała też moja matka, która jednak musiała szybko wracać, aby być u boku ojca w Rzymie. Zdążyła zobaczyć swoją wnuczkę i zachwycić się nią.

Nie lubiła przebywać w towarzystwie Santina.

– Ten człowiek jest dla ciebie niedobry – mówiła, bo wyczuwała, że Santino opuści mnie w potrzebie.

Nie zaskoczył mnie fakt, że Santino wyjechał zaledwie kilka tygodni po mojej matce. Miał jakieś interesy na Sardynii. W szpitalu spędziłam dziesięć dni, przez kolejne tygodnie dochodziłam do siebie po infekcji przebytej w wyniku cesarskiego cięcia. Byłam tak słaba, że ledwo trzymałam się na nogach, nie mogłam więc nosić Alexandry. Brakowało mi obecności i pomocy matki. Na szczęście, kiedy Santino wyjechał, Andrea przybyła z odsieczą zaopatrzona w niezawodną książkę o opiece nad dziećmi autorstwa doktora Spocka, dzięki której udało się nam opanować podstawy tej niełatwej sztuki.

Papà wrócił do Nowego Jorku pięć tygodni po narodzinach Alexandry. Wsiadł do taksówki i przyjechał do mojego mieszkania w Tribece – dzielnicy, która wydawała mu się końcem świata. Torując sobie drogę wśród kubłów na śmieci, zastanawiał się, co jego córka robi w takim miejscu. Ale wystarczyło, żeby wziął Alexandrę na ręce, i wszystko zostało mi wybaczone. Chociaż miał ponad dziesięcioro wnuków, tym razem zareagował inaczej. Moja matka powiedziała mi, że nigdy nie widziała go takiego zauroczonego. Jakby Alexandra wyzwoliła w nim czułość, której po narodzinach nie okazywał nawet mnie.

Santino i ja mieliśmy lepsze i gorsze okresy, ale rola rodziców nam się podobała – śledziliśmy wczesny kontakt naszej córeczki ze światem. I chociaż cieszyłam się ze swojej nowej roli, wiedziałam, że wrócę do pracy, a co najważniejsze, stanę znów u boku ojca.

Aldo nigdy by się do tego nie przyznał, lecz myślę, że coraz bardziej czuł bliskość przegranej w tej bitwie. Im bardziej walczył o władzę, tym bardziej jego cele mu umykały. Mógł przetrwać tylko pod tym warunkiem, że odda kontrolę. Matka uświadomiła to sobie lata wcześniej i wiedziała, że to zapewniało jej pewien spokój. Z większym zainteresowaniem ojciec zaczął słuchać, kiedy mówiła o uldze, jaką przyniosły jej nowe przekonania. Wychowała się w pobożnym katolickim domu, więc nigdy nie kwestionowała istnienia Boga, a mimo to życie duchowe przysparzało jej problemów.

– Byłam wierząca, ale nie religijna – wyznała mojemu ojcu. – Wierzyłam, ale bez należytego oddania. A potem mój guru powiedział mi, że wszystko jest Bogiem i nagle dotarło do mnie to, co cały czas chciał mi przekazać. To mnie poruszyło do głębi.

Ojciec doszedł do wniosku, że powinien poznać tego guru. Poleciał z matką do Londynu i razem złożyli mu wizytę. Ku jego wielkiemu zaskoczeniu Sari Nandi, uduchowiony hinduski starzec, oczarował go.

– Musisz się modlić i modlić, i ufać w rezultaty – poradził mu Sari Nandi.

Przed tym spotkaniem ojciec zawsze w niedzielę chodził do kościoła i był religijny na własny sposób. Po spotkaniu modlił się regularnie i często odwiedzał katedrę Świętego Pawła przy Piątej Alei, niedaleko mieszkania. Wydawało się, że modlitwy ojca zostały wysłuchane, kiedy odkrył coś, co mogło wszystko zmienić. Z Mediolanu zadzwoniła do niego Roberta, asystentka Rodolfa, i powiedziała mu, że dwa dni po śmierci Foffa Maurizio kazał jej podrobić jego podpis na kilku certyfikatach udziałów firmy Gucci. Odmówiła, więc znalazł kogoś, kto nie miał skrupułów. Sfałszowane dokumenty uchroniły go przed zapłaceniem wielomilionowego podatku spadkowego.

Papà przedstawił te informacje florenckiemu sędziemu, który natychmiast skonfiskował pakiet akcji na czas dalszego dochodzenia. Ojciec natomiast wniósł powództwo na gruncie podejrzeń, że jego bratanek przejął firmę przy użyciu „niedozwolonych środków". Maurizio zdecydowanie temu zaprzeczał, ale zanim się zorientował, został usunięty z Guccio Gucci SpA, co utorowało mojemu ojcu drogę powrotu.

Po serii zwrotów i komplikacji, skrupulatnie relacjonowanych przez media, Maurizio zdołał w ostatniej chwili pokrzyżować plany ojca – przełożył na późniejszy termin decydujące posiedzenie rady. Po powrocie z Włoch do Nowego Jorku ojciec odkrył ostatni akt zdrady bratanka: jego nowojorskie biuro ogołocono. Czekało w nim na niego pisemne zwolnienie. Prawie dwudziestu członków jego rodziny pracowało dla firmy Gucci na całym niemal świecie, ale po raz pierwszy od sześćdziesięciu lat on nie był jednym z nich. Maurizio, jako prezes amerykańskiego oddziału firmy, wydał oświadczenie dla prasy potwierdzające, że „rola Alda Gucciego w firmie dobiegła końca" i od tej pory nie będzie zajmował w niej żadnej pozycji.

Zrozpaczony ojciec natychmiast zadzwonił do matki.

– Zabrali mi wszystko. Wszystko, Bruno! – zawodził.

Przekonywała go, żeby nie tracił wiary i wypełniał polecenia Sari Nandiego.

– Musimy się modlić, Aldo – nalegała. – Nic innego nam nie zostało.

23

Nasze imię jest często tym, co nas określa. To, kim jesteśmy, a co ważniejsze to, za kogo uważają nas inni, ma bezpośredni wpływ na nasze interakcje. Od czasów Hurst Logde zrozumiałam, że z moim nazwiskiem wiąże się prestiż i przyzwyczaiłam się do zdziwienia, kiedy podaję swoją kartę kredytową lub umawiam się na spotkanie. Za każdym razem, poproszona o przeliterowanie nazwiska, nabieram powietrza i powoli wymawiam litera po literze „G–u–c–c–i".

Kiedy poznawałam ludzi w Londynie i Nowym Jorku, przedstawiałam się jako Patricia. Tak było łatwiej. Później używałam nazwiska po mężu, ponieważ wolałam pozostać anonimowa. A teraz każda moja córka, mimo że im to odradzałam, postanowiła dołączyć to nazwisko do nazwiska, które ma po swoim ojcu. Ryzykują tym samym, że nie będą postrzegane takie, jakie są naprawdę.

Dla mojego ojca jego nazwisko było wszystkim. Na długo przed tym, jak on i dziadek stworzyli od nowa rodzinną historię, nie posiadał się z dumy z tego, co osiągnęli i jak odmienili los swojej rodziny dzięki ciężkiej pracy, wizji i determinacji. Nasza rodzina przeszła drogę od ubogich kapeluszników z toskańskiej wsi do właścicieli firmy produkującej luksusowe wyroby, której logo jest rozpoznawane na całym świecie. To dziedzictwo *papà* chciał przekazać następnym pokoleniom przez synów, bratanka i – jak przypuszczam – przeze mnie i moje dzieci.

Nigdy nie wyobrażał sobie, że kiedy dobiegnie osiemdziesiątki, jego nazwisko zostanie zmieszane z błotem, a co gorsza, że jego krewni okryją je hańbą. Nowe okoliczności były dla niego bardzo trudne i nie potrafił się do nich przystosować. Po raz pierwszy w życiu nie miał biura, do którego mógł pójść, ani jasno wytyczonego planu działania. Założył swoją tymczasową nowojorską bazę w mieszkaniu przylegającym do jego mieszkania, próbował tym samym zachować poczucie własnej godności. *Mamma* zazwyczaj przebywała w Rzymie, przylatywała do Nowego Jorku na miesięczne pobyty. Codziennie przychodziła do niego sekretarka, aby odbierać telefony i prowadzić jego niekończącą się korespondencję z prawnikami, księgowymi, współpracownikami i rodziną we Włoszech.

Pewnego dnia ojciec zaproponował, żebyśmy z Santinem wprowadzili się z powrotem do mojego dawnego mieszkania. Natychmiast się zgodziłam. Ten nowy-stary dom był niezbyt nowoczesny i dość przygnębiający w porównaniu z naszym jasnym, białym loftem, ale ojciec dał mi wolną rękę w przystosowywaniu go do potrzeb naszej młodej rodziny.

Cieszyłam się, że znów znalazłam się blisko niego w tak trudnych czasach. Był już wtedy znacznie słabszy i często, kiedy na niego patrzyłam, czułam ukłucie w sercu. Na szczęście miałam mnóstwo zajęć i nie mogłam pogrążać się w smutku. Nadal zasiadałam w radzie i pełniłam funkcję dyrektora do spraw witryn w naszych butikach. Moje obowiązki polegały również na głosowaniu za wnioskami dotyczącymi zarządu firmy złożonymi w radzie. Giorgio i Roberto też zasiadali w radzie, ale większość czasu spędzali we Włoszech, skąd składali ojcu raporty. Niemal nie miałam z nimi kontaktu. Nieważne, po której stronie Atlantyku się znajdowaliśmy, pod żadnym pozorem nie mogliśmy przekazywać jakichkolwiek informacji mojemu ojcu, ale oczywiście robiliśmy to. Zwłaszcza ja stałam się jego oczami i uszami w kwestii wszystkiego, co dotyczyło raportów, protokołów i listów. Zdawałam sobie sprawę, że Maurizio mnie zwolni, jeśli to się wyda, ale musiałam zaryzykować

Wyznaczono przybliżoną datę pierwszego wystąpienia mojego ojca w sądzie na styczeń 1986 roku. Wobec tego ustalił on ze swoimi prawnikami, że przyzna się do winy, odda pieniądze i zadeklaruje gotowość zapłacenia kary. Termin się zbliżał, jego przygotowania stawały się intensywne. Straciłam rachubę, ile razy spotkaliśmy się z jego adwokatami. Zapewniali nas, że uda się im wynegocjować dla ojca wolność.

Aby chronić zasoby rodziny, ojciec postanowił podzielić swoje włoskie udziały między Giorgia i Roberta, z pominięciem Paola. Po tym ruchu zostało mu jedynie 16,7 procent udziałów amerykańskich. Z perspektywy czasu widać, że to była najgorsza decyzja w jego życiu. Za wszelką cenę chciał chronić rodzinną spuściznę i ani przez chwilę nie pomyślał, że nie może ufać własnym synom. Ponieważ tyle się działo w życiu mojego ojca, nie miałam wiele czasu, żeby zajmować się czymś innym. Minęło pół roku od narodzin Alexandry, a ona nadal nie została ochrzczona. Jako praktykujący katolicy rodzice Santina przestrzegali nas, że jeśli cokolwiek się jej stanie, na zawsze trafi do czyśćca. Więc kiedy zaprosili nas do siebie do Włoch na święta Bożego Narodzenia, postanowiliśmy, że przy okazji ochrzcimy ją tam 30 grudnia w rodzinnej miejscowości Santina.

Mój ojciec nie mógł przylecieć. Musiał przygotować się do procesu, więc wolał spędzić spokojnie święta w Rzymie. Poza tym chciał mieć trochę czasu dla Bruny. W ostatnich miesiącach stawał się od niej coraz bardziej zależny i cierpiał z dala od niej. Chociaż każdego wieczoru długo ze sobą rozmawiali przez telefon, ogromnie za nią tęsknił.

Ponownie przebywali razem w mieście, w którym się w sobie zakochali... Starali się nie myśleć, co będzie, jeśli Aldo trafi do więzienia – zwłaszcza dla mamy była to sytuacja niewyobrażalna. Dawno pogodziła się z faktem, że najprawdopodobniej on umrze pierwszy – przed tym nie dało się uciec. Gdy na Florydzie zachorował na zapalenie płuc, obawiała się, że jego czas nadszedł, ale czerpała pociechę z tego, że przebywała z nim. W więzieniu nie mogła na to liczyć, a nie miała wątpliwości, że ich rozłąka spowodowana tak ohydnymi okolicznościami doprowadzi go do śmierci. Chwilami sądziła, że sama tego nie przeżyje.

Święta wraz z ich słodko-gorzkimi obchodami szybko im minęły. Żadne z nich nie sypiało zbyt dobrze. Budzili się w środku nocy ze świadomością, że są to zapewne ich ostatnie dni razem. Dzień przed powrotem do Stanów Zjednoczonych Aldo był poważniejszy niż zwykle. Ranek poświęcił na pakowanie i ostatnie przygotowania. Godzinę przed planowanym wyjściem poprosił Brunę, żeby z nim usiadła, ponieważ ma jej coś ważnego do powiedzenia.

Podał jej dużą kopertę i wyjaśnił:

– Chcę, żebyś to dla mnie przechowała, Bruno. Jesteś jedyną osobą, której mogę zaufać. Jeśli coś mi się stanie, daj to Giorgiowi i Robertowi.

Otworzywszy kopertę, pokazał jej oprawione w skórę książeczki z udziałami i plik lirów. Zgodnie z tradycją w rodzinie Guccich pałeczkę przekazywano w linii męskiej. Moi bracia przepracowali całe życie w firmie i na pewno im to się należało. Mnie nikt nie brał pod uwagę i ja tego nie oczekiwałam. Tak to po prostu wyglądało – klasyczny przykład sposobu myślenia mojego ojca jako modelowego przedstawiciela jego pokolenia.

Moja matka zdawała sobie sprawę, że w jej rękach leży ich przyszłość, i była ogromnie poruszona tym dowodem zaufania.

– Każda inna kobieta wyjechałaby za to do Ameryki Południowej i użyła życia! – powiedziała mi później.

Ona jednak była przerażona odpowiedzialnością. Z kopertą ukrytą pod wełnianą narzutką pośpieszyła do banku, aby bezpiecznie ukryć ją w skrzynce depozytowej.

Kilka dni później Alexandra została ochrzczona w Chiesa di San Martino w Schio, sto kilometrów od Wenecji. Dzień był wietrzny i mglisty, trzęśliśmy się w kościele z zimna. *Mamma* przyjechała, ale nie kryła smutku. Ja również przeżywałam to emocjonalnie, moja droga przyjaciółka Maria, przyszła matka chrzestna Alexandry, kilka miesięcy wcześniej zginęła w wypadku samochodowym. Zastąpiła ją koleżanka Santina. Enrico został ojcem chrzestnym. Nasza córeczka w końcu oficjalnie otrzymała swoje imię.

Ojciec zgodnie ze swoją wolą sam pojechał do sądu. Od początku nalegał, żeby Bruna została w domu, ponieważ chodziło tylko o „czystą formalność". Po jego przyznaniu się do winy sprawa miała zostać odroczona aż do posiedzenia, na którym powinien zapaść wyrok. Żadna z nas nie była przy tym potrzebna. Prawda jest taka, że ojciec nie chciał, aby ktokolwiek widział go tak zhańbionego, a matka miała wątpliwości, czy w ogóle by to zniosła.

Jednak świadomość, że musiał przechodzić przez wszystko sam, wywołała we mnie poczucie bezsilności. Głośno krytykowałam całą tę sytuację. Nie dość, że ojciec musiał wziąć na siebie winę za coś, z czym nie miał nic wspólnego, korzyści czerpali wszyscy oprócz niego, głównie Rodolfo, a następnie Maurizio. Jednak to ojciec był głową firmy i jedynym posiadaczem zielonej karty, więc stał się kozłem ofiarnym. Nigdy zresztą nie zamierzał uchylać się od odpowiedzialności. Jako człowiek wyznający pewne zasady wierzył, że z władzą wiąże się odpowiedzialność, a niewiedza w świetle prawa nie jest usprawiedliwieniem.

W sali sądowej kilka kroków od galerii dla mediów pełnej reporterów chętnych, aby opisać go jako oszusta, Aldo Gucci przyznał się do dwukrotnego zarzutu uchylania się od płacenia podatków oraz próby utrudniania pracy IRS. Każdy z tych zarzutów był obciążony maksymalną karą pięciu lat pozbawienia wolności, ale jego prawnicy obiecywali, że wyjdzie jako wolny, choć znacznie biedniejszy człowiek. Prawnicy IRS twierdzili, że od 1972 roku zdefraudowano łącznie 18 milionów dolarów, z których większość trafiła do „niezidentyfikowanych współuczestników zmowy". W związku z tym mój ojciec był im winien 8 milionów dolarów zaległych podatków. W krótkim oświadczeniu ojciec powiedział sędziemu: „Nie brałem w tym udziału". Po raz kolejny zapewnił, że nie zdawał sobie sprawy z wyprowadzania pieniędzy firmy za granicę.

Po dziesięciominutowym przesłuchaniu sędzia nakazał mu zapłacenie zaległych podatków i nadzorował wypisanie czeku na milion dolarów, zanim odroczył sprawę.

Po powrocie z Mediolanu stwierdziłam, że ojcu wyraźnie ulżyło – miał już to doświadczenie za sobą. Przez wszystkie lata prowadzenia interesów nigdy nie doświadczył podobnego upokorzenia i trudno się z tym godził. Jak powiedział, wziął na siebie winę „dla dobra wszystkich".

Przez kilka następnych tygodni całkowicie pochłaniała go tocząca się za kulisami batalia prawna, która spowodowała, że sędzia odłożył wydanie wyroku na wrzesień 1986 roku. Dlatego jego pojawienie się na przyjęciu z okazji moich dwudziestych trzecich urodzin przyjemnie mnie zaskoczyło. Impreza była niespodzianką, którą Santino zorganizował w argentyńskiej restauracji w Meatpacking District. Wtedy ta okolica była swego rodzaju ziemią niczyją. Podczas tego wieczoru, spędzonego w otoczeniu przyjaciół i co barwniejszych przedstawicieli nowojorskiego życia nocnego, w tym Dianne Brill, samozwańczej „królowej Dolnego Manhattanu", zobaczyłam w oku ojca błysk, jakiego nie widziałam od lat. Dianne z wysoko utapirowanymi blond włosami, znana jako „Bubbles", natychmiast rozgrzała mojego ojca, który nie mógł powstrzymać się przed gapieniem się na jej słynny dekolt. Ponieważ mama była w Rzymie, ojciec przyszedł w towarzystwie Liny Rossellini. Ją jednak przerosła atmosfera tego przyjęcia i widziałam, że zastanawia się, co się jeszcze wydarzy, kiedy moi przyjaciele rozkręcili zabawę na dobre.

Niedługo później mój ojciec po raz kolejny zaskoczył wszystkich. Miał prawo do udziału w kolejnym spotkaniu rady we Florencji, lecz jej członkowie obawiali się jego przyjazdu. Przewidywali, że dojdzie do konfrontacji między nim a Mauriziem, który nie zamierzał oddać raz zdobytej władzy. Ojciec faktycznie zjawił się na zebraniu i od razu atmosfera stała się napięta. Jednak nie wydarzyło się nic dramatycznego. Ojciec uścisnął Maurizia i ucałował w oba policzki, jakby nigdy nic między nimi nie zaszło. Przy stole, u którego szczytu zwykł zasiadać, zwracał się do nowego prezesa per „młody człowieku" i z dobrodusznym uśmiechem zasugerował, żeby odłożyć spory na bok i zacząć współpracować. Maurizio nie zamierzał jednak uczestniczyć w jego grze. Chociaż nadal przesłuchiwała go policja, jasno dał do zrozumienia, że zamierzał kontynuować plan reorganizacji firmy. Na szczęście moi bracia zostali na stanowiskach wiceprezesów.

Jak zawsze media żywo interesowały się interesami firmy. Po spotkaniu ojciec powiedział czekającym dziennikarzom, że nadal jest optymistą i wraca do Nowego Jorku z nadzieją na „bliskie porozumienie". Na Manhattanie ojciec faktycznie wyglądał na podniesionego na duchu i na jakiś czas wszystko wróciło do normy: chodziliśmy do ulubionych restauracji lub jadaliśmy razem u mnie w domu. Santino był doskonałym kucharzem i cokolwiek ugotował, smakowało znacznie lepiej niż gdziekolwiek w mieście. *Papà* bawił się ze swoją Alexiną. Kochaliśmy ją wszyscy. Zaczynała mówić pierwsze słowa, na dziadka mówiła „Babbo", co w dialekcie toskańskim funkcjonuje jako zdrobniała nazwa głowy rodu. Ojciec to uwielbiał, zwłaszcza że jego synowie zawsze zwracali się do niego „Daddy".

Ponaglany przez Brunę *papà* rozpoczął procedurę zarejestrowania mnie jako prawowitej córki we Włoszech, abym bez przeszkód mogła kiedyś otrzymać w spadku przewidziane prawem minimum plus to, co ojciec zechciałby mi zapisać. Moja matka uświadomiła mi, że dopóki ojciec tego nie zrobi, dopóty w świetle prawa nie jestem przez niego uznana.

– W końcu dostaniesz włoski paszport – wytłumaczyła mi.

– Jestem zadowolona z brytyjskiego – odparłam. – Nawet jestem z niego dumna!

Tracąc cierpliwość, matka przekonywała mnie, że będę mogła mieć oba.

– Po prostu rób, co ci mówię. To w twoim najlepszym interesie.

Nie kłóciłam się z nią.

Oficjalny status zyskałam w maju tamtego roku. W wieku dwudziestu trzech lat w końcu stałam się obywatelką włoską i formalnie uznaną córką Alda Gucciego. Miałam zatem takie same prawa do majątku ojca jak przyrodni bracia. Nie zaprzątało mi to jednak głowy. Prawdę mówiąc, ojcu też nie, ponieważ musiałby się zastanawiać, co w ogóle po nim zostanie, kiedy wszystko dobiegnie końca. Nadal musiał znaleźć kilka milionów, aby spłacić zaległości, ponieważ nie posiadał takich pieniędzy na koncie bankowym. Jako pierwsza została sprzedana posesja w Palm Beach, następnie, ku jego wielkiemu niezadowoleniu, na aukcji zlicytowano dzieła sztuki z Gucci Galleria. Sądzę, że był to jeden z najgorszych ze wszystkich bolesnych momentów, którym musiał stawić czoło, ale musiał pożegnać się ze wszystkim, co stworzył i zgromadził.

Chociaż zachowywał pozory spokoju, to zbliżające się posiedzenie, na którym miał zostać skazany, sprawiło, że stracił na wadze, zbladł i widocznie się postarzał. Jego rozmowy z Bruną stały się głębsze i bardzie uczuciowe. Ona również popadała w coraz większe przygnębienie, i chociaż zmagałam się z macierzyństwem i problemami małżeńskimi, musiałam często dzwonić do Rzymu i pocieszać ją, aby nie zasmucała swoim stanem ojca.

„Módl się i ufaj w rezultaty", radził Sari Nandi. Dlatego ojciec często chodził do katedry Świętego Pawła i na kolanach rozważał, co się z nim stało. Dziedzictwo jego wspaniałego nazwiska wydawało mu się bezpowrotnie zaprzepaszczone. Co mu zostało po całym życiu poświęconym pracy?

I ja byłam skołowana. Na początku nie myślałam o wiązaniu się zawodowo z rodzinną firmą. Przekonał mnie do tego ojciec, ponieważ dał mi wymagającą, ale też satysfakcjonującą pracę, którą szczerze pokochałam. Nie planowałam kariery w handlu, mimo to zaczęłam wierzyć, że jest dla mnie miejsce w firmie Gucci.

– Jak teraz będzie wyglądała moja przyszłość? – pytałam sama siebie.

Nigdy nie byłam religijna, ale podczas tamtego długiego upalnego lata w Nowym Jorku, kiedy wisiała nad nami groźba, że ojciec pójdzie do więzienia, przyznaję – zwróciłam się do Boga.

24

Rzadko zdajemy sobie sprawę ze swojej siły, dopóki nie zostanie ona wystawiona na próbę. Tylko wówczas odkrywamy jej ukryte pokłady. W ciężkich czasach mogłam czerpać z tych zapasów.

Bez wątpienia jeden z takich momentów nadszedł, kiedy wspinałam się po schodach przytłaczającego budynku Sądu Najwyższego stanu Nowy Jork przy Foley Square, trzymając pod ramię osiemdziesięciojednoletniego ojca, któremu groziła kara więzienia. Czułam się, jakbym wspinała się na wysoką górę i brakowało mi tchu. *Papà* nie oczekiwał, że będę mu towarzyszyć, nigdy mnie o to nie prosił, ale *mamma* była w Rzymie, a ja nie mogłam zostawić go samego.

Wzorowany na rzymskiej świątyni granitowy budynek z koTynckimi kolumnami i szerokimi kamiennymi schodami oraz frontonem, na którym znajduje się napis *The True Administration of Justice Is the Firmest Pillar of Good Government* (Prawdziwy wymiar sprawiedliwości jest najtrwalszym filarem dobrego rządu). *Papà* kurczowo trzymał moją rękę w dniu ślubu, a teraz ja nie chciałam go puścić, kiedy weszliśmy do sali sądowej. Po chwili zajęliśmy miejsca – ojciec i jego prawnicy z przodu, Santino i ja kilka rzędów dalej.

Jako jedyny podsądny w sprawie o wielomilionowe oszustwo musiał wrócić myślą do tego dnia, kiedy w 1953 roku po raz pierwszy zobaczył Statuę Wolności, zanim wysiadł w nowojorskim porcie z głową pełną planów podbicia Ameryki. Później, kiedy szedł Piątą Aleją, wyobrażał sobie – w sercu miasta – swój sklep pod szyldem wypisanym wielkimi literami. Kilka lat później, nie mogąc spać z powodu zmiany stref czasowych i ekscytacji, pisał w jednym z listów do ukochanej: „Chciałbym Ci pokazać, jakie wszystko jest tutaj piękne [...]. Nowy Jork to dopiero życie – tak często Ci o tym mówię. Jakże wspaniale jest żyć w ten sposób!".

Siedział teraz w sali sądowej z dłońmi na kolanach, a jego marzenia obracały się w proch. Zdradzony, pozbawiony stanowiska i zhańbiony, wyglądał na mniejszego niż kilka minut wcześniej. Skurczony patrzył prosto przed siebie, gdy przedstawiciele prasy i publiczność zajmowali miejsca. Nadszedł w końcu moment, którego wszyscy z drżeniem wyczekiwaliśmy. Miesiące rozmów i próśb dobiegły końca. Oprócz mnie i Santina w sądzie nie zjawił się żaden członek jego rodziny, żaden jego dawny kolega ani współpracownik. Jedynym wyrazem solidarności były liczne referencje przypominające sędziemu o różnych przedsięwzięciach charytatywnych, w których mój ojciec uczestniczył. Maurizio nie zrobił nic. Giorgio i Roberto woleli zostać we Włoszech. Paolo, główny informator, także się nie pokazał.

Obrady sądu zaczęły się w pokoju sędziego, gdzie poproszono mojego ojca wraz z adwokatem. Starałam się nie tracić ducha. To okropne nie móc wiedzieć, co się tam dzieje, ale później można było przeczytać protokół sporządzony przez stenotypistkę. Adwokat ojca, Milton Gould, zaledwie cztery lata od niego młodszy, zaczął od przypomnienia sędziemu, że Aldo Gucci nie tylko poszedł na pełną współpracę i zwrócił większą część swojego długu, ale także nie uciekł do Włoch, co mógł łatwo zrobić. Zamiast tego postanowił „świadomie, mądrze i odpowiedzialnie" stawić czoło zarzutom. „Co powinniśmy zrobić z osiemdziesięciojednoletnim mężczyzną, który dał tak niezrównany pokaz skruchy?", pytał.

Sędzia nie okazał zrozumienia: „Zdaję sobie sprawę, że pan Gucci ma osiemdziesiąt jeden lat, ale kiedy rozpoczęła się działalność przestępcza, miał siedemdziesiąt jeden [...]. I jest to z pewnością największe oszustwo podatkowe, z jakim miałem do czynienia". Zgodził się jednak z Gouldem, że była to również „najbardziej amatorska" próba oszustwa, z którą zetknął się podczas swojej kariery.

„Nie mamy do czynienia z kimś biegłym w systemie finansowym Stanów Zjednoczonych", mówił dalej Gould. Nie było dowodu, że mój ojciec był pomysłodawcą ani nawet, że „brał udział w machinacjach", po prostu korzystał z ich efektów, podobnie jak cała jego rodzina.

Zapytano ojca, czy chce coś powiedzieć. W tym momencie odezwał się jego adwokat. Ojciec mu przerwał. Wiedział, że sędzia był do niego uprzedzony, ale miał nadzieję, że jeśli osobiście do niego przemówi – szczerze, prosto z serca – zdoła odwołać się do jego współczucia i poczucia sprawiedliwości. Podczas czytania protokołu zrozumiałam, jak bardzo się denerwował, ponieważ popełnił kilka błędów językowych, choć zazwyczaj jego angielski był perfekcyjny. Mówił o tym, ile firma Gucci znaczy dla niego, dla jego rodziny, przyjaciół i współpracowników. „Dwa tysiące ludzi pracujących niestrudzenie. Moja praca zawsze była moją radością". Przyznał, że odzywając się, postępuje wbrew radom prawników, ale „w okolicznościach tak poważnych, tak trudnych i tak doniosłych nie mogę milczeć". Przeprosił za wszelkie uchybienia finansowe i przyjął na siebie ich konsekwencje. Chciał jednak wyjaśnić, że w ciągu trzydziestu dwóch lat podpisał prawdopodobnie zaledwie dwa czeki, rzadko chodził do banku i „nie znał się na tym".

Później zaczął się plątać. „Nie ma sensu, żebym się bronił, mówiąc, że o tym nie wiedziałem. Nie. Nie. Nie jestem dzieckiem. Jestem człowiekiem sumienia i przyznaję się do winy. Proszę tylko Boga Wszechmogącego, aby dał mi siłę przetrwać ten dzień. Tak mi przykro. Jestem wściekły na siebie samego".

W tym momencie wtrącił się Gould i powiedział ojcu, że nie musiał tego wszystkiego mówić. Ojciec zamilkł i usiadł załamany. Prawnik powiedział sędziemu, że są świadkami „najdramatyczniejszego etapu dezintegracji jednostki ludzkiej". Dodał, że w rodzinie Guccich dochodziło do poważnych tarć. „Ten człowiek został praktycznie wyrzucony z budynku, który sam wybudował. On stworzył tę firmę. To on sprawił, że firma Gucci stała się światowym przedsięwzięciem, a teraz został z niej wykluczony i jest w opłakanym stanie". Kiedy *papà* ocierał łzy, adwokat porównał jego sytuację z sytuacją Szekspirowskiego króla Leara, który podzieliwszy królestwo między dzieci, umarł z żalu. „Ludzie, których [Aldo Gucci] wyniósł na wysokie stanowiska, nie tylko skorzystali na tych oszustwach, ale i doprowadzili do jego upadku", podsumował.

Sędzia odroczył obrady, więc ojciec i jego adwokat weszli w ciszy do sali ogólnej. Zobaczyłam wyraz twarzy ojca i wiedziałam, że musiało wydarzyć się coś ważnego. Nie potrafiłam odczytać, co się z nim działo, i serce mi zamarło. Urzędnik zawołał wszystkich, do sali wszedł sędzia w todze. Na widok jego zaciśniętych szczęk poczułam się źle.

Papà i jego prawnicy wstali. Stał tak blisko, że mogłam go dotknąć, ale zamiast tego utkwiłam wzrok w tyle jego głowy. Próbowałam telepatycznie przekazać mu miłość i wsparcie. Każdy mięsień w moim ciele był napięty do granic wytrzymałości, gdy prokurator zaczął od podsumowania sprawy i zgłosił formalny wniosek o ukaranie podsądnego karą więzienia. Następnie Gould wygłosił kilka końcowych uwag, których jednak sędzia nie wysłuchał w należytym skupieniu i wielokrotnie mu przerywał. Zrobiło mi się gorąco, poczułam skurcz żołądka. Zaschło mi w ustach. Ta sprawa stała się farsą, ale wiedziałam, że inni tego nie dostrzegali.

Gould usiadł, jak mi się zdawało, z westchnieniem. Sędzia zapytał ojca, czy chce coś dodać. Wiedział, że każde słowo zostanie przekazane jego zdrajcom, więc odchrząknął i wstał ponownie, aby głosem, którego nie rozpoznałam, powiedzieć, że „bardzo przeprasza". Następnie zaczął gubić się w słowach w sposób, który głęboko mnie zranił.

– To ostatni okres mojego życia, który zamyka się bardzo biednie, bardzo niedobrze – zaczął słabo. Poprosił o łagodny wymiar kary i odwołał się do „pobłażliwości" sędziego. Wycierając oczy chusteczką, stwierdził, że padł ofiarą „zemsty [...] ze strony syna, który źle mi się odpłacił". Myśląc o Paolu, wziął się w garść. „Nie umiem nienawidzić, wysoki sądzie. Wybaczyłem mu. Wybaczyłem wszystkim, przez których dzisiaj tutaj stoję, oraz tym, którzy czerpią satysfakcję z zemsty, a których Bóg osądzi [...]. Dziękuję", zakończył.

Zwalczyłam przemożną chęć, żeby się odezwać. Chciałam krzyczeć: „To nie w porządku! Ten człowiek nie może iść do więzienia. Błagam, to go zabije!". Zamiast tego stałam bez ruchu i przez kilka minut słuchałam przemowy sędziego. Na koniec sędzia zwrócił się do ojca:

– Skazuję pana na rok i jeden dzień pozbawienia wolności.

Czas się dla mnie w tym momencie zatrzymał.

– Jeden rok i jeden dzień.

Oczy napełniły mi się łzami, nie mogłam się ruszyć. Wszystkie osiągnięcia życiowe mojego ojca miały zostać zaprzepaszczone w tym momencie. Przez resztę życia miał pozostać Aldem Guccim, człowiekiem skazanym za przestępstwa podatkowe. Ojciec zachwiał się lekko. Próbował odzyskać równowagę i pochylił głowę w geście podziękowania za to, że sędzia zgodził się odroczyć wykonanie kary o miesiąc, aby dać nam wszystkim czas na przygotowanie się. Polecono ojcu oddać paszport, aby nie mógł wyjechać do Włoch. Wokół mnie zapanował zgiełk: dziennikarze biegli, aby nadać wiadomości dotyczące dalszego upadku imperium mojego ojca. Jego prawnicy szeptali między sobą i zbierali dokumenty. Moja uwaga nadal była skupiona na ojcu, który stał sam. Bałam się, że w każdej chwili nogi mogą się pod nim ugiąć, bez wątpienia w takiej sytuacji ugięłyby się pode mną.

Kiedy przyglądałam się, jak prowadzono ojca do przyległego pomieszczenia, aby dopełnić jakichś formalności, usiłowałam zrozumieć, na czym polegała „sprawiedliwość" wysłania do więzienia człowieka w tak zaawansowanym wieku. Jak to się stało, że jego ogromny wkład w rozwój amerykańskiej gospodarki w ogóle nie został uwzględniony? Zdawałam sobie sprawę, że jego sprawa była zbyt ważna, aby wymiar sprawiedliwości potraktował ją łagodniej. Rząd chciał wskazać tę sprawę jako przykład – tak dokładnie brzmiały słowa, które prokurator i przyszły burmistrz Nowego Jorku Rudolph Giuliani wypowiedział do dziennikarzy. Ku naszemu zdumieniu Gould powiedział prasie, że nie uważa wyroku za „surowy lub niesprawiedliwy". Cóż, ja miałam inne zdanie, do cholery!

Spotkaliśmy się w poczekalni. Ojciec zebrał się w sobie i spojrzał mi w oczy. Zawstydzony tym, że jego palce nosiły ślady tuszu do pobierania odcisków, zacisnął dłonie w pięści. Czekały go kolejne nieprzyjemności, ponieważ musiał stawić czoło oczekującym go przedstawicielom mediów. Prowadził mnie do samochodu. W błyskach fleszy ojciec nie wyglądał jak człowiek załamany i pokonany. Po raz kolejny stał się niestrudzonym doktorem Guccim, który nie ucieka przed żadnymi trudnościami. Nigdy nie czułam się bardziej z niego dumna.

Kierowca ruszył. Ojciec opadł na skórzane siedzenie samochodu i rozpiął guziki marynarki. Powiedział, że chce pojechać do domu zobaczyć się z Bruną i stamtąd od razu polecieć do Palm Beach.

Już wcześniej umówiliśmy się, że Bruna przyleci natychmiast po procesie. Planowaliśmy wszyscy pobyt na Florydzie. Mieliśmy nadzieję, że w ten sposób uczcimy koniec koszmaru. Zamiast tego odliczaliśmy dni do daty, kiedy ojciec miał się stawić w więzieniu Eglin niedaleko Pensacoli na Florydzie.

Dobrze było znów cieszyć się słońcem. Santino miał do nas dołączyć, a my staraliśmy się jak najlepiej wykorzystać wspólny czas. *Mamma* przygotowywała lunche, które jadaliśmy na werandzie, odpoczywaliśmy, pływaliśmy i staraliśmy się nie myśleć o nieuchronnym. Uwielbiałam patrzyć na ojca, któremu zawsze towarzyszyła Alexina, mimo że serce cały czas ściskało mi się boleśnie.

Niestety, nadszedł ranek, którego tak się obawialiśmy. Musieliśmy wykorzystać całą siłę i hart ducha, aby go po prostu przetrwać. Obie z mamą byłyśmy przyzwyczajone do widoku ojca w garniturze niosącego w ręce niewielką walizkę ze zmianą ubrania wyjeżdżającego do pracy. Lecz 15 października tamtego roku nie był zwykłym dniem. Bardzo starałyśmy się zachować spokój, ale myśl o tym, że ojciec jedzie do więzienia, a nie do pracy, sprawiła, że obie się rozpłakałyśmy.

Ojciec z suchymi oczami pocałował nas na do widzenia.

– Dobrze, tato, przyjadę cię odwiedzić, jak tylko będzie można – obiecałam.

Usiadł na tylnym siedzeniu samochodu i nawet się nie obejrzał. Nie sądzę, żeby mógł sobie na to pozwolić. Upierał się, że pojedzie sam, i nic nie mogło wpłynąć na zmianę jego decyzji. Chętnie bym się temu sprzeciwiła i spędziła z nim każdą ostatnią chwilę na wolności, ale regulamin więzienia nie zezwalał członkom rodziny nowo przybyłego więźnia na towarzyszenie mu.

Mamma i ja stałyśmy na podjeździe i patrzyłyśmy za odjeżdżającym samochodem. Nieważne, jak próbowałyśmy pocieszać się nawzajem, nic nie mogło uśmierzyć naszego lęku, czy Aldo przeżyje czekający go rok. Prześladowały nas myśli o nim w więziennym stroju, śpiącym na pryczy obok przestępców, pozbawionym wszystkiego, co było mu znajome.

Więzienie federalne Eglin to placówka o najsłabszym rygorze przeznaczona dla osób, które popełniły przestępstwa urzędnicze. Usytuowane na Auxiliary Field 6 na terenie bazy powietrznej Eglin niedaleko fortu Walton Beach bywa nazywane „klubem federalnym" lub „country clubem". Nie zmienia to faktu, że jest to więzienie, w którym przebywa się wśród obcych i jest się zamykanym co noc.

Na miejscu ponownie pobrano od ojca odciski palców i przydzielono mu numer więzienny 13124-054-E, który miał stać się jego nową tożsamością. Dostał pryczę w trzydziestodwuosobowej sali w sekcji D. Zdał prywatne ubrania i pobrał wykrochmaloną niebieską koszulę, spodnie i sweter, a do tego skarpetki i tenisówki. Nie mógł zachować ani paska, ani zegarka, ani żadnego przedmiotu osobistego użytku oprócz okularów.

Strażnicy zaprowadzili go do bloku, w którym przebywało siedmiuset osadzonych. Tam dostał poduszkę, koc i ręcznik. Przysługiwało mu łóżko oddzielone od innych zasłoną, ale poza tym żadnej prywatności. Został poinformowany o rozkładzie dnia: pobudka o piątej trzydzieści, cisza nocna o dziesiątej trzydzieści, apele pięć razy dziennie. Trzydzieści minut na śniadanie, godzina na lunch, kolacja o czwartej trzydzieści. Każdy więzień powinien przepracować około czterdziestu godzin tygodniowo, stawka za godzinę wynosiła kilka centów. Zarobione pieniądze więźniowie mogli wydawać na rozmowy telefoniczne, gazety, cukierki i owoce. Ojca przydzielono do działu krawieckiego, gdzie naprawiano ubrania i przyprasowywano numery więzienne na każdą sztukę odzieży – pewnie strażnicy uznali to za odpowiednie zajęcie dla kogoś z jego doświadczeniem.

Każdy osadzony mógł wykonać dwie piętnastominutowe rozmowy telefoniczne dziennie. Oczywiście za jego plecami zawsze stał ogonek tych, którzy także chcieli rozmawiać. O prywatności nie było mowy, a do tego dochodziła presja wywołana tym, że wiele osób czeka na swoją kolej.

Po raz pierwszy ojciec zadzwonił oczywiście do Bruny do Palm Beach. Odstał w kolejce i tak dał początek codziennemu rytuałowi, który im obojgu pozwolił przeżyć ten rok. Powiedział: „Witaj, Bruno...", i głos uwiązł mu w gardle, a ona wiedziała, że nie był w tym momencie sobą. Drugi raz w życiu słyszała jego płacz.

Z odwiedzinami u ojca w więzieniu Eglin w 1986 roku.

Pierwsze łzy widziała na początku ich znajomości. Chciała z nim zerwać, a on ze łzami w oczach padł na kolana i obiecał, że uczyni ją królową.

I wtedy, i teraz Bruna umiała osuszyć te łzy.

– Aldo! – przerwała mu, kiedy żalił się, że strażnicy odebrali mu wszystko. – Aldo, posłuchaj mnie!

Jęki ustały i usłyszała, że nabrał powietrza.

– Będę tutaj zawsze dla ciebie, ale pod jednym warunkiem. Musisz być silny.

Z drugiej strony zapadła cisza, ale Bruna wiedziała, że Aldo słucha.

– Jeśli jeszcze raz usłyszę cię w takim stanie, nigdy więcej mnie nie zobaczysz. Rozumiesz?

Ich czas niemal dobiegł do końca, ale wystarczyło go, żeby ojciec zebrał myśli i powiedział.

– Tak, Bruno, rozumiem. *Te lo prometto* (Obiecuję).

Rozmowa została przerwana. Bruna modliła się, żeby jej pomoc wystarczyła Aldo na przetrwanie pierwszej długiej nocy w więzieniu. Kiedy siedziała przy jego biurku z widokiem na ogród i gorzko płakała, nie zdawała sobie sprawy, że to właśnie jej twarda postawa pozwoli mu przetrwać pobyt w więzieniu.

– Bruna jest moją skałą gibraltarską – chwalił się Aldo. – Cała moja siła pochodzi od niej.

Wstrząsnęła mną informacja o tym, co matka powiedziała ojcu. Po raz pierwszy zdałam sobie sprawę, jak silny jest jej instynkt przetrwania.

– Przez całe życie uważałaś, że ludzie lekceważyli cię jako nieprzewidywalną kochankę ojca. Teraz dowiedzą się o twojej odwadze, stałości i zdecydowaniu. Oto kobieta, którą *papà* zna i kocha. To jest twoje dziedzictwo.

Bardziej znaczące okazało się to, co powiedziała jej Ruby Hamra, kiedy spotkały się na lunch niedługo potem. W ciągu minionych lat zaprzyjaźniły się i zanim Ruby na dobre opuściła Nowy Jork, mama zaprosiła ją na bliny do Russian Tea Room.

– Bruno, nie wiem, czy jeszcze się kiedyś spotkamy, ale chcę ci coś powiedzieć: jesteś najsilniejszą kobietą, jaką kiedykolwiek poznałam – powiedziała specjalistka od wizerunku, a matka słuchała z niedowierzaniem. – Nikt nie potrafi poradzić sobie z Aldem tak jak ty. On może zachowywać się jak diabeł wcielony wobec wszystkich, ale kiedy ty jesteś obok, zmienia się nie do poznania. Nie wiem, co zrobiłaś, ale to podziałało.

Matka nie kryła zaskoczenia, ale pierwszy raz dotarło do niej, że może faktycznie była i jest silniejsza, niż się jej wydawało.

– Dorastał w surowej rodzinie – powiedziała do Ruby, broniąc człowieka, którego kochała. – Nauczono go, żeby pokazywał, kto rządzi. Nigdy nie mógł się rozluźnić, dopóki się od tego nie uwolnił. Przy mnie po prostu czuł, że może być sobą, tak sądzę.

Zniesławiony i upokorzony Aldo mógł zrobić tylko tyle – być sobą. A pozbawiony większości zobowiązań uświadomił sobie, że jedyną osobą, z którą chce spędzić resztę swoich dni, jest jego ukochana Brunicchi – kobieta, która okazała się ze stali i kochała go bezwarunkowo.

25

Dobrze pamiętam, jak obie z matką wyczekiwałyśmy wizyt ojca, kiedy byłam małą dziewczynką. Wyglądałyśmy go tak, jak się wygląda lata. I ojciec, jak upragniona pora roku, przybywał wraz z ciepłym wiatrem i zmieniał barwy naszego otoczenia.

Teraz role się odwróciły. Życie ojca straciło barwę i to on nie mógł się doczekać naszych wizyt. Frustrowało nas, że przez pierwsze kilka tygodni zakazano wizyt, aby osadzeni mogli się przyzwyczaić do nowej sytuacji. Wróciłyśmy zatem z mamą do Nowego Jorku, gdzie mama codziennie około szóstej wieczorem rozmawiała z nim przez telefon. On opowiadał jej, co robił, a ona przypominała mu, żeby o siebie dbał.

– Czy jesz wystarczająco dużo, Aldo? Dobrze sypiasz? Czy inni są dla ciebie mili?

On z kolei interesował się tylko jednym: kiedy go odwiedzi. Obiecywała, że wkrótce, ale oboje wiedzieli, jak mało jest to prawdopodobne. Ojciec wiedział, jakie to dla matki trudne, i nie chciał na nią naciskać, ponieważ bał się o jej kondycję psychiczną. Ich związek mógł przetrwać wszystko, ale wiedzieli, że potrzebują czasu, aby pogodzić się z nowymi okolicznościami.

Wizyty w Eglin odbywały się w niedziele między ósmą rano a trzecią po południu. Przy pierwszej sposobności Santino i ja polecieliśmy do Gulf Coast. Nie wiedzieliśmy, czego możemy się spodziewać. Ulżyło mi, kiedy zobaczyłam, że to skąpane w słońcu miejsce obsadzone dębami, z których bujnie zwisały oplątwy, w niczym nie przypomina więzień znanych mi z filmów. Nie zauważyłam wieżyczek strażników ani ogrodzenia z drutu kolczastego – jedynie prowizoryczny posterunek i żółtą linię namalowaną na ziemi.

Każdej niedzieli więźniowie gromadzili się na otwartej przestrzeni piknikowej. Stały tam betonowe stoliki i ławki, a nad nimi umieszczono parasole dające cień. Wiele rodzin przyjechało przed nami, każda z nich skupiła się wokół ubranego na niebiesko więźnia. Kupowano jedzenie i napoje z automatów, atmosfera przypominała raczej tę panującą w parku. Nerwowo rozglądałam się w poszukiwaniu ojca, wreszcie dostrzegłam go stojącego w oddali. Pomachałam mu i pośpieszyłam w jego kierunku. Rzuciłam mu się w ramiona, próbując powstrzymać łzy napływające do oczu. Cieszyłam się, że znów go widzę, choć naprawdę dziwnie było przebywać z nim w tym otoczeniu i widzieć go w tym niedorzecznym stroju.

– Białe tenisówki? – zdziwiłam się.

Podążył za moim spojrzeniem.

– Pasują mi? – zapytał, a ja ucieszyłam się, że nie stracił poczucia humoru.

– Nie, tato – zaprzeczyłam, śmiejąc się przez łzy. – Wyglądasz w nich zabawnie.

Wzięłam go za rękę, spojrzałam mu w twarz i zapytałam, jak sobie radzi. Wiedziałam, jaki jest opiekuńczy wobec mamy, i podejrzewałam, że przedstawia jej wszystko w jaśniejszych barwach.

– Dobrze – powiedział, starając się złagodzić moje obawy. – Rozejrzyj się, wszyscy tutaj są nieszkodliwi.

Niebieski strój nosili mężczyźni każdego koloru skóry, wysocy i niscy, chudzi i grubi, ale żaden z nich nie wyglądał na zatwardziałego kryminalistę. Większość skazano za narkotyki lub oszustwa.

– Naprawdę nie jest tu tak źle – zapewnił mnie ojciec. – Nic mi nie będzie.

Mimo wszystko wiedziałam, że matka bardzo przeżyłaby jego widok w tym miejscu. Kiedy o nią zapytał, odpowiedziałam, że wszystko u niej w porządku. Oboje wiedzieliśmy jednak, że nie-prędko zdecyduje się przyjechać do Eglin. Przez kilka godzin rozmawialiśmy jak zwykle. Omówiliśmy już sprawy związane z pracą, więc dla poprawienia nastroju zaczęłam opowiadać o Ale-xandrze. Następnie zjedliśmy lunch i ojciec zabrał nas do kapli-cy, żebyśmy zobaczyli miejsce, w którym codziennie uczestniczy we mszy: dużo czytał i stawał się coraz bardziej świadomy wiary. Modlitwa uratowała mu życie, pomagała spędzać powoli płynące godziny w miejscu, w którym dni dłużyły się jak tygodnie. Nie-spokojny człowiek, który samolotem wciąż przenosił się z miasta do miasta, nagle został zmuszony do radykalnej zmiany; zwolnił i zaczął zastanawiać się nad sensem życia.

Znalazłszy Boga, uczył się na pamięć fragmentów z Biblii i innych książek, które polecił mu Sari Nandi. W jednym z pierw-szych listów z więzienia ojciec napisał do mojej matki: „Żyję w świecie stworzonym przez Boga, pełnym jego błogosławieństw i mocy". Zaczął również przysyłać jej maksymy mające podnieść ją na duchu: „Korzystaj z życia, kochaj głęboko [...], postrzegaj piękno wyraźnie i słuchaj tylko Chrystusa". Jakby mogła korzystać z życia bez ukochanego Alda u boku!

Powiedział nam, że w więzieniu jest biblioteka, z której wy-pożycza książki. Jest też sala lekcyjna, gdzie ze względu na włos-ki paszport musi uczestniczyć w lekcjach angielskiego razem z więźniami mówiącymi po hiszpańsku. Dostawał zadania domo-we z książek dla czwartoklasistów mające poprawić jego umiejęt-ność czytania i wymowę. Powrót do szkoły... Z drwiącym uśmie-chem pokazał nam jedno z ćwiczeń, które wyjaśniało, że słowo *taxes* (wymowa: taksejs), czyli „podatki", to liczba mnoga od *tax* (wymowa: taks), czyli „podatek". Mimo że płynnie mówił w kilku językach, bez skargi robił wszystko, czego od niego wymagano, i starał się pomagać innym.

Kilku więźniów podeszło do nas, żeby powiedzieć:

– Twój tata to niezły gość. Uwielbiamy go!

Nazywali go „Bubba Gucci". „Bubba" to typowe dla Południa pieszczotliwe określenie starszego brata.

– Każdego dnia wyciąga wasze zdjęcia i je ogląda – szepnął mi jeden z więźniów.

Nie zdawałam sobie sprawy, że ojciec ma jakieś nasze wspólne zdjęcia, więc bardzo się wzruszyłam. Upewniłam się, że dzięki uznaniu współwięźniów nic mu z ich strony nie grozi. Pora odwiedzin dobiegła końca. Uściskaliśmy się i ucałowaliśmy na pożegnanie. To był dzień pełen emocji. Uzyskawszy ode mnie obietnicę, że będę się troszczyć o mamę, ojciec uścisnął moją dłoń po raz ostatni, a ja zapewniłam go, że mama wkrótce do niego przyjedzie. Nasz czas minął.

Oprócz nas ojca odwiedził w więzieniu tylko Cosimo, syn Roberta. Uważałam za podłe to, że nikt inny nie przyleciał z Włoch. Natomiast ojciec nigdy się na to nie skarżył, zupełnie jakby ta gałąź rodziny przestała istnieć.

Ku zachwytowi matki ojciec ponownie zaczął pisać do niej listy – po trzydziestu latach przerwy: „Kocham Cię, skarbie, jak zawsze!". Zapewniał, że cały czas o niej myśli i wyobraża ją sobie w domu planującą kolejny dzień. Na koniec przesyłał „gorące uściski i wieczną miłość". W taki sposób nawiązywał do jednego z listów, który napisał do niej z daleka w latach pięćdziesiątych: „Przez cały dzień spoglądałem na zegarek, wyobrażając sobie, co robisz i co mogłabyś robić [...]. Jak byłaś dziś ubrana, najdroższa?". Na samą myśl o tym, że ona żyje bez niego, jego „serce ściskało się z bólu".

Starałam się odwiedzać ojca tak często, jak tylko mogłam. Przylatywałam z Nowego Jorku do Pensacoli na weekend co dwa, trzy tygodnie i zatrzymywałam się w motelu. Pewnego niedzielnego poranka stanęłam jak zwykle przed bramą i przeszłam standardowe procedury. Strażnicy zajrzeli do torebki i zeskanowali mnie wykrywaczem metalu. Niczego nie można było ze sobą wnosić – ani upominków, ani rzeczy osobistych więźniów. Niepokój, jaki towarzyszył mi za pierwszym razem, dawno mnie opuścił, kolejne kontrole przechodziłam spokojnie.

Zawsze, kiedy ojciec mnie dostrzegał, jego twarz się rozjaśniała, a ja biegłam do niego i zaczynałam przekazywać mu najnowsze informacje. Przez większość czasu dobrze się trzymał, sporadycznie narzekał na jedzenie i brak swobody w komunikowaniu się ze światem zewnętrznym.

– Tęsknię za kuchnią twojej matki. Poza tym nie wyobrażasz sobie, jakie to frustrujące stać w kolejce do telefonu, aby móc porozmawiać przez marne piętnaście minut.

Na jedną z wizyt zabrałam Alexandrę jako niespodziankę, ponieważ wiedziałam, jak go to ucieszy. Efekt był cudowny. Moja osiemnastomiesięczna córeczka przyciągnęła tłum. Kiedy *papà* ją uścisnął i ucałował z radością w oczach, wielu zaprzyjaźnionych więźniów również przyszło się z nią przywitać.

– Bubba, masz piękną rodzinę! – zawołał jeden z nich.

Inny zapewniał mnie:

– Wszyscy o niego dbamy. Jest dla nas wzorem do naśladowania!

A trzeci dodał:

– W przeciwieństwie do tego tam. – Kciukiem wskazał mężczyznę siedzącego nieco dalej w otoczeniu rodziny.

Później dowiedziałam się, że był to Albert Nipon, pięćdziesięcioośmioletni amerykański projektant mody, który właśnie kończył odsiadywanie trzyletniego wyroku za oszustwa podatkowe. Zdaniem wszystkich Nipona lubiano mniej niż mojego ojca głównie dlatego, że trzymał się na dystans. Ojciec próbował tłumaczyć, że każdy radzi sobie inaczej w tej trudnej sytuacji. On sam postanowił być życzliwy i „hojnie dzielić się dobrem", jak to ujął. Oznaczało to między innymi, że szanował strażników tak jak więźniów. Taka strategia się opłaciła.

Pewnej niedzieli po jakichś pięciu tygodniach pobytu ojca w więzieniu z przerażeniem zobaczyłam, że nosi on kołnierz ortopedyczny, a na głowie ma kilka szwów.

– Nic poważnego – uspokoił mnie. – Poślizgnąłem się na mokrej podłodze w pralni i straciłem przytomność. Mam kilka sińców, ale nic mi nie będzie.

Obawiałam się, że nie powiedział mi prawdy, ale inni więźniowie przekonali mnie, że tak faktycznie było. Dowiedziałam się też, że przewieziono go do pobliskiego szpitala, gdzie rezonans magnetyczny nie wykazał żadnych trwałych uszkodzeń. Niemniej to wydarzenie przypomniało wszystkim, że ojciec ma swoje lata i trzeba o niego dbać.

Ojciec zbagatelizował moje obawy i poprosił, żebym nic nie mówiła mamie. Następnie wrócił do tematu często poruszanego w rozmowach: zegarka, jedynej rzeczy, bez której żyło mu się naprawdę ciężko. Ojciec musiał mieć zegarek, śpieszył się bowiem z jednego spotkania na drugie. Czas był jego panem i bez zegarka czuł się osamotniony.

– Ludzie wciąż coś tutaj przemycają, zazwyczaj papierosy i narkotyki – powiedział, wzruszając ramionami. – Przemycenie zegarka nie powinno być trudne, prawda?

Wiedział, że nie mógłby go nosić, ale sama myśl, że go ma i może sprawdzić czas – zwłaszcza w długie gorące noce – oznaczałaby dla niego małe, ale istotne zwycięstwo.

Santino natychmiast podjął się tego ryzyka. Na następne widzenie przyszedł z jednym z zegarków ojca na ręce. Podczas mszy w kaplicy zsunął go z dłoni i włożył do Biblii, jak został poinstruowany. I ojciec cieszył się w więzieniu swoim zegarkiem marki Gucci.

Nie mogąc troszczyć się o ojca, matka zajmowała się własnymi sprawami w Rzymie, Berkshire i Palm Beach. Do tej pory większość życia poświęciła Aldowi, nawet jeśli widywali się raz w miesiącu, a teraz nawet tego jej zabrakło.

– Prawdę powiedziawszy, byłam lepszą matką dla niego niż dla ciebie – powiedziała mi pewnego razu. – Nieważne, czym byłam zajęta, gdy tylko przestępował próg domu, skupiał całą moją uwagę. Wszystko inne przestawało się liczyć. To moja słabość.

Ojciec czuł się zagubiony bez swojej Bruny, ale on przynajmniej miał pracę. W więzieniu nie przestał interesować się firmą. Ja kontaktowałam się z jego księgowymi, prawnikami, sojusznikami i zdawałam mu raport z bieżącego stanu. Pierwszą z przysługujących mu rozmów telefonicznych odbywał o godzinie dziesiątej czasu wschodniego i zawsze dzwonił wtedy do mnie, zazwyczaj z długą listą spraw do wykonania i nazwisk ludzi, z którymi należało się skontaktować. Kiedy tylko mogłam, przełączałam go na połączenie konferencyjne, aby sam mógł zarządzać tym, co działo się poza więzieniem.

Ponieważ cierpiał na bezsenność, kreślił mnóstwo szkiców listów do wysłania do rady w moim i jego imieniu, w których wytykał radzie „katastrofalną niegospodarność" w zarządzaniu firmą, która z „konia pełnej krwi przeistaczała się w perszerona". Kiedy później dyktował mi te listy, żebym je przepisała i wysłała, wiedziałam, że większość z nich zostanie bez odpowiedzi, ale zdawałam sobie sprawę, że dzięki nim ojciec nadal czuł związek z firmą i światem zewnętrznym.

Napisał między innymi list do Maurizia, pierwszy od czasu uwięzienia. Kopie tego listu otrzymali wszyscy członkowie rodziny. „Ostatnie osiemnaście miesięcy twojej rewolucyjnej polityki i kontrowersyjnego przywództwa dowiodło twoich niszczycielskich zapędów. Zniszczyłeś ekonomiczne fundamenty firmy budowane przeszło czterdzieści lat dużym nakładem pracy". Dalej pisał, że odczuwa „największą niechęć i pogardę" dla głupiego i niedojrzałego zachowania Maurizia i potępiał go za „powierzchowność [...], brak rozwagi i [...] niewdzięczność" dla ludzi takich jak on, którzy poświęcili życie budowaniu „kulturowego i ekono-micznego dziedzictwa" na długo przed narodzinami Maurizia. Kończył słowami: „Modlę się, żeby Bóg wybaczył ci twoje czyny".

Nie mógł się doczekać, kiedy będzie mógł osobiście wrócić do walki, ale nie zanosiło się, że nastąpi to szybko. Odkąd ojciec znalazł się w Eglin, naciskaliśmy na jego prawników, aby naj-pierw starali się o skrócenie wyroku, ale wniosek został odrzuco-ny. Później domagaliśmy się zwolnienia warunkowego, również bez rezultatu. Mijały dni, tygodnie i miesiące. Ojciec zrozumiał, że wszyscy obiecujący mu pomoc opuścili go i została zaledwie garstka osób, na których mógł polegać.

Miał też inne zmartwienia. Chociaż spłacił wszystkie zaleg-łości podatkowe jako osoba fizyczna, IRS nadal ścigało go jako osobę prawną o dwadzieścia milionów dolarów podatków. Rosz-czenia przedstawiły również władze stanu Nowy Jork, które twier-dziły, że zalegał z podatkami stanowymi. Jakby tego było mało, we Włoszech toczyło się śledztwo w sprawie podrobienia podpi-su Rodolfa, niezwykle ważne w perspektywie rozprawienia się z Mauriziem.

Zbliżały się święta Bożego Narodzenia, zawsze tak dla ojca ważne. Wiedział, że tym razem nie spędzi ich z nami. Posmut-niał, stracił humor, jego głos nie był już taki dźwięczny.

– Może powinnam w końcu do niego pojechać – powiedziała znienacka *mamma*.

Od dawna nosiła się z takim zamiarem, ale teraz zrozumiała, że nadszedł czas. Zostawiwszy Alexandrę z nianią, ja, mama i San-tino polecieliśmy do Pensacoli, skąd jeszcze godzinę jechaliśmy na wschód do Eglin. Im bliżej celu, tym mama bardziej się dener-wowała. Nie zdejmowała wielkich ciemnych okularów, żeby nikt nie mógł zobaczyć jej oczu. Na terenie więzienia, kiedy szliśmy do miejsca, gdzie ojciec zwykle na nas czekał, odjęło jej mowę.

Trzymając się z tyłu, pozwoliłam jej pierwszej podejść do ojca. Ich czułe powitanie było niezwykle wzruszające. Objęli się mocno, a ona spojrzała w górę, aby przyjrzeć się jego twarzy, którą tak dobrze znała i kochała. Oboje wiedzieli, że nigdy nie potrafił ukryć przed nią swoich uczuć. Po chwili ja i Santino dołączyliśmy do nich i we czwórkę spędziliśmy popołudnie przy stole, rozmawiając o wszystkim, tylko nie o tym, jak się czuliśmy. Chociaż mama też rozmawiała, cały czas była sztywna z napięcia. Ani na moment nie zdjęła okularów. Może nie chciała, żebyśmy zobaczyli jej wilgotne oczy, a może się wstydziła i chciała ukryć swoje zakłopotanie – nie byłam pewna.

Ku mojemu zaskoczeniu następnego dnia po nocy spędzonej w motelu wróciła ze mną do więzienia, aby wziąć udział w specjalnej bożonarodzeniowej mszy zorganizowanej przez kapelana więziennego. Siedząc we czwórkę w niewygodnych ławach kaplicy, nie mogliśmy się powstrzymać, żeby nie wracać pamięcią do świąt spędzanych w Nowym Jorku i Palm Beach, nie myśleć o tym, jak zmieniło się nasze życie. *Papà* uwielbiał święta. Zazwyczaj sam wybierał choinkę do salonu. W święta nie dawaliśmy sobie prezentów, ponieważ zgodnie z włoskim zwyczajem czekaliśmy z tym do 6 stycznia, czyli święta Trzech Króli, ale przecież nie o prezenty chodziło, lecz o czas spędzony z rodziną, o łamanie się chlebem, o dobre jedzenie i świąteczną atmosferę. Dumnie zasiadając u szczytu stołu, ojciec unosił kielich ku mojej matce i ku mnie, swojej jedynej córce, i wszystko natychmiast stawało się doskonałe – choćbyśmy nie wiem jak rzadko go widywały.

Boże Narodzenie 1986 roku z pewnością nie należało do najbardziej przez nas wyczekiwanych. I zupełnie nie spodziewaliśmy się, że połączy nas z ponad setką więźniów, ich przyjaciół i rodzin niemal namacalne poczucie wspólnoty. Byliśmy jak urzeczeni również dlatego, że niemal cała nasza rodzina znalazła się w tym miejscu. Obcy ludzie serdecznie podawali sobie ręce. Pospolici przestępcy, ich żony i dzieci – wszyscy byli jednakowo mile widziani. Kaplicę wypełniali wierni pełni smutku z powodu przymusowego rozdzielenia z ukochanymi i pragnący mocno przeżyć te cenne wspólne chwile. Kiedy nadszedł czas na kolędy i emocjonalne kazanie o ważności rodziny, nie tylko mama i ja płakałyśmy.

Dziwnym zrządzeniem losu były to chyba najbardziej znaczące święta w naszym życiu rodzinnym i za nic nie zamieniłabym ich na żadne inne.

26

Wolę myśleć – podobnie jak mój ojciec – że sami kierujemy swoim przeznaczeniem i nie wszystko zostało ustalone raz na zawsze. Podoba mi się to, co powiedziała pisarka Anaïs Nin o znajdowaniu sposobów na poprawę okoliczności, w jakich żyjemy. „Świadomość, że jesteśmy odpowiedzialni za swoje czyny i nastawienie nie musi nas zniechęcać, ponieważ to znaczy również, że możemy swobodnie zmieniać swoje przeznaczenie".

Przeznaczenie mojego ojca – a w konsekwencji również mojej matki i moje – okazało się dramatycznie różnić od naszych oczekiwań. Zamiast spędzić ostatnie lata życia, z dumą przewodząc firmie, i w końcu wybrać następcę spośród członków rodziny, ojciec został zhańbiony i wtrącony do więzienia. Mimo wszystko chciał odzyskać kontrolę nad swoim życiem, nie pozwolił się zgnębić i z animuszem wkroczył w nowy rok. Dla wszystkich było jasne, że dopóki starczy mu tchu, nie zamierza się poddać.

Pewnego ranka przy biurku w bibliotece więziennej napisał list do całej rodziny Guccich, w którym wyłożył pomysł na ratowanie firmy. Był to śmiały i odważny krok. Ojciec zwrócił się do adresatów listu per „moi drodzy". Przypomniał im, że to on stanowił „siłą napędową imperium Gucciego" przez ponad trzy dekady. Uznał zasługi swoich dzieci (nawet Paola) i stwierdził, że wszyscy mamy cechy charakterystyczne dla rodziny. Poczynania

Maurizia uznał za „znaczącą niedogodność", ale miał nadzieję, że „da się temu zaradzić" i „z prochów tego ekonomicznego i moralnego pogorzeliska" odrodzą się „tradycje i wartości, które przydały nazwisku Guccich tyle prestiżu i chwały". Dał tym samym do zrozumienia, że nie pragnie odzyskania kontroli nad firmą i jest gotów oddać ją następnym pokoleniom – przyszłości firmy.

Dwa miesiące później po morderczej bitwie z władzami o wyznaczenie daty zwolnienia warunkowego zatrudniliśmy nowego prawnika, aby przyjrzał się sprawie. W dużej mierze to właśnie jemu zawdzięczaliśmy, że od końca marca 1987 roku *papà* odbywał resztę kary w ośrodku resocjalizacyjnym w West Palm Beach. W tej placówce prowadzonej przez Armię Zbawienia znajdowało się ponad sto osób, które w ciągu dnia miały całkowitą swobodę, ale musiały wrócić przed ciszą nocną o godzinie dwudziestej drugiej. Pozwalało to ojcu spędzać czas z ukochaną Bruną. Chociaż nadal nocą przebywał w zamknięciu, odnosiliśmy wrażenie, że najgorsze minęło.

Dzień, w którym Bubba Gucci wyszedł z więzienia, był pamiętny. Więźniowie, którzy go pokochali i szanowali, czuli żal, że tracili jego towarzystwo. Dla wielu z nich stał się mentorem, dał im poczucie celu i kierunku w życiu. Ale pożegnali go, klepiąc po plecach, klaszcząc i wiwatując. Żałuję, że tego nie widziałam. Niesamowite jest to, że kilku więźniów napisało do nas listy. Zwłaszcza ten od mężczyzny o imieniu George nadal porusza mnie do łez.

Dziś był wielki dzień dla Twojego Ojca! Kiedy się tutaj zjawił, powiedziałem mu, że ten dzień nadejdzie i że jeśli tylko zdoła się odprężyć i cieszyć życiem, wszystko będzie dobrze. Sądzę, że znakomicie się mu udało [...] zachować szczególne poczucie humoru oraz nawiązać nowe przyjaźnie w tym niesprzyjającym otoczeniu. Możesz być dumna z tego, jak się tutaj zachowywał [...]. Na wielu ludziach wywarł wrażenie swoją życzliwością [...] *nigdy nie dopuścił, żeby* [jakiś strażnik] *go uderzył i podziwialiśmy go za to. Nigdy nie zapomnę tego, jak wymykaliśmy się i biegliśmy do tylnego wyjścia, żeby dostać się do jadalni. Mówiłem mu, że możemy napytać sobie biedy. A on tylko się uśmiechał i mówił: „Chodźmy!". Piszę, żeby się pożegnać – przekaż Ojcu, że życzę mu powodzenia. Cieszę się, że mogłem Was wszystkich poznać. Nigdy nie zapomnę, że dane mi było poznać Alda Gucciego!*

   Dbaj o niego, George

Chociaż pobyt w więzieniu był dla ojca traumatycznym i odmieniającym życie doświadczeniem, które sprawiło, że stał się cieniem dawnego siebie, cieszyło go, że będzie mógł przynajmniej dni spędzać z Bruną. Ona również nie posiadała się z radości, że znów do niej wraca, i szybko zaczęła mu matkować, choć musiała pogodzić się z faktem, że większość czasu spędzał przy telefonie na rozmowach z Nowym Jorkiem i Włochami. W maju 1987 roku ojciec skończył osiemdziesiąt dwa lata. Ona w październiku tego samego roku – pięćdziesiąt. W ciągu niemal trzydziestu lat spędzonych razem ich relacje nieczęsto układały się gładko. Jako naoczny świadek ich związku często się zastanawiałam, co trzyma ich razem mimo tak wielu ograniczeń i skomplikowanej przeszłości.

Od czasu zwolnienia ojca z więzienia dynamika ich związku uległa zmianie. Ojciec stał się kruchy i zupełnie uzależniony od matki. Chociaż nadal miał swoją misję związaną z firmą, stał się bardziej wylewny, szukał jej, kiedy tylko znikała mu z oczu, aby położyć jej rękę na ramieniu, jakby była amuletem przynoszącym szczęście. Potrzebował jej jak nigdy, a ona wiedziała, że musi być silna dla niego. Ta zamiana ról smuciła mnie i obawiałam się, że już nigdy nie będzie jak dawniej.

Okres dozoru sądowego dobiegł końca jesienią 1987 roku i ojcu zwrócono paszport. Po tak stresującym roku mama była zadowolona, że znów mogą swobodnie się poruszać i wieść normalne życie. Ojciec chciał wrócić do interesów – najpierw zamierzał polecieć do Nowego Jorku, a następnie do Florencji, aby zobaczyć się z synami i doradcami prawnymi w celu postawienia firmy na nogi. Matka miała wykorzystać pobyt we Włoszech, aby nadrobić zaległości w Rzymie i odetchnąć.

Kiedy jeszcze byli w Palm Beach, zdarzyło się coś zaskakującego. Uzbrojeni oficerowie z Guardia di Finanza (włoskiego odpowiednika IRS) chcieli aresztować Maurizia. Jednak ten, ostrzeżony w porę przez lojalnego pracownika, uciekł do Szwajcarii. Co ciekawe, nakaz aresztowania nie miał nic wspólnego z akcjami Rodolfa. To Paolo postanowił zemścić się na Mauriziu za to, że prowadził podwójną grę. Doniósł więc służbom podatkowym, że Maurizio nabył największy drewniany jacht, jaki kiedykolwiek zbudowano – sześćdziesięcioletni żaglowiec „Creole" – i zapłacił za niego nielegalnym przelewem. Jako uciekinier przed wymiarem sprawiedliwości Maurizio znalazł się w niekorzystnej sytuacji, więc *papà* i moi bracia szybko złożyli wniosek do Sądu Najwyższego stanu Nowy Jork o rozwiązanie Gucci America. Jako powód podali rażące błędy w zarządzaniu firmą.

Przepychanki prawne po obu stronach Atlantyku spowodowały, że sąd we Florencji w końcu miał tego dość. W interesie udziałowców wyznaczył profesora ekonomii na stanowisko pełniącego obowiązki prezesa włoskiej części firmy. Prasa skomentowała to nagłówkiem „Czy obcy wejdzie w mokasyny Alda Gucciego?". Mój ojciec był ogromnie niezadowolony z pojawienia się obcej osoby w firmie – nie spodziewał się takiego posunięcia. Ostatnią nadzieję pokładał w tym, że sąd zgodzi się na rozwiązanie Gucci America. Sprawa wyglądała obiecująco, dopóki ponownie nie wtrącił się Paolo.

– Twój syn sprzedał swoje udziały anonimowej trzeciej stronie – usłyszał ojciec od swoich doradców.

– Co? – zapytał z niedowierzaniem. – Komu?

– Jeszcze nie wiadomo.

Wkrótce mieliśmy się wszyscy dowiedzieć, że Maurizio prowadził prywatne negocjacje z zarejestrowaną w Bahrajnie spółką Investcorp, która w 1984 roku kupiła Tiffany'ego. Wówczas udało mu się oszukać Paola i ten przekazał mu pakiet większościowy. Wykup nosił kryptonim „Project Saddle" (projekt siodło) – ukłon w stronę jeździeckich inspiracji firmy. Obawiając się najgorszego, prawnicy ojca zaskarżyli sprzedaż, ale sędzia był im niechętny i stwierdził tylko: „To bardzo proste [...] dostaliście cios w plecy".

To był koniec. Dwaj pozostali bracia również zdecydowali się odsprzedać swoje udziały, co znaczyło, że przejęcie firmy przez obcy kapitał stało się kwestią czasu. Wraz z nowym właścicielem miał wrócić Maurizio – nie musiałby się obawiać, że któryś członek rodziny zechce mu przeszkadzać.

W marcu 1988 roku umowa została zawarta. Bez wcześniejszych uzgodnień, nawet nie poinformowawszy ojca, Giorgio i Roberto pozbyli się akcji, które od niego dostali. A on dał im je, by zapewnić ciągłość rodzinnej firmy. Ojciec nigdy nie chciał, aby te akcje zostały sprzedane dla zysku. Nigdy też nie spodziewał się, że jego synowie pozbawią swoje dzieci szansy zajęcia miejsca w firmie, która została stworzona z myślą o nich. Moi bracia twierdzili, że nie odrzuca się ofert tak korzystnych jak ta, którą im złożył Investcorp. Akcje mogły później stracić na wartości, a oni musieli myśleć o rodzinach i nie byli w stanie dłużej walczyć z Mauriziem.

Papà był zdruzgotany. Nie wyobrażał sobie, że jego synowie odwrócą się od niego w taki sposób. Co jeszcze go czekało?

– Skończyłem z nimi – powiedział mojej mamie. – *È finita* (To koniec). – Gdyby nie ty i Patricia, pewnie bym się zastrzelił.

Zrozpaczony i z ciężkim sercem poleciał z nią do Włoch. W Rzymie matka poszła do banku i wyjęła ze skrytki udziały oraz pieniądze, które ojciec przekazał jej przed skazaniem go. Zadowolona, że pozbywa się tak dużej odpowiedzialności, podała mu pakunek z westchnieniem ulgi.

– Wiedziałem! – wykrzyknął i popatrzył na nią z wdzięcznością. – Jesteś jedyną osobą na świecie, której mogę ufać.

Firma Gucci mogła już nie przypominać tej, którą ojciec znał, ale nadal należało do niego cenne 16,7 procent udziałów. Dzięki temu wiedział, że wciąż jest właścicielem cząstki dawnego imperium. Był nierozerwalnie związany z rodzinnym interesem od czasów, kiedy jako chłopiec jeździł rowerem po wyboistych florenckich uliczkach i rozwoził klientom zamówienia. Ponad siedemdziesiąt lat był bez reszty oddany firmie. Nie znał niczego innego – nie przyszło mu do głowy, by przygotować plan awaryjny. Chociaż matka zawsze cierpliwie stała z boku i obie przez lata marzyłyśmy, aby bardziej uczestniczył w naszym życiu, to wiedziałyśmy, że trwał dzięki jego interesom. Wiedziałam też, że nigdy nie poddawał się bez walki. Zastanawiałam się więc nad kolejnym ruchem.

Pewnego dnia stary znajomy zaproponował mu spotkanie. Ojciec bardzo się ucieszył. Jak wspominałam, Severin Wunderman był zegarmistrzem, któremu ojciec w latach siedemdziesiątych pomógł rozwinąć własny biznes. Teraz zasiadał w radzie firmy Gucci. Ojciec liczył na to, że razem z Wundermanem wywrze wpływ na bratanka, by pozwolił mu przynajmniej pozostać udziałowcem.

Poprosił mnie, żebym wzięła udział w tym spotkaniu. Wunderman wydał mi się miły. Ale po kilku minutach ojciec zorientował się, że cel spotkania nie jest jedynie towarzyski. Ledwie usiedliśmy przy stoliku kawowym, mężczyzna przerwał wywody mojego ojca dotyczące nowej wizji firmy.

– Daj spokój, Aldo! Czas odpuścić – powiedział z uśmiechem. – Dokonałeś wielkich czynów. Teraz możesz wydawać pieniądze i cieszyć się życiem!

Ojciec zamarł, wyczułam natychmiastową zmianę jego nastroju. Patrzył na Wundermana, który za wszelką cenę starał się go przekonać do sprzedania akcji. Ponieważ wiedziałam, ile zawdzięcza on ojcu, oburzyło mnie takie zachowanie. Wunderman najwyraźniej przeoczył fakt, że ojciec został już dostatecznie źle potraktowany przez członków swojej rodziny.

Spotkanie szybko dobiegło końca. Kiedy Wunderman wyszedł, ojciec zmęczony opadł na fotel. Niechcący gość osiągnął dokładnie to, po co został przysłany – dla ojca stało się boleśnie jasne, że nie ma już ani jednego sojusznika. Doszedłszy do siebie, zaczął wypluwać gniewne słowa:

– Sprzedać, powiedział! To ja zostałem sprzedany! Wszyscy się ode mnie odwrócili! Nawet on!

W tamtym momencie nie chciał mieć nic wspólnego z firmą. Stwierdził, że sprzeda swoje udziały.

– Ty i Bruna jesteście teraz dla mnie najważniejsze.

Jakby na potwierdzenie słuszności tej decyzji otrzymał wiadomość od władz: ze względu na to, że był skazanym przestępcą, cofnięto mu prawo stałego pobytu. Ojciec wybrał Stany Zjednoczone na swój dom i miejsce płacenia podatków – przez to naraził się na najpoważniejsze problemy, podczas gdy jego rodzinie włos z głowy nie spadł. Żartował, że zwróci swoją zieloną kartę zapakowaną w firmowy papier Gucciego, przewiązaną czerwoną wstążką, ale ostatecznie odesłał ją pocztą wraz z innymi dokumentami.

Był to koniec jego amerykańskiego snu. Nadszedł czas, żeby na dobre wrócić do domu do Włoch. Mnie również przestało się podobać w USA i podjęłam decyzję o powrocie do domu, tyle że w Berkshire, żeby być bliżej rodziców, kiedy zamieszkają w Rzymie. Santino i ja zapisaliśmy Alexandrę do mojej starej szkoły w Hurst Lodge. Czułam radość z tego, że jestem ponownie na angielskiej wsi i patrzę, jak moja córka bawi się w ogrodzie, w którym dawno temu spędziłam wiele czasu.

Papà często nas odwiedzał, zachwycony każdą chwilą przebywania z ukochaną wnuczką. Te spotkania należały do najszczęśliwszych epizodów w jego dość smutnym wówczas życiu. Przepowiadał, że Alexandra stanie się wielką pięknością. Siadał

Ja podczas wywiadu w butiku Gucci w Londynie przy Bond Street, 1988 rok.

czasem z nią przy pianinie. Ona tłukła w klawisze i oboje śpiewali, strasznie fałszując. Po raz kolejny ojciec wnosił do mojego domu pozytywną energię. Dobrze było znów mieć go obok.

Ojciec zapewnił mi w Gucci UK stanowisko dyrektorki kreatywnej na Londyn, Tokio i Hongkong. Dzięki tej umowie miałam pozostawać w firmie dopóty, dopóki chciałam lub dopóki ojciec nie sprzeda swoich udziałów. Nie utrzymywałam kontaktów prawie z nikim z Nowego Jorku ani Mediolanu. Ponownie znalazłam się wśród członków rady, ale nie mogłam się zmobilizować do uczestniczenia w jej obradach, ponieważ siedziałabym wówczas naprzeciwko Maurizia.

Kurtyna zapadła w kwietniu 1989 roku. Po przeciągających się i bolesnych negocjacjach czas mojego ojca w firmie definitywnie dobiegał końca – a co za tym idzie mój też. Poleciałam z nim do Genewy na spotkanie z przedstawicielami Investcorpu. Jako jedna z dyrektorek firmy i córka Alda Gucciego musiałam podpisać wiele dokumentów, które stanowiły aneks do umowy i gwarantowały mi „pieniądze za milczenie".

Wieczorem przed tym pamiętnym spotkaniem poszliśmy na kolację do Beau Rivage – hotelu nad jeziorem z widokiem na zabytkową fontannę Jet d'Eau, która symbolizuje siłę, ambicję i żywotność. Towarzyszyło nam kilku doradców prawnych, spotkanie na pewno nie miało charakteru towarzyskiego. Nie muszę chyba dodawać, że ojca nie interesowało jedzenie, które pojawiało się na stole. Chociaż ze Szwajcarii wyjechałby jako człowiek niezwykle bogaty, myślał o tym, że jeden ruch pióra oddzieli od niego dzieło jego życia.

Następnego ranka przeszliśmy pieszo krótką drogę do biura. Od razu skierowano nas do gabinetu pełnego członków rady, którzy czekali w napięciu, i zajęliśmy miejsca przy wielkim czarnym stole. Stały na nim aparat telefoniczny i dwie paczuszki zapakowane w niebieski papier od Tiffany'ego. Ojciec był w posępnym nastroju. Spojrzał z mocą na przedstawicieli Investcorpu i powiedział:

– Zapamiętajcie moje słowa, panowie, ta firma nie będzie nigdy taka, jak wcześniej, dopóki będzie nią zarządzał mój bratanek.

Ostrzegł ich tym samym, że młody, żądny władzy prezes doprowadzi do ruiny firmę, którą właśnie ostatecznie przejmowali. Gest z jego strony symboliczny, choć nic nieprzynoszący. Ojciec wypełnił swój ostatni obowiązek w firmie Gucci. To była jego chwila i nie zamierzał w milczeniu pozwolić, by minęła.

Adresaci tych słów podziękowali mu uprzejmie i czekali, kiedy wpatrywał się w umowę sprzedaży. Dołączono do niej pismo zabraniające nam prowadzenia rozmów o interesach firmy, ujawniania jakichkolwiek informacji przez następne dziesięć lat oraz użyczania naszego nazwiska jakimkolwiek produktom i przedsięwzięciom. Pióro ojca zawisło nad wykropkowanym miejscem na papierze. Poczułam, jak krew uderzyła mi do głowy. Podobne emocje towarzyszyły mi jedynie w nowojorskim sądzie. Po raz kolejny pchano go w kierunku, którego sam by nie wybrał.

Wiedział, że nie ma innego wyjścia, więc przyłożył pióro do papieru. Usłyszałam zgrzyt stalówki, ponad pół tuzina par oczu wpatrywało się intensywnie w jej ruch. Podpisawszy się zamaszyście, ojciec oddał swoje akcje, które były jego ostatnim połączeniem z firmą. W ciągu kilku niezręcznych kolejnych minut prawnicy sprawdzali dokumenty, a atrament zasychał na papierze. Czekaliśmy w ciszy, jak mi się wydawało, wieczność, aż w końcu zadzwonił telefon. Dopiero kiedy osoba po drugiej stronie potwierdziła, że fundusze zostały przelane, mogliśmy odejść.

Aby uczynić z pewnością najgorsze chwile w życiu mojego ojca niezapomnianymi, nasi gospodarze postanowili obdarować nas na do widzenia. Dla niego wybrali grawerowane srebrne etui Tiffany, w którym zmieściłyby się najwyżej dwa cygara, dla mnie – srebrny dzbanuszek na mleko. Bóg jeden wie, co miały symbolizować te przedmioty, krzykliwe błyskotki z pewnością wybrane przez bezmyślną sekretarkę. Jako pamiątka po życiu pełnym poświęcenia, na jakie nigdy nie zdobył się nikt w tym dusznym pomieszczeniu, stanowiły dowód obrazy. Lepiej byłoby, gdyby nic nam nie dali.

Anaïs Nin stwierdziła kiedyś, że nikt z nas nie jest „więźniem swojej przeszłości", jeśli znajdziemy w sobie odwagę, aby zrozumieć, jak nas ukształtowała. Firma Gucci w całości dotyczyła przeszłości, choć dla mojego ojca była także przyszłością – nie tylko jego, lecz także moją i jego rodziny. Jaką miał przed sobą przyszłość? Musiał się nad tym zastanawiać, kiedy opuszczaliśmy tamten budynek.

Przez wiele lat czuł, że ma moc zmieniania swojego przeznaczenia. I oto pod koniec życia okoliczności sprawiły, że znalazł się w sytuacji wymykającej się mu spod kontroli. Jako świadek jego ciężkich doświadczeń, również ja odebrałam lekcję – nikt z nas nie wie, co czeka za rogiem.

27

Każdy wybór dokonany w życiu ma konsekwencje, z których część jest nie do przewidzenia. Kiedy ojciec postanowił podarować synom swoje udziały w firmie, nie podejrzewał, że pewnego dnia je sprzedadzą, a wyciągając do bratanka pomocną dłoń, nie zdawał sobie sprawy z jego dwulicowości.

Ja również nie wiedziałam, co mnie czeka. Investcorp zapłacił mi, abym nie mówiła o tym, co wiem, nie napisała książki ani nie uruchomiła żadnego przedsięwzięcia pod swoim nazwiskiem, więc znalazłam się w niezbyt korzystnej dla siebie sytuacji. Nie pracowałam już w firmie. Rysowała się przede mną perspektywa niełatwego zadania: bycia przy ojcu, kiedy będzie dochodził do siebie po spektakularnej stracie wszystkiego, co było mu drogie.

Wkrótce po naszym powrocie z Genewy sam poleciał do Palm Beach. Powiedział, że nie widzi powodu, żeby towarzyszyła mu któraś z nas. Obie byłyśmy bardzo zajęte, a on miał tylko nadzorować sprzedaż domu. Wiedziałyśmy, jakie to będzie dla niego trudne.

Kiedy pewnej nocy wrócił do domu po pożegnalnej kolacji z klubu Colette, powitał go dźwięk telefonu. Bruna dzwoniła z Rzymu w stanie skrajnego roztrzęsienia:

– Aldo! Czy wszystko dobrze? Miałam sen... Okropny sen!

Przyzwyczajony do podobnych sytuacji starał się ją uspokoić. Tym razem jednak mu się to nie udało. Bruna powiedziała, że doświadczyła wyraźnej wizji: on leżał w łazience twarzą do podłogi. Zapewnił ją, że u niego wszystko w porządku, i poszedł spać. Jednak rano zadzwonił do niej i przyznał, że miał trudności z oddawaniem moczu.

Ubłagany obiecał, że wróci do Nowego Jorku i pójdzie do lekarza. Matka zadzwoniła do mnie do Londynu.

– Proszę, Patricio, leć jeszcze dziś do Nowego Jorku i upewnij się, że ojciec nie zrezygnuje z wizyty. Boję się, że zlekceważy tę sprawę, a wiem, że coś jest nie tak.

Wsiadłam do pierwszego samolotu lecącego do Stanów Zjednoczonych. Jeszcze tego samego dnia ojciec został wysłany na pilne badania prostaty, która okazała się bardzo powiększona. Zadzwoniłam z tą wiadomością do matki. Ona również postanowiła przylecieć.

Zanim znalazła się w Nowym Jorku, u ojca zdiagnozowano terminalnego raka. Zaczęło się od prostaty, tak jak u jego brata Rodolfa. Nikt tego nie podejrzewał, bo ojciec był na pozór w znakomitej formie. Okazało się jednak, że ma już przerzuty do kości. Chemioterapia mogła tylko spowolnić rozwój choroby. Nie było szans na wyleczenie.

„Nie ma szans na wyleczenie"... Słyszałam te słowa, lecz ich treść nie docierała do mojej świadomości. *Papà* również je negował. Nie chciał znać żadnych medycznych szczegółów i polecił lekarzom, żeby zajęli się raczej mną i moją matką. Naciskany przyznał, że od miesięcy nie czuł się najlepiej, ale zaabsorbowany negocjacjami zignorował to. Teraz ponosił tego konsekwencje.

– Wiedziałam, wiedziałam! – powtarzała matka, załamując ręce. Jej najgorszy koszmar właśnie się spełniał.

– Nie chcę, żeby ktokolwiek inny wiedział – zastrzegł ojciec.

– Aldo, a twoja rodzina?

– Nie! – uciął zdecydowanie. – Nie zasłużyli, żeby im mówić.

Z niezwykle poważnym wyrazem twarzy kazał nam przysiąc, że nic nikomu nie powiemy, więc przysięgłyśmy.

Mimo diagnozy przez kolejne kilka dni ojciec pozostawał w dobrym nastroju, rozmawiał o tym, co będziemy razem robić, kiedy wyjdzie ze szpitala. Po opuszczeniu szpitala poleciał z mamą do Palm Beach. Chcieli spędzić kilka tygodni w miejscu, gdzie byli tak szczęśliwi. Ten dom ojciec zbudował od podstaw. Nie bywał tam nikt spoza naszej małej rodziny, nic nigdy nie zmąciło jego magicznej atmosfery, która działała jak lekarstwo kojące wszystkie smutki. Nigdzie indziej rodzice nie potrafili odtworzyć tej magii. Ich ostatnia wizyta musiała być smutna, zwłaszcza dla ojca. Spacery po ogrodzie tropikalnym, podlewanie wypieszczonego trawnika – wszystko to musiało łamać mu serce. Chociaż chciałam spędzić z nim każdą chwilę, jaka mu pozostała, cieszę się, że nie musiałam patrzeć na to pożegnanie.

Gdy rodzice wrócili do Nowego Jorku, mogłam podzielić się z nimi wiadomością innej natury.

– Jestem w ciąży – powiedziałam z nadzieją, że pozwoli im to oderwać się na moment od przykrych myśli. – Dziecko urodzi się w lutym.

Byli zachwyceni, że jest coś, na co chcą czekać. Myślę, że potraktowali to również jako oznakę, że zaczęło mi się układać z Santino.

Zbieg okoliczności sprawił, że oboje z ojcem trafiliśmy w tym samym czasie i w tym samym miejscu na badanie USG: on z powodu prostaty, ja z powodu ciąży. Spotkaliśmy się w poczekalni i padliśmy sobie w objęcia.

– Tato, to dziewczynka!

– Dzięki Bogu, gdyby to był chłopak, wolałbym o tym nie wiedzieć.

Perspektywa narodzin kolejnej wnuczki widocznie podniosła go na duchu, przynamniej na chwilę, czyli do czasu, kiedy przyszło mu opuścić Amerykę.

Ojciec przeciągał ostatni pobyt, ile tylko się dało. W końcu jednak wszedł z matką na pokład concorde'a startującego z lotniska imienia Johna F. Kennedy'ego. Przez trzynaście lat wielokrotnie pokonał trasę Nowy Jork – Londyn w drodze do Rzymu. Należał do najbardziej znanych pasażerów samolotów ponaddźwiękowych. Doceniał cały ten splendor, szampana i kawior, mimo to najwyżej cenił prędkość, co odzwierciedlało jego charakter. Z tym również się żegnał. Niedługo po starcie wziął moją matkę za rękę i patrząc jej w oczy, zapytał:

– Czy będzie w porządku, jeśli się teraz rozpłaczę?

Nie mogła wydusić z siebie słowa, więc skinęła głową i ścisnęła jego dłoń, a on obserwował znikające w oddali miasto i pozwolił łzom swobodnie płynąć.

Latem 1989 roku ojciec poddał się chemioterapii. Tamten czas jest dla mnie wyjątkowy także z innego powodu. Cała nasza mała rodzina: Santino, Alexandra, mama, tata i ja wybraliśmy się do nadmorskiego miasteczka Porto Ercole, półtorej godziny jazdy samochodem na północ od Rzymu, gdzie moi rodzice mieli niewielkie mieszkanie. Ojciec zasugerował, żebyśmy wynajęli łódź na tydzień naszego pobytu i popływali wzdłuż wybrzeża Argentario słynącego z szemrzących gajów oliwnych, od których wzięło swoją nazwę.

Wynajęliśmy zatem stary drewniany szkuner. Zarzucaliśmy kotwicę w ustronnych zatoczkach lub schodziliśmy na ląd, aby zjeść talerz *spaghetti alle vongole*, a na drugie danie labrakasa z ziemniakami i pietruszką. Leżąc w kąpielówkach pod parasolem, ojciec cieszył się słonym powietrzem i dotykiem słońca na swoim wyniszczonym ciele. Czytał i drzemał, od czasu do czasu zanurzał się w wodzie. Nigdy nie widziałam go tak spokojnego, pogodzonego ze sobą – pewnie zastanawiał się, dlaczego każde lato nie mogło być takie. W ostatnich miesiącach życia zrozumiał, że ważne są nie sukces i pieniądze, lecz towarzystwo tych, których kochamy. Nie jestem w stanie oglądać filmów wideo nakręconych tamtego lata bez uczucia dojmującego smutku.

Po powrocie do Rzymu ojciec kontynuował terapię i nalegał, żeby zajmowała się nim nie opłacana pielęgniarka, lecz moja mama, której bezgranicznie ufał. Dlatego mawiała, że gdyby kazała ojcu zjeść ziemię wymieszaną z oliwą, pewnie by to zrobił. Jego Brunicchi zadbała o wszystko: dietę, odpoczynek, sen. Przez jakiś czas jej metody przynosiły rezultaty i ojciec zadziwiając dobrze znosił chemię.

Zbliżał się koniec roku. Dobry stan ogólny pozwalał ojcu podróżować, więc postanowiliśmy spędzić tradycyjne święta w Berkshire, w miejscu, które uwielbiał. Tak bardzo chciałam pokazać rodzicom, że udało mi się ożywić to miejsce. W tle grała muzyka, mała Alexandra oglądała kreskówki... Dom z pewnością nie przypominał już mauzoleum.

Kiedy jej *babbo* i *nonna* przyjechali na tydzień przed świętami, Alexandra nie posiadała się z radości. Pobiegła do mojego ojca, kiedy tylko przekroczył próg domu, a on pochylił się i pogłaskał ją po głowie, tak jak kiedyś mnie. Następnie zaczęli swoją ulubioną grę. *C'ho una cosina!* (Mam coś dla ciebie), mówił, wyjmując z kieszeni cukierek albo jakiś drobiazg i trzymając go tuż poza zasięgiem jej dłoni. Cały czas się przy tym śmiał. Ten mały rytuał należy do najukochańszych wspomnień Alexandry dotyczących dziadka.

Papà wyglądał na szczęśliwego.

– Twój ojciec miał trzy namiętności: jedzenie, ogród i kobiety. Moim zdaniem ogród zajmował wśród nich pierwsze miejsce – powiedziała mi kiedyś matka.

W Berkshire zaspokajał te namiętności. Kiedy matka przygotowywała jedzenie, on chodził po okolicy, jak za dawnych czasów podziwiał róże i sosny, które sam posadził. Na moim dawnym placu zabaw w centralnym punkcie stała teraz rzeźba z brązu. Ojciec niezwykle cenił jej autora, Emilia Greco. I często powtarzał, że ta pofalowana forma przypominała mu Brunę. Z największym pietyzmem polerował każdą krzywiznę rzeźby ku naszemu szczeremu rozbawieniu.

Posiłki były niezwykle zabawne, ponieważ ojciec uczynił ze mnie, z Santino i Alexandry swoich wspólników ułatwiających mu jedzenie tego, czego matka nie pozwalała mu jeść. Dokładnie wiedziała, co robił, ale perfekcyjnie odgrywała swoją rolę – kręciła głową lub groziła mu palcem, przyłapawszy go na podkradaniu sera lub tłustej skórki z kurczaka. Chichotaliśmy, a ojciec przybierał skruszony wyraz twarzy. Kiedy tylko matka się odwróciła, Alexandra wołała: „Jeszcze raz, *babbo!*". I tak bez końca.

Zrządzenie losu przerwało tę idyllę. Mama dostała wiadomość, że złodzieje próbowali okraść jej mieszkanie. Musiała od razu wrócić do Rzymu, aby sprawdzić, czy wszystko w porządku. Ojciec nie wyobrażał sobie rozłąki, więc poleciał z nią. Chociaż włamywacze nie dostali się do środka, poważnie uszkodzili drzwi. Naprawa miała potrwać dość długo. I tak święta spędziliśmy sami.

Mamma zawsze powtarza, że nic nie dzieje się bez powodu. Zdrowie ojca gwałtownie się pogorszyło kilka dni po ich powrocie do Rzymu – według niej tak było zapisane w gwiazdach. Ojciec został przyjęty do kliniki Villa Flaminia. Badania wykazały, że rak zaatakował trzustkę i wątrobę. Klepsydra po raz kolejny została obrócona.

Mama zadzwoniła do mnie, szlochając. Nie rozumiałam, co mówi. Skontaktowałam się więc z kliniką, aby zadać lekarzowi pytanie, którego ona nie miała odwagi zadać:

– Jak długo?

– Dwa miesiące, najwyżej trzy.

Natychmiast instynktownie położyłam rękę na brzuchu. Do porodu zostało mi zaledwie siedem tygodni. Zapisałam się już w londyńskim szpitalu Portland i tam w połowie lutego chciałam urodzić drugą córkę. Zwykle linie lotnicze nie zabierają na pokład kobiet w zaawansowanej ciąży, a już nigdy powyżej trzydziestego szóstego tygodnia. Musiałam więc działać szybko. Santino, Alexandra z nianią i ja przylecieliśmy do Rzymu 14 stycznia, aby spędzić z moim ojcem jego ostatnie chwile.

Mama wyglądała tak, jakby wiedziała coś, czym nie chciała się ze mną podzielić. Pierwszego ranka po moim przylocie miałyśmy iść do taty. Spokojnie czekałam, aż mama ułoży włosy i zrobi makijaż. Wyglądała nieskazitelnie jak zawsze, ale żadna ilość szminki czy różu nie mogła zamaskować jej wyczerpania.

Jadąc do szpitala, obawiałam się najgorszego. Odetchnęłam z ulgą, kiedy zobaczyłam ojca w stosunkowo dobrym stanie, siedzącego w łóżku i czytającego gazetę. Na stoliku obok łóżka stał telefon. Ojciec wyglądał, jakby w każdej chwili mógł wstać i wyjść. Chcąc zażartować ze swojego stanu i zwrócić uwagę na mój, zapytał na powitanie:

– Patricio, czy to nie ty powinnaś wypoczywać?

Matki to nie rozśmieszyło. Potrząsnęła głową z dezaprobatą i poprawiła ojcu poduszki.

Choć na zewnątrz było ponuro, ojciec znów zachowywał się jak nasze słońce. Tego dnia czuł się niezwykle pobudzony. Szybko się okazało, że po raz ostatni... Nadal nie zgadzał się, żebyśmy powiadomiły kogokolwiek o jego chorobie, więc nikt poza nami go nie odwiedzał. Jedyne osoby, które znały prawdę, miał tuż koło siebie.

– Ile jeszcze? – Chciał wiedzieć, kiedy pojawi się jego kolejna wnuczka

– Urodzę ją tutaj – powiedziałam. – Za godzinę mam wizytę u ginekologa, aby wszystko uzgodnić.

– *Brava* – pochwalił. – Cieszę się, że udało ci się wszystko dograć w tak krótkim czasie.

Przywołałam uśmiech na twarz, kiedy rozmawialiśmy o następnym pokoleniu i radości, jaką przyniesie wszystkim moja druga córeczka. Mama starała się nie rozmawiać na zbyt sentymentalne tematy, starała się ukryć uczucia. Cały czas zajmowała się ojcem, sprawdzała, czy na pewno zażył tabletki, usiłowała mieć wciąż zajęte ręce. W końcu usiadła na sofie obok jego łóżka, a ja przycupnęłam na krześle.

– Wyjdę stąd lada dzień – oznajmił ojciec optymistycznie. – Nadal jest tyle miejsc, dokąd cię jeszcze nie zabrałem – powiedział do mamy, patrząc na nią czule. – Miejsc, które chciałaś zobaczyć. Możemy pojechać na wycieczkę do Grecji...

– *Smettila* (Przestań), Aldo! Nie mów takich głupot – przerwała mu. – Musisz się teraz skoncentrować na swoim zdrowiu.

– Powinienem był spędzać z tobą więcej czasu, ja... – Zasnął nagle, dokładnie jak wtedy, kiedy oglądał westerny w niedzielne popołudnia w Berkshire.

Zaskoczona patrzyłam na niego. Nie wyobrażałam go sobie inaczej niż w ciągłym ruchu.

Ja i matka zmieniałyśmy się u jego boku, żeby ciągle ktoś przy nim był. Sądziłyśmy, że jego stan jest dość dobry i sytuacja prędko się nie zmieni.

Czas, którego nie spędzałam przy ojcu, przeznaczałam na wizyty u lekarzy związane z moją ciążą i na zabawę z Alexandrą pozostającą w mieszkaniu pod opieką niani. To radosne dziecko o złotej skórze, które nas połączyło, za każdym razem, kiedy wychodziłam do szpitala, posyłało mi całusa. A ja musiałam go złapać i zanieść jej *babbo*. „Niedługo wróci do domu", mówiłam. Nadal nie mogłyśmy uwierzyć, że dni ojca są policzone.

Następnego dnia przyszłam do kliniki z bukietem kwiatów, aby go rozweselić. Nie cierpiał tych pomieszczeń pozbawionych kolorów i światła, więc kiedy zastałam go siedzącego na wózku inwalidzkim zamiast w łóżku, nie byłam zdziwiona.

– Ach, Patricio! – zawołał. – Jedna z pielęgniarek powiedziała mi, że słońce świeci. Sam chcę się o tym przekonać. Chcę wyjść i to zobaczyć. Wiedzieliśmy oboje, co pomyślą o tym lekarze. Mrugając, ojciec zapewnił nie, że nigdy się o tym nie dowiedzą. Zawiozłam go na koniec korytarza. Zatrzymaliśmy się przed wysokim oknem witrażowym i ustawiłam wózek tak, aby promienie słońca padały na twarz ojca. Przysunęłam sobie krzesło i usiadałam cicho obok, by nie psuć tej pięknej chwili.

– Przynieś moją teczkę, Patricio – poprosił ojciec po chwili. Zrobiłam, o co prosił, a następnie przyglądałam się, jak otworzył zamki, sięgnął do środka i wyjął kopertę z pojedynczą kartką. – Przeczytaj.

Spojrzałam na początkowe linijki i się zatrzymałam. Wzięłam oddech... Patrzyłam na ostatnią wolę i testament ojca.

– *Papà*... ja nie mogę! – zaprotestowałam.

– Śmiało – nalegał, zamknąwszy oczy.

Wskazał na kartkę gestem świadczącym o tym, że na moment znów stał się poważnym biznesmenem załatwiającym interesy. Chciał coś zrobić i tylko ja mogłam mu w tym pomóc.

Przeczytałam zatem dokument w skupieniu i włożyłam do koperty. Siedzieliśmy obok siebie bez słowa przez kilka minut. Starałam się nie płakać i rozważać konsekwencje tego, co właśnie przeczytałam. Nie było to zresztą dla mnie specjalnie ważne. Teraz myślałam tylko o ojcu. Koncentrowałam się na jego przetrwaniu – na pokonywaniu przeciwności i podejmowaniu walki każdego dnia. Tylko w ten sposób udało mi się przejść przez wszystkie niedawne wydarzenia. Żadnego innego wyjścia nie brałam pod uwagę. Kiedy doszłam do siebie, powiedziałam o tym ojcu.

– To jest dla mnie zbyt bolesne...

– Wiem, wiem – potaknął pocieszająco. – Ale rozumiesz, co to znaczy?

– Tak, tato, rozumiem.

Prawdę powiedziawszy, nie byłam tego pewna.

28

Każdy z nas musi czasem sprostać trudnym chwilom lub skonfrontować się z kimś, kogo wolałby unikać. Następna prośba mojego ojca była dla mnie najmniej przyjemna ze wszystkich, które kiedykolwiek do mnie skierowano. Stało się tak tylko dlatego, że moja matka również postanowiła obrać trudniejszą ścieżkę i zmusić nas, abyśmy stawili czoło temu, czego do tej pory unikaliśmy.

– Aldo, zastanawiałam się... – powiedziała tego samego dnia, w którym ojciec pokazał mi testament. – Czas, żebyś poinformował swoich synów.

Zrobił zawziętą minę, lecz ona nie chciała się poddać.

– Nie masz wyjścia – dodała.

Ku naszemu zdziwieniu ojciec pokiwał głową.

– *Va bene*, Bruna. Zgoda.

Szybko zwrócił się do mnie.

– Zajmiesz się tym? Dam ci ich numery, żebyś zadzwoniła. Powiedz, żeby przyszli – poprosił.

– Jutro – naciskała matka.

Moje relacje z przyrodnimi braćmi nigdy nie były bliskie, a po tym, co zrobili ojcu, nie chciałam ich nigdy więcej widzieć. Wbrew swoim uczuciom zrobiłam jednak to, o co poprosił mnie ojciec. Umówiłam się z nimi na spotkanie w Cavalieri Hilton następnego ranka. Przyjechałam celowo przed czasem, zajęłam miejsce przy stoliku i zamówiłam herbatę. Bracia zjawili się chwilę później, najwyraźniej zaintrygowani.

Po uprzejmych, choć sztywnych powitaniach wyrzuciłam z siebie:

– Obawiam się, że waszemu ojcu... że naszemu ojcu nie zostało wiele życia. Ma raka. – Starałam się nie tracić opanowania, kiedy słowa, w które jeszcze nie wierzyłam, wychodziły z mich ust. – Dowiedział się o tym w zeszłym roku... Mówi, że możecie go odwiedzić, jeśli chcecie.

Żaden z nich się tego nie spodziewał. Chociaż ojciec miał ponad osiemdziesiąt lat, prawie nigdy nie chorował i chyba uważaliśmy, że był nieśmiertelny. Nastąpiła chwila ciszy, po czym odezwał się Roberto:

– Dlaczego ty i twoja matka tak długo to przed nami ukrywałyście? Jesteśmy jego synami! Dlaczego nic nam nie powiedziałyście?

Posypały się kolejne oskarżenia. Mimo że byłam w ósmym miesiącu ciąży i złym stanie emocjonalnym, musiałam stawić czoło ich jawnej wrogości.

– To była decyzja ojca. Nie miałam z tym nic wspólnego – powiedziałam zdecydowanie, kiedy przestali na mnie krzyczeć. – Teraz jest gotowy na to, żebyście się dowiedzieli. Możecie przyjść do niego jutro po południu. O trzeciej. Leży w klinice Villa Flaminia.

Wstałam i oddaliłam się statecznym krokiem. Nawet nie tknęłam herbaty.

Sądzę, że ojciec musiał być przerażony wizją ostatniego spotkania z ludźmi, których uważał za zdrajców. Skupił się z całej siły na wyznaczonym sobie celu. Oczekiwanie na wizytę dało mu chwilowe poczucie celu. Mama i ja pomagałyśmy mu w przygotowaniach. Wyczułyśmy jego determinację, aby pokazać synom, jaką cenę przyszło mu zapłacić za ich postępowanie. Przez całe lata używał toniku do srebrnych włosów, dzięki czemu wydawały się szpakowate. Dzień przed spotkaniem z synami, co niezwykle znaczące, poprosił matkę, aby zmyła mu tonik. Efekt był niezwykły – włosy w jednej chwili stały się białe.

Ojciec zmienił piżamę na granatowy prążkowany garnitur, teraz o wiele za luźny, i zasiadł w fotelu. Strzepnął niewidoczny pyłek ze spodni, wyprostował się – był gotów na przyjęcie trzech synów. Mimo tych wszystkich zabiegów miałam wrażenie, że się skurczył. Na pewno wyglądał na osiemdziesiąt cztery lata.

Kiedy dzwony pobliskiego kościoła wybiły trzecią, usłyszeliśmy zbliżające się kroki. Wzięłam kilka głębokich oddechów i przysiadłam na łóżku. Matka włożyła okulary przeciwsłoneczne i stanęła w najdalszym kącie. Wolałaby być gdziekolwiek indziej, lecz ojciec ubłagał ją, by została.

Drzwi się otworzyły i moi bracia weszli jeden za drugim, jak uczniowie skrępowani widokiem dyrektora. Nie potrafili ukryć, że wygląd ojca nimi wstrząsnął. Przywitali się najpierw serdecznie z Bruną i ze mną, nie obyło się nawet bez pocałunków w policzek. Potem ustawili się, aby uściskać ojca. Ku ich zaskoczeniu pozostał bierny.

– Jak się czujesz? – zapytał pojednawczo Giorgio, by rozładować napięcie. – Gdybyśmy tylko wiedzieli wcześniej, Daddy... Nie wierzę, że to się dzieje naprawdę.

Ojciec zareagował na te słowa jedynie skinięciem.

Paolo, widocznie wstrząśnięty stanem ojca, mamrotał coś o tym, że jest mu bardzo przykro. Roberto – najbardziej z nich wygadany – po raz kolejny zgłaszał pretensje, że zostali tak późno poinformowani. Dopiero po namyśle dodał:

– Mam nadzieję, że nie cierpisz.

Ojciec reagował w dość oschły sposób. Powiedział tylko jedno dłuższe zdanie, za to znacząco:

– Czas spędzony w szpitalu, podobnie jak czas spędzony w więzieniu, pozwolił mi przemyśleć wiele spraw.

Ani słowa więcej.

Jego obojętność mroziła krew w żyłach. Giorgio zapytał, czy mogli coś dla niego zrobić. Ojciec milczał. Na początku myślałam, że czeka na przeprosiny lub tłumaczenia – na cokolwiek, co mogłoby usprawiedliwić ich działania, które doprowadziły do sprzedaży firmy. Zamiast tego oni karmili go banałami.

W pewnym momencie matka nie wytrzymała, przeprosiła wszystkich i wyszła na korytarz. Moi bracia nerwowo popatrzyli po sobie i zwrócili wzrok na mnie i na ojca, który wciąż był jak głaz. Wreszcie do każdego z nich dotarło, dlaczego zostali wezwani. Nadszedł dzień sądu.

Ojciec nie zamierzał wygłaszać wzruszających pożegnań. Nie było dla nich wybaczenia ani odpuszczenia grzechów. Jego milczenie mówiło wszystko. Umierał i wezwał ich, by zobaczyli, że jedyne osoby, na których mu zależało, to te zawsze będące przy nim.

Nie pozostawało im nic innego, jak odejść, zapamiętawszy wyraz pogardy w jego spojrzeniu.

Pocałowali go i jeden po drugim wyszli. Drzwi cicho zamknęły się za nimi. Dopiero wtedy ojciec przestał trzymać się prosto, zapadł się w sobie i pochylił do przodu. Nic więcej nie zostało mu do zrobienia.

Zdenerwowana spotkaniem matka poszła do domu, więc zostałam z ojcem na resztę dnia. Był zamyślony, niemal melancholijny. Odniosłam wrażenie, że nie chce już kontaktów ze światem zewnętrznym; coś definitywnie się skończyło. Zapytałam, czy czegoś potrzebuje. Pokręcił głową niemal niedostrzegalnie. Pożegnałam się więc i podeszłam do drzwi. Na progu obejrzałam się, popchnięta nagłym impulsem.

– Mogę cię zostawić, tato? – zapytałam niespokojnie.

Spojrzał, jakby dopiero teraz się zorientował, że nie wyszłam.

– Poradzę sobie – uspokoił mnie i próbował się uśmiechnąć. – Idź do domu, Patricio. Odpocznij. To był długi dzień.

W nocy zakonnice odkryły, że ojciec spadł z łóżka. Dostał wylewu i niemal stracił przytomność. Około piątej nad ranem zadzwoniły do mojej matki. Przyjechałyśmy do kliniki. Wbiegłyśmy do pokoju. Ojciec leżał bez ruchu i patrzył w sufit, jakby czekał, żeby zobaczyć Brunę po raz ostatni.

– Aldo! – zawołała mama.

Spojrzenie jego niebieskich oczu, których aż do naszego przyjścia starał się nie zamknąć, na wiele minut utonęło w jej oczach. Tak ojciec powiedział matce *addio*. W końcu jego powieki opadły. Kiedyś powiedział, że nie boi się śmierci, ale przeraża go perspektywa zostawienia jej samej. Matka wiedziała, że ojciec wytrzymał tak długo tylko dla niej.

Przez kilka godzin był pogrążony w półśpiączce, a my siedziałyśmy po jego bokach, trzymając go za ręce. Rwący się oddech świadczył, że ciało w końcu uległo chorobie. Na polecenie matki zadzwoniłam do Giorgia, aby poinformować go o tym zwrocie.

Nie spodziewałyśmy się, że bracia wrócą tak szybko – tym razem z rodzinami tłoczącymi się w korytarzu przed pokojem ojca. Bracia stanęli potulnie w nogach łóżka. Jedynym dźwiękiem w pokoju był rzężący oddech ojca. Modląc się o cud, mocno ścisnęłam jego palce – tak jak on ścisnął moje w dniu ślubu. Zrozumiałam teraz, jak to jest pozwolić odejść ukochanej osobie.

Po południu 19 stycznia oddychanie przychodziło ojcu z widocznym trudem. Nachyliłyśmy się nad nim i wtedy matka poczuła, że słabiutko uścisnął jej dłoń. Jego serce nadal było silne i wiedziała, że wciąż walczy, by zostać ze swoją ukochaną Brunicchi. Zrozumiała, że nadszedł czas, aby zrobić to, przed czym od dawna się broniła. Otarłszy łzy, przysunęła usta do jego ucha.

– Aldo, *amore mio*, słyszysz mnie? – odezwała się zaskakująco silnym głosem. – Odejdź, Aldo. Pozwól sobie odejść, Aldo. Bóg z tobą. Odejdź w pokoju.

W oddechu niemal natychmiast nastąpiła zmiana, stał się głębszy i równiejszy, choć wciąż nienaturalny.

Bardzo chciałam być silna dla nich obojga, ale czułam, że ojciec może odejść lada chwila, i cała zaczęłam się trząść. Zakonnica zajmująca się ojcem położyła rękę na moim ramieniu i powiedziała, że ostatnie momenty życia ojca mogą być przykre.

– Musisz troszczyć się o życie, które nosisz w sobie, kochanie – powiedziała delikatnie. – Sądzę, że czas, żebyś się z nim pożegnała.

Spojrzałam na matkę: skinęła głową. Ona miała zostać przy nim do końca. Wstałam, położyłam rękę na brzuchu, pocałowałam ojca w policzek i szepnęłam: „Kocham cię, *papà*".

Nie wiem, jak stamtąd wyszłam, ani jak wyminęłam ledwie znanych mi członków rodziny, choć pamiętam ich spojrzenia pełne urazy. Potrzebowałam powietrza. Zeszłam po schodach i wyszłam na zewnątrz najszybciej, jak mogłam, bez narażania dziecka. Oddychając głęboko przed szpitalem, rozpłakałam się. Wiedziałam, że nie zobaczę już ojca żywego.

Od dzieciństwa wystarczyła mi świadomość, że choć ojciec nie zawsze może być przy mnie, kocha mnie i do mnie wraca. To się teraz zmieniło, a ja nie czułam się dość dorosła, żeby sobie z tym poradzić.

Poczułam ruchy córeczki. Wzięłam jeszcze kilka głębokich oddechów, aby odzyskać kontrolę nad emocjami i oszczędzić córeczce mojego smutku. Należała do niewinnego kolejnego pokolenia i modliłam się, aby coś z mojego ojca mogło w niej żyć.

Podobnie jak on czerpałam pewną pociechę z tego, że te dwa wydarzenia miały nastąpić niemal jednocześnie. Jego życie dobiegało końca, lecz niebawem pojawi się nowe. Nie mogłam się oprzeć wrażeniu, że człowiek, który zawsze wszystko tak starannie planował, miał i na to jakiś wpływ. Od kołyski aż po grób i z powrotem.

Kiedy jego matka, Aida, była z nim w ciąży, podobnie jak ja musiała snuć marzenia o jasnej przyszłości dla dziecka. Kochała syna na swój sposób, tak jak on kochał mnie.

Papà zmarł tego wieczoru. Miłość jego życia, Bruna Palombo, nie opuściła go do końca.

Dużo później, kiedy już dawno go z nami nie było, moja matka opowiedziała mi o śnie, z jakiego się jej zwierzył tamtego dnia przed nocnym upadkiem z łóżka.

– Widziałem swoją matkę – powiedział.

– Co robiła?

Papà uśmiechnął się.

– Stała na schodach. Sądzę, że na mnie czekała...

EPILOG

Wewnętrzny spokój, wszechogarniające poczucie zadowolenia i harmonii to coś, za czym wszyscy tęsknimy. W moim życiu najczęściej tego brakowało.

W dniach, które nastąpiły po śmierci ojca, ani ja, ani matka nie zaznałyśmy odrobiny spokoju. A dla niej najgorsze dopiero się zaczynało. Pogrzeb ojca 21 stycznia 1990 roku nie przyniósł nam ulgi. To, że rozmyślnie nie posadzono nas w kościele z rodziną, tylko podkreśliło ten nieszczęsny podział.

Nie zaznałyśmy wytchnienia nawet wtedy, kiedy uroczystość w kościele dobiegła końca. Kondukt pogrzebowy ruszył wtedy w trzygodzinną podróż na miejsce wiecznego spoczynku w krypcie rodzinnej. Od ponad pół wieku spoczywali w niej obok siebie Aida i Guccio. Pochowano tam także Rodolfa i Grimaldę. Jedynie Vasco miał grób gdzie indziej. Ojciec przeżył wszystkich. Jedyną znaczącą nieobecną w Soffiano była Olwen, zbyt słaba na taką wyprawę.

Przez cały poranek byłam opanowana, ale kiedy dojechaliśmy na cmentarz i szliśmy wśród nagrobków za trumną ojca, płakałam rozpaczliwie. Nigdy już nie stanie przed nami, jak zwykle to czynił, radośnie, z uśmiechem na ustach i miłym słowem. Nigdy więcej nie doświadczę jego energii i witalności – wyjątkowego entuzjazmu. Może i nie był najwspanialszym ojcem na świecie, ale innego nie miałam. Na ostatnie pięć lat uniósł zasłonę, abym mogła poznać prawdziwego Alda Gucciego, człowieka, którego obie z matką kochałyśmy bezwarunkowo. Byłam wdzięczna przynajmniej za to.

Idąc kilka kroków za resztą rodziny, przystanęłyśmy u wejścia do marmurowego mauzoleum otoczone przez ludzi, których nie potrafiłam traktować jak swoich. Mama stała obok mnie, pogrążając się w katatonii. Dopiero kiedy mauzoleum opustoszało, weszłyśmy do środka na krótką chwilę. Na stoliku w rogu zobaczyłam krucyfiks, cztery świece i kilka spłowiałych fotografii, które rodzina stawiała tutaj w miarę upływu lat. Byli na nich moi dziadkowie, wuj i ciotka. Większość przedstawicieli wielkiej dynastii Guccich zdążyła obrócić się w proch.

Kilka miesięcy później poczułam potrzebę odbycia samotnej pielgrzymki na cmentarz. Wyjęłam z torebki zdjęcie i umieściłam je obok innych. Zrobiono je ojcu podczas mojego ślubu na Jamajce. Ubrany na biało ręką wskazywał na ocean i zachodzące słońce.

– Tęsknię za tobą, tato – szepnęłam. Pocałowałam zdjęcie, zmówiłam cichą modlitwę i wróciłam do Rzymu.

Dokładnie miesiąc po śmierci ojca, 19 lutego 1990 roku, w klinice Villa Flaminia urodziłam Victorię. Dwie sale dalej mój ojciec przegrał walkę ze śmiercią. Niesamowitym zrządzeniem losu siostra, która zajmowała się mną i moją córeczką, była ta sama, która zamknęła mu oczy.

Victoria urodziła się w traumatycznym okresie mojego życia, co wywarło na nią silny wpływ. Delikatna i cały czas napięta wymagała więcej uwagi niż kiedyś Alexandra. Myślałam o Brunie, której bycie matką nie przychodziło łatwo. Miałam teraz dwoje dzieci, małżeństwo w ciągłym kryzysie i mnóstwo niepozałatwianych spraw. Poza tym zajmowałam się matką, której żałoba przerodziła się w silną histerię. Naprawdę obawiałam się o jej stan psychiczny. Nie miała nikogo, kto by nią pokierował lub ulżył jej w cierpieniu. Jej guru Sari Nandi również zmarł, więc czuła się osamotniona. Wieczorami spoglądała w niebo i wołała mojego ojca, płacząc, dopóki nie zasnęła.

Jej jedyną pociechą było to, że ojciec odwiedzał ją we snach. Pocieszałam ją, jak mogłam, ale musiałam zatroszczyć się o kwestie praktyczne. *Notaio*, wykonawca ostatniej woli ojca, wezwał moich braci i mnie do biura w centrum Rzymu. Dokument, który nam odczytał, był datowany na 12 kwietnia 1988 roku, czyli cztery tygodnie po tym, jak moi bracia spieniężyli swoje akcje firmy Gucci. Jako jedyna znałam treść testamentu. Notariusz zaczął od odczytania listy rzeczy, które ojciec pozostawił Olwen, wnukom i współpracownikom. Następnie przeszedł do najważniejszej części. Zapewniwszy, że pozostaje przy zdrowych zmysłach, ojciec wydziedziczył Paola i wyznaczył mnie na swoją „główną i jedyną spadkobierczynię", chociaż takie deklaracje w świetle prawa są raczej symboliczne niż wiążące.

Atmosfera uległa niemal namacalnej zmianie. Kręcąc się na swoim miejscu ze wzrokiem utkwionym w dal, żałowałam, że nie mogę się odizolować od tych nienawistnych, świdrujących mnie spojrzeń. Moim braciom nie pozostawiono złudzeń, że zostali celowo znieważeni. Nie spodziewali się takiego potraktowania. Przypomniałam sobie swoje zdziwienie tamtego dnia w szpitalu. Ojciec powiedział mi wtedy, że jego decyzja jest ostateczna. Poza tym jego synowie otrzymali już spadek w postaci akcji, które im podarował, i mieli zagwarantowane utrzymanie do końca życia. Nie zostało mu dla nich nic więcej poza minimum zagwarantowanym przez włoskie prawo.

W liście pożegnalnym odczytanym przez notariusza monotonnym głosem Aldo Gucci potępił „złe i upokarzające" zachowanie Paola, ale wielkodusznie dodał, że wybacza wszystkim, którzy go obrazili. Ostatnim życzeniem było, aby rodzina odnalazła „harmonię, zrozumienie i bliskość dla uczczenia [jego] pamięci".

Harmonia w relacjach definiowana jest jako „brak konfliktów i sporów". *Papà* chciał niemożliwego. Chciał pokoju.

Moi bracia przyrodni wiedzieli, że nie zależało mi na wykorzystywaniu mojej pozycji i nie brałam udziału w ich walkach o władzę. Ogarnęła ich wściekłość. Wyszli z gabinetu notariusza bez słowa. Od tamtej pory nie mamy ze sobą kontaktu.

Co znamienne, przewidywania ojca dotyczące firmy okazały się prawdziwe. Investcorp dobrze by wyszedł, gdyby posłuchał jego rady. Kilka lat później Maurizio został zwolniony po tym, jak doprowadził do kumulacji długów, która pchnęła firmę na skraj bankructwa. Jego odejście pozwoliło osobom mającym wizję działania i rozwoju powoli przywracać firmie dawną chwałę. Jedną z oznak poprawy stał się powrót firmy do jej dawnej siedziby we Florencji. W 2011 roku najnowsi właściciele otworzyli Muzeum Gucci właśnie we Florencji, gdzie przedsiębiorczość mojego dziadka i osiągnięcia mojego ojca zostały wreszcie należycie uhonorowane.

Kiedy w końcu publicznie uznano geniusz mojego ojca, Giorgio był jedynym żyjącym przedstawicielem swojego pokolenia. W 1995 roku Maurizio został zastrzelony przez dwóch zabójców nasłanych przez jego żądną zemsty byłą żonę Patrizię. Nazwana przez prasę czarną wdową Patrizia odsiedziała szesnaście lat za zlecenie zabójstwa. Paolo zmarł po tym, jak skazano go na więzienie za niezapłacone alimenty. Roberta pięć lat później pokonała choroba nowotworowa. Nawet Olwen, która zgodnie z przewidywaniami mojej matki przeżyła męża o kilka lat, nie doczekała uczczenia przez Florencję dziedzictwa Alda Gucciego. Nie została pochowana u boku mojego ojca w Soffiano – spoczywa na terenie posiadłości Giorgio na wybrzeżu Argentario, obok Paola. Roberto jako jedyny spoczął w rodzinnej krypcie, gdzie po dziś dzień są dwa wolne miejsca.

Przez ponad rok po śmierci ojca moja matka nie zaznawała żadnej ulgi w cierpieniu. O tym czasie już nie pamięta, a ja chciałabym móc zapomnieć. W końcu udało się jej dojść do siebie, ale mimo że minęło ponad dwadzieścia pięć lat, nie spotkała nikogo, kto dorównywałby temu mężczyźnie, który tak bardzo o nią zabiegał. Dopiero od niedawna jest w stanie mówić o spędzonych z nim latach.

– Jakże niesamowita jest nasza historia, Patrizino! – opowiada z błyskiem w oczach. – Nie znasz nawet jej połowy. Przez długi czas nie zdawałam sobie sprawy, jaka ważna dla niego byłam. – Unosi ręce i woła, używając rzymskiego powiedzenia: – *Me n'ha fatte tante!* (Przepuścił mnie przez wyżymaczkę). Wiem, że nie był święty, ale ja też nie byłam, a on nadal mnie kochał. Nigdy nie będzie nikogo takiego jak Aldo.

Na stoliku nocnym nadal trzyma Madonnę z Dzieciątkiem, tak cenną dla ojca, a w mieszkaniu wisi kilka oprawionych jego zdjęć. Chociaż ma grupkę przyjaciół, jest z natury zamknięta w sobie. Woli, żeby zostawić ją w spokoju i nie wtrącać się w jej sprawy. Jest przyzwyczajona do życia w odosobnieniu, wybiera samotność i przechwala się liczbą dni, którą może spędzić bez towarzystwa innych. Prawdopodobnie po raz pierwszy w życiu czuje spokój i niedawno powiedziała mi, że moje istnienie wynagradza jej wszystkie cierpienia. Ja z pewnością doceniam ją teraz znacznie bardziej niż kiedyś i codziennie rozmawiam z nią przez telefon. Zajęło to ponad czterdzieści lat, ale w końcu jesteśmy ze sobą pogodzone.

Mama w pełni i z entuzjazmem odnalazła się w roli babci i wszystkie moje córki uwielbiają swoją *nonnę B.* Ostatnio częściej okazuje poczucie humoru – które mój ojciec tak uwielbiał – opisując ludzi i sytuacje w sobie właściwy sposób, używając typowo rzymskich zwrotów i niezawodnie nas rozśmieszając.

Zgodnie z jej słowami, w końcu w pełni realizuje swój potencjał.

– Twój ojciec zawsze twierdził, że jestem mądra na swój sposób. Przed śmiercią powtarzał mi to wielokrotnie i dodawał: „Brunicchi, poradzisz sobie!". Nie wierzyłam mu.

Przez co najmniej dwadzieścia lat nieżyjący ojciec pojawiał się jej w snach, co było dla niej wielką pociechą. Aż któregoś dnia wyśniła obraz tak wyraźny, że nigdy go nie zapomni. Ojciec miał na sobie garnitur i fedorę – tak jak wtedy, kiedy szybkim krokiem przemierzał swój sklep przy Via Condotti. Ona stała przed nim i usiłowała otworzyć zamkniętą walizkę.

– Aldo, nie mam kluczy! – skarżyła się, majstrując przy zamku.

On spokojnie zapewnił ją, że dał jej klucze.

– Nie, to nieprawda! – zawołała sfrustrowana.

On, nadal spokojny, uśmiechał się do niej porozumiewawczo i czekał, żeby zobaczyć, co zrobi. Kiedy spojrzała w dół, ujrzała, że cały czas trzyma klucze w ręce. Śmiejąc się, spojrzała na niego, ale już go nie było.

Tuż po przebudzeniu poczuła się tak, jakby pozbyła się wielkiego ciężaru. Ojciec przyśnił się jej jeszcze tylko raz, machając na pożegnanie i rozpływając się w dali. Jego oczy były tym, co na koniec zobaczyła w tym śnie. Nigdy więcej do niej nie przyszedł. A ona stała się silną kobietą, którą zawsze w niej widział.

Ta właśnie kobieta latem 2009 roku pokazała mi listy ojca. Ich treść pozwoliła mi odkryć prawdziwą historię moich rodziców. Oczywiście, nie było łatwo wydobyć z matki coś więcej – nigdy nie było. Pamiętam, że jako dziecko natknęłam się w szufladzie na album z moimi najwcześniejszymi zdjęciami. Podekscytowana zaczęłam go oglądać i zobaczyłam, że wiele zdjęć zostało wydartych – kolejne luki w moim życiorysie.

– Dlaczego to zrobiłaś, mamo? – zapytałam zdziwiona.

– Nie lubiłam wspomnień – wyjaśniła sucho. – Nie chciałam pamiętać

Starając się połączyć wszystkie te elementy w całość, nieustannie zbierałam informacje i starałam się je zapisywać. Za każdym razem, kiedy jechałam do matki z wizytą, liczyłam na coś więcej – na coś niespodziewanego. I w końcu to się stało!

Kiedy weszłam do mieszkania mamy, ona już na mnie czekała. Mimo postępującego wieku nawet w ostrym świetle słońca wyglądała pięknie. Minimalnym makijażem umiejętnie podkreśliła swoją urodę.

Nieśmiało zaczęłam mówić o swojej książce.

– Bardzo bym chciała, mamo, żebyś przeczytała choć fragment i zobaczyła, czego udało mi się dokonać – powiedziałam, ale zrobiłam to delikatnie, ponieważ nie chciałam popsuć naszych stosunków.

Uśmiechnęła się.

– Może, Patricio. Może któregoś dnia. Ale najpierw chcę ci coś pokazać.

Podobnie jak kilka lat wcześniej wstała i poszła do sypialni. Wróciła z kolejnym listem. Wówczas nie była jeszcze gotowa, aby się z nim rozstać.

Usiadła przy stole i założyła okulary do czytania. W dłoni wciąż trzymała pojedynczą kartkę zapisaną trudnym do odczytania pismem.

– To ostatni list twojego ojca. Nosi datę 18 stycznia 1990 roku. Jest najwspanialszy i najdroższy mi z tych, które kiedykolwiek dostałam...

Widząc, że się wzruszyła na widok tych słów napisanych na łożu śmierci, wzięłam go od niej. Zebrałam się w sobie, wyprostowałam i odczytałam na głos:

Chcąc opisać swoje uczucia, czuję się w obowiązku wyrazić szacunek i oddanie kobiecie, która wiernie towarzyszyła mi ponad trzydzieści lat. Miłość i czułość, którymi darzę Brunę, są niezmierne. Dziękuję Ci, Bruno, za to, co dla mnie zrobiłaś, dziękuję za twoją duchową siłę, którą wspierałaś mnie w moich poczynaniach. Jesteś wyjątkowa, a przy tym tak skromna. Zasługujesz na podziw i szacunek wszystkich, którzy dostąpili przywileju poznania Ciebie. Dwadzieścia sześć lat temu dałaś mi córkę, naszą Patricię. Cóż za boski dar! Nie mogłaby być piękniejsza, ponieważ odziedziczyła wszystkie Twoje najlepsze cechy. Nigdy nie będę w stanie wyrazić Ci tyle wdzięczności, na ile zasługujesz.

Do moich synów: żądam, żebyście przestrzegali moralnych
zobowiązań wynikających z mojego podziwu dla Bruny. Chcę,
aby Giorgio, Paolo i Roberto uznali zalety Bruny. Ten list...

Niedokończone zdanie. Ręka ojca po prostu odmówiła posłuszeństwa. Linia niebieskiego atramentu ciągnęła się na sam dół strony, a później wzdłuż jej brzegu.

Spojrzałam na matkę, która szybko otarła oczy. Nie znajdowałam słów.

– Zakonnice sądziły, że wtedy dostał wylewu – powiedziała. – Dały mi później ten list wraz z resztą jego rzeczy. Chcę, żebyś teraz ty go miała.

Patrzyłam z niedowierzaniem na słowa skreślone niepewną ręką, prawdziwą ostatnią wolę mojego ojca, prawdziwy testament. Napisał go w momencie, w którym wiedział, że umiera – w momencie, w którym znalazł spokój. W ostatnich latach swojego życia widział, jak wszystko, co stworzył, zostało niszczone. Stracił cel, do którego mógłby dążyć. Nie sądzę, żeby potrafił długo wieść taką egzystencję. Jednak w ostatnim momencie zrozumiał, że naprawdę ważne dla niego byłyśmy tylko my dwie – Bruna i Patricia.

Papà chciał, żeby moje życie było pełne radości i wdzięczności. Dzięki niemu zrozumiałam, że takie było. Prosił, aby uczcić jego pamięć harmonią, zrozumieniem oraz bliskością w rodzinie – w końcu to z mamą osiągnęłyśmy i bardzo ją kocham. Nasza relacja się zmieniła. Ojciec miał rację – ona jest wyjątkowa. Dawno temu zapytano mnie o szczęśliwe wspomnienie dotyczące matki, a ja nie mogłam niczego sobie przypomnieć. Teraz wiem, że moje najszczęśliwsze wspomnienie z nią związane prawdopodobnie dopiero się pojawi.

Dono divino, napisał o mnie ojciec. I jakże boski dar sam ofiarował mi w ten sposób – list pełen miłości otrzymany dwadzieścia pięć lat po jego śmierci. Śmiejąc się i płacząc, wiedziałam, że zatoczyłam koło, tak jak moja matka. Nasza wspólna podróż nie skończyła się, ale zaprowadziła nas na nową ścieżkę.

I jak zwykle do mojego ojca – niedoścignionego Alda Gucciego – należało ostatnie słowo.

PODZIĘKOWANIA

Chcę wyrazić wdzięczność wszystkim, którzy przyczynili się do powstania tej książki. Mojemu agentowi, Alanowi Nevinsowi, za doprowadzenie tego projektu do końca, i redaktorce, Suzanne O'Neill, za wsparcie i nieoceniony wkład w całą pracę.

Współautorce, Wendy Holden, za to, że nadała ramy tej skomplikowanej historii rozgrywającej się w ciągu stu lat. Moim serdecznym przyjaciołom Enricowi, Andrei i Bee, którzy przedstawili swój punkt widzenia na moje relacje rodzinne i przypomnieli mi różne dawno zapomniane wydarzenia, co wywołało mój uśmiech.

Gregory'emu Lee, który wniósł do mojego życia tyle miłości i spokoju i który był przy mnie od początku tej literackiej przygody, bez końca pomagał mi w redagowaniu, sczytywał tekst i dokonywał tłumaczenia.

Moim córkom, Alexandrze, Victorii i Isabelli, za to, że tak cierpliwie czekały do końca, aby móc zapoznać się z historią swojego dziedzictwa, i znosiły moje zachowanie, kiedy byłam na skraju wytrzymałości, próbując po raz kolejny nie przekroczyć terminu.

Przede wszystkim chcę wyrazić wdzięczność swojej matce. Bez jej wkładu – często niechętnego – oraz głębokiego osobistego wglądu w trzydzieści lat, które spędziła z moim ojcem, ta książka nigdy by nie powstała.

I w końcu dziękuję wszystkim tym, których losy są związane z losem moim, mojej rodziny i firmy Gucci, a którzy nie zostali tu wymienieni z imienia i nazwiska.

Mam nadzieję, że *papà* byłby ze mnie dumny.

SPIS ILUSTRACJI

s. 18, 23, 26, 47, 48, 101, 115, 127, 128, 135, 164, 167, 171, 177, 201, 207, 217, 225, 229, 240, 243, 283 – z archiwum autorki.

s. 28, 30. Dzięki uprzejmości GIRAFFA / REX Shutterstock.

s. 123, 124–125. Reporters Associati & Archivi / Mondadori Portfolio / Getty Images.

s. 159. Dzięki uprzejmości Mort Kaye Studios w Palm Beach.

s. 165. Dzięki uprzejmości Luciena Capeharta, Palm Beach.

s. 209. Dzięki uprzejmości Luciena Capeharta, Palm Beach.

s. 233. Dzięki uprzejmości Christophe'a von Hohenberga.

s. 237. Dzięki uprzejmości Klausa Lucki von Zelberschwechta.

s. 246. Fot. Laurent Maous / Gamma-Rapho / Getty Images.

s. 303. Dzięki uprzejmości Clive'a Limpkina / Associated Newspapers / REX Shutterstock.

TYTUŁ ORYGINAŁU *In the Name of Gucci. A Memoir*
PRZEKŁAD Magdalena Nowak

REDAKTOR PROWADZĄCY Adam Pluszka
REDAKCJA Krystyna Podhajska
KOREKTA Jolanta Kucharska, Jan Jaroszuk
PROJEKT OKŁADKI, OPRACOWANIE GRAFICZNE I TYPOGRAFICZNE Anna Pol
ŁAMANIE manufaktura | manufaktu-ar.com

ZDJĘCIE NA OKŁADCE © flyparade / iStock by Getty Images
ZDJĘCIE AUTORKI © Piero Gemelli

ISBN 978-83-65780-18-8

WYDAWNICTWO MARGINESY SP. Z O.O.
UL. FORTECZNA IA, 01-540 WARSZAWA
TEL. 48 22 839 91 27
redakcja@marginesy.com.pl
www.marginesy.com.pl

WARSZAWA 2017
WYDANIE PIERWSZE

ZŁOŻONO KROJEM PISMA Scala

KSIĄŻKĘ WYDRUKOWANO NA PAPIERZE Creamy 70 g vol 2.0
DOSTARCZONYM PRZEZ Zing Sp. z o.o.
ZiNG

DRUK I OPRAWA OZGraf – Olsztyńskie Zakłady Graficzne S.A.